Los sueños

de un

Maestro

También por Jesús García:

El Amor de un Maestro

Los sueños de un Maestro

Por Rvdo. Jesús García, D.C.E.
Editor Scott J-R

Los sueños de un Maestro
©2020
Publicado por Scott J-R Productions ®. Todos los derechos reservados.
ISBN 978-0-9996010-5-1
LCCN: Library of Congress Control Number: 2020919747
Título original: *The Dreams of a Master* ©2019
Diseño de portada y diagramación por Ana Arango
© 2020 Scott J-R Productions

Portada: *El Viajero Místico* © 1985 Lawrence Whittaker.
Todos los derechos de reproducción reservados.

Ilustración *La sacerdotiza de la luz* © 1988 Lawrence Whittaker.
Todos los derechos de reproducción reservados.

Scott J-R Productions c/o Jesús García, D.C.E.
http://www.soultranscendence.com
utah7@mac.com – (213) 500-2700

Viajes Durante los Sueños por John-Roger, D.C.E., edición revisada
© 2004 Mandeville Press

Cumpliendo tu Promesa Espiritual por John-Roger, D.C.E.
© 20015 Mandeville Press

Gestalt Therapy Verbatim por Frederick S. Perls
© 1969 Real People Press

Organizate con eficacia (GTD®): *El arte de la productividad sin estrés,*
edición revisada y ampliada por David Allen © 2015

Leap of Perception: The Transforming Power of Your Attention
por Penney Peirce © 2013 Atria Books/Beyond Words.

El poder frente a la fuerza
por Dr. David Hawkins © 2015 Ediciones El Grano de Mostaza.

Extractos de seminarios de John-Roger, D.C.E.
© 1968–2019 Movimiento del Sendero Interno del Alma y Seminario Teológico y Escuela de Filosofía Paz

Extractos de *Joyas espirituales* y *Cartas espirituales* de Hazur Maharaj Sawan Singh (traducción al español) © 1985 por Radha Soami Satsang Beas

"Ítaca" poema por C.P Cavafy, 1911

Fotos por Laurie Lerner, © 1988 Laurie Lerner

Fotos por Betty Bennett y David Sand
© 2019 Movement of Spiritual Inner Awareness

Fotos por Jesús García, © 2019 Scott J-R Productions. ®

Libros del Dr. John-Roger

Abundancia y Conciencia Superior
Amando Cada Día
Amando Cada Día para los que Hacen la Paz
Amor Viviente del Corazón Espiritual
Caminando con el Señor
De Salud y Bienestar (con Paul Kaye)
Dios es tu Socio
El Alucinante Viaje Espiritual (con Michael McBay)
El Camino de Salida
El Camino de un Alma
El Espíritu, el Sexo y Tú
El Guerrero Espiritual: El Arte de Vivir con Espiritualidad
El Guía Espiritual
El Sendero a la Maestría
El Tao del Espíritu
Esencia Divina
La Conciencia del Alma
La Familia Espiritual
La Fuente de Tu Poder
La Promesa Espiritual
Los Mundos Internos de la Meditación.
Manual para el Uso de la Luz
Momentum: Dejar que el Amor Guíe (con Paul Kaye)
Pasaje al Espíritu (con Pauli Sanderson)
Perdonar: La Llave del Reino
Protección Psíquica
Relaciones: Amor, Matrimonio y Espíritu
Sabidurías del Corazón Espiritual
Servir y Dar (con Paul Kaye)
Viajes Durante los Sueños
Viviendo los Principios Espirituales
¿Cuándo Regresas a Casa?
¿Cómo se Siente ser Tú? (con Paul Kaye)

Libros del Dr. John Morton

Las Bendiciones Ya Existen
Tú Eres las Bendiciones

Dedicado a los dos Viajeros Místicos a quienes he tenido el privilegio de servir:

John-Roger, mi Maestro de la Corriente del Sonido, Guía Espiritual y amigo siempre.

John Morton, mi hermano el Viajero que me inspiró a servir a mi Viajero, J-R.

Es importante saber que hay muchos niveles de ilusión y tentación que puedes encontrar en el estado de sueño. Las enseñanzas de este mundo no están separadas de tus sueños. Lo que aprendes aquí también se aplica a esos otros niveles, así como las enseñanzas que aprendes allí se aplican a este nivel.

– JOHN-ROGER, D.C.E.

Índice

Prefacio . . . . *xiii*

Prólogo . . . . *xxi*

1. Adicciones, extraterrestres
 y círculos de cultivo *1*
2. Superando el miedo y las fijaciones *11*
3. No hay negocio como
 el negocio del espectáculo *21*
4. Facilitar la guía del sueño *27*
5. Registrar sueños. *37*
6. David Bowie y Elton John *45*
7. Sobre Ejercicios Espirituales *51*
8. Una semana con Ishwar Puri *59*
9. ¿Huyendo o corriendo a casa? *67*
10. No hay separación *73*
11. Yo no sé contar. *79*
12. Discernimiento en el inconsciente. *93*
13. Mi experimento etérico *99*
14. ¿Experiencia o información? *107*
15. Conciencia, salud y oración curativa *143*
16. Manifestar abundancia. *149*
17. Influencia y suposición. *159*
18. Superhéroes y trascendencia
 del Alma. *189*

19.	Fuerzas leales de la oposición..................	*195*
20.	Premoniciones..............................	*207*
21.	Mis necesidades están cubiertas................	*213*

Epílogo: Operación Embellecer Mandeville *219*

Apéndice A – Diario de viaje *235*

Apéndice B – Glosario de términos *275*

Apéndice C – Recursos......................... *291*

Ítaca *297*

Agradecimientos................................ *301*

Acerca del Autor............................... *311*

P.: ¿Cómo puedo discernir al Viajero en mis sueños?

John-Roger: Hay varias maneras de hacer esto. Primero, por lo general, hay un sentimiento especial de amor que está presente. Además, el Viajero te dará información de una manera elevadora y será muy comprensivo y cariñoso. El Viajero no te dirá nada, internamente o en un sueño, que no te diría en el nivel físico, por lo que siempre puedes verificar la información con lo que ya se encuentra en las Disertaciones, los CD y los libros del MSIA. Otra forma de saber si es el Viajero: él acostumbra presentarse (pero no siempre) desde tu lado derecho o frente a ti. Si una forma viene desde la izquierda y se parece a mí o a John Morton, podría provenir de las fuerzas negativas, por lo que es mejor "desafiar" esta forma. Puedes hacerlo cantando tu tono de iniciación o el Hu. Si es del poder negativo, no puede permanecer en presencia del tono. También puedes preguntarle de manera directa si es el Viajero; si no responde que sí, no es el Viajero.

– John-Roger, D.C.E.,
Viajes Durante los Sueños

P.: ¿Hay alguna manera de sintonizarme más con la conciencia de Cristo a través de mis sueños?

John-Roger: Pide. Al irte a dormir por la noche, puedes pedir que estés más en sintonía con esa conciencia del Cristo. También puedes pedirle al Viajero que trabaje contigo de cualquier forma que sea para tu mayor bien y que recuerdes, de manera que puedas comprender, lo que es beneficioso para ti. Luego, cuando despiertes, anota tus sueños o lo que sientes que sucedió en el estado de sueño. Usa esto para tu avance. Puedes prepararte para el éxito al tener una conciencia cada vez mayor de los reinos internos, y todo esto puede llevarte a la conciencia de tu Alma y al reino del Alma si eso es lo que quieres y hacia donde quieres ir.
Baruch Bashan (Las bendiciones ya existen)

— JOHN-ROGER, D.C.E.,
VIAJES DURANTE LOS SUEÑOS

Prefacio

Para la mayoría de las personas involucradas en el Movimiento del Sendero Interno del Alma (MSIA), es difícil creer que han transcurrido cinco años desde que nuestro Guía Espiritual, Viajero Místico y Preceptor John-Roger ("J-R") dejó físicamente el planeta. Aunque mucho ha cambiado desde su transición en 2014, afortunadamente mucho ha permanecido igual.

Incluso, mientras llorábamos su pérdida, muchos iniciados de la Corriente del Sonido pudimos fortalecer o despertar nuestra conexión interna con el Espíritu y el Viajero, lo que es todavía más puro que cualquier experiencia de nivel físico que pudiéramos haber tenido cuando J-R estaba vivo. De hecho, miles de ministros, iniciados y suscriptores de las Disertaciones en docenas de comunidades de MSIA en todo el mundo, además de numerosos estudiantes del Viajero, nunca tuvieron la oportunidad de conocerlo personalmente; sin embargo, de cierto modo, ellos han tenido una ventaja sobre las personas que sostuvieron contacto regular con J-R.

J-R también vive en sus innumerables videos, seminarios de audio, meditaciones, libros y prácticas espirituales que compartió en sus más de cincuenta años como Maestro de la Corriente del Sonido. Y, por supuesto, el actual Viajero Místico y Director Espiritual de MSIA, John Morton, continúa construyendo sobre la base del amor que J-R creó en sus enseñanzas de Trascendencia del Alma.

El Rev. Jesús García (Jsu o "Zeus", como J-R lo llamaba) tuvo la suerte de servir, personalmente y con fidelidad, más de un cuarto de siglo a John-Roger, desde 1988 hasta su transición en 2014. Según nos cuenta Jsu, desde el momento en el que vio por primera vez a J-R en persona, escuchó el llamado interno y lo honró durante la mitad de su vida. Más allá de reconocer a J-R como su maestro espiritual, Jsu también lo consideró su padre adoptivo, dinámica que fue explorada en profundidad a lo largo de su primer libro, *El Amor de un Maestro*. Verlos juntos, bromear y jugar o montar a caballo en el Rancho Windermere, en las montañas de Santa Bárbara, California, fue presenciar el amor incondicional en acción.

A lo largo de tantos años juntos, mientras Jsu apoyaba a J-R como *staff* en sus viajes, también siguió una exitosa carrera de actor, se graduó en los programas de maestría y doctorado en Ciencias Espirituales (M.C.E./D.C.E.) del Seminario Teológico y Escuela de Filosofía Paz (PTS) y coprodujo varios cortometrajes y tres largometrajes con J-R. *El Guerrero Espiritual* estaba basado en sus enseñanzas, *El Guía Espiritual* fue esencialmente una película biográfica de la juventud de John-Roger, y *Viajero Místico* fue un documental que investigó exhaustivamente su papel como maestro espiritual y maestro de la Corriente del Sonido para miles de seguidores en todo el mundo.

Me atrevería a decir que solo a muy pocas personas se les permitió conocer al auténtico Jesús García en ese entonces. En estas páginas, Jsu, en uso de su derecho, desalentó a la gente de acercarse a él, ya que como guardaespaldas, su principal preocupación era proteger a J-R; como actor, la actuación era su modo predeterminado. Esto lo hacía parecer distante e inaccesible a veces.

De acuerdo con mi observación, la pérdida de J-R afectó profundamente a Jsu, y aún lo afecta. Durante los meses posteriores a su transición, casi todos en nuestra afligida familia espiritual necesitaban consuelo y un sentido de pertenencia. Para Jsu este fue un momento de templar, suavizar y madurar. Hoy, no solo es mucho más accesible, sino que el conectarse con otros ministros e iniciados se ha convertido en su principal objetivo y propósito de vida.

Sin duda, la participación de Jsu y de Nicole, su prometida, en el programa de Maestría en Psicología Espiritual de la Universidad de Santa Mónica (USM), justo después de la transición de J-R al espíritu, influyó positivamente en su compromiso con el mundo. Quizás el dolor sea como un río que, con el tiempo, desgasta las piedras inmutables hasta que se disuelven, dejando solo ternura y compasión. Quizás la transición de J-R nos otorgó a todos un legado de gracia infinita que continúa bendiciéndonos en los viajes de nuestras Almas.

Independientemente de las razones, estoy agradecida de haber conocido a Jsu como amigo, en los últimos tres años, a través de sus seminarios de MSIA, eventos de libros, maratones de video J-R y consejería espiritual. Más allá del nivel de personalidad, la energía de J-R ha sido tangible en todas mis interacciones con Jsu, como también en sus escritos, debido a su vínculo especial, que sigue tan presente como siempre. En mi experiencia, él permanece profundamente conectado con la sabiduría del Viajero en los niveles internos, y ¿quién puede decir que 26 años de proximidad con el Maestro no podrían haber sido absorbidos por ósmosis con el tiempo?

Jsu continúa llegando a nuestra familia MSIA a lo largo de todo el mundo. Desde el lanzamiento del libro *El Amor de un Maestro* a finales de 2017, ha realizado numerosas giras de libros por Estados Unidos y el extranjero. En apoyo de su ministerio de *Satsang*, o compañerismo, se conecta con personas que aman a John-Roger, lo hayan conocido personalmente o no. Al reconocer que todos somos hermanos y hermanas en Espíritu, él comparte sus experiencias, responde preguntas y les da a todos el espacio para contar sus propias historias significativas. Lo hace de manera voluntaria, a través de su propio ministerio personal.

Ahora, con *Los Sueños de un Maestro*, Jsu tiene la oportunidad de expandir el legado del amor permanente de John-Roger por todos nosotros y de profundizar el compañerismo de nuestra familia espiritual global. Junto a muchos otros, espero experimentar *Satsang* con "Zeus" en los meses y años venideros.

Revda. Teri Breier
30 de junio de 2019
Los Ángeles, California

En el principio era la Palabra, y la Palabra era con Dios, y la Palabra era Dios. Ella era en el principio con Dios. Todas las cosas fueron hechas por medio de ella, y sin ella no fue hecho nada de lo que ha sido hecho. En ella estaba la vida, y la vida era la luz de los hombres.

–Juan 1:1-4 (Reina Valera Acutalizada 2015)

Todos ustedes, como ministros, tienen igual acceso al poder de la línea de Melquisedec, el Cristo, la Conciencia del Viajero y la Conciencia del Preceptor. Solo tienes la Conciencia del Preceptor mientras yo esté físicamente vivo, y si muero, eso se retira de tu ministerio. Pero Melquisedec se queda, así como el Cristo y el Viajero.

Voy a hacer que mi ministerio cuente en este planeta, porque mi ministerio es un ministerio silencioso. Mi ministerio eres tú. Tu ministerio está en el mundo.

–John-Roger, D.C.E.

Nunca cometerás un error, siempre y cuando tengas en mente actuar simplemente como un agente del Maestro. Entonces, deja que Él se encargue de todos los resultados que puedan provenir.

–Huzur Maharaj Sawan Singh,
Joyas Espirituales

Satsang tiene más de un significado: primero, significa la reunión del Maestro y un discípulo. Segundo, significa la reunión de todos los satsangis que pueden asistir, ya sea que el gurú esté presente en el cuerpo o no. No hay formalidad al respecto, ninguna en absoluto. Es una simple reunión de todos los discípulos que pueden asistir. Evitamos la formalidad y todo lo que pueda parecer una organización rígida. Cuanta menos organización, mejor. Y no debe haber idea de liderazgo. El único líder en Sant Mat es el gurú. Solo el Maestro y sus discípulos reunidos es la única organización que tenemos.

–Huzur Maharaj Sawan Singh, *Joyas Espirituales*

*El camino espiritual es descubrir tu verdadera
identidad... que es el océano y no la gota.*

–Ishwar Puri

(**Ishwar Puri** es el iniciado de Su Bienamado Satguru Hazur
Baba Sawan Singh Ji, el Gran Maestro)

Prólogo

ॐ

Han pasado más de cinco años desde que mi amigo, figura paterna, maestro y Viajero Místico John-Roger trascendió al Espíritu el 22 de octubre de 2014. *Los Sueños de un Maestro* retoman donde dejé mi primer libro, *El Amor de un Maestro*, al relatar mis experiencias de navegar la vida desde su transición.

El tema principal de este libro es el discernimiento de los sueños y cómo el mundo interior es mucho más importante que el plano material. Me sumerjo profundamente en lo divino desconocido. He viajado por el mundo y he hablado con muchas personas que también están en lo divino desconocido, que desafían sus zonas de confort. Te sugiero que, mientras leas, mires más allá del nivel de las palabras y uses mi libro para aprovechar la energía de John-Roger y la Conciencia de Cristo, que continuamente he pedido esté presente en estas páginas. Que este libro no sea un obstáculo, sino un impulso para encontrar al Viajero dentro de ti y que puedas seguirlo hasta el corazón de Dios.

Inicialmente, escribí *El Amor de un Maestro* para mí. Luego, en algún momento se trató de compartir el libro ampliamente para que más personas puedan oír mi historia. Este fue el catalizador que me llevó a viajar y unirme en *Satsang* (compañerismo) con otros discípulos del Viajero en Estados Unidos y alrededor del mundo. Conectarse de esta manera reflejó una y otra vez que: "Donde dos o más están reunidos, allí está Jesús"... y allí está J-R también. Durante los intercambios comunitarios me di cuenta de que algo especial sucede cuando nos reunimos en *Satsang* con un enfoque en el Amor: nuestro mundo, nuestra conciencia y nuestra conciencia interna pueden cambiar drásticamente.

En particular, mi conciencia comenzó a transformarse cuando mi prometida Nicole y yo comenzamos el programa de maestría en Psicología Espiritual de la Universidad de Santa Mónica (USM), justo después de que J-R pasó al Espíritu. Durante ese tiempo, ella junto con los docentes fundadores, Ron y Mary Hulnick, fueron mis "Ministros Maestros". Estábamos en el grupo final para obtener un título y el proceso entero de los dos años fue fantástico. Para el requisito del Proyecto de Maestría del segundo año, elegí escribir *El Amor de un Maestro*.

Un año después de graduarme de USM en agosto de 2016, lancé mi libro en la librería metafísica "Mystic Journey", en Venice, California, el 24 de septiembre de 2017. Esta fue mi primera experiencia de compartir con ministros e iniciados de MSIA y también profundicé de manera prodigiosa mi contacto intuitivo con el conocimiento directo de lo divino. Fue un proceso de entrar en lo desconocido divino y correr el riesgo de ir a esos lugares a los que normalmente no iría, tanto dentro como fuera del mundo. Mis viajes guiados por la intuición me han llevado a más de una docena de comunidades de MSIA, en todo el mundo.

Desde el otoño de 2017 hasta el otoño de 2019 (fecha de este escrito), he visitado 19 países (algunos más de una vez) en los seis continentes habitados durante mi gira mundial del Amor de un Maestro, que incluye Norte América —múltiples estados de Estados Unidos y México—; América del Sur —Argentina, Brasil,

Chile y Colombia–; Asia –China y Rusia (así como Europa del Este)–; Europa –Bulgaria, Francia, Alemania, Grecia, Países Bajos, Suiza, España y Reino Unido–; África/Oriente Medio –Nigeria e Israel–, además de Australia.

Debido a la extensión de mis viajes, la organización del libro *Los Sueños de un Maestro* está lejos de ser lineal. Es un reflejo directo de mi tiempo "en el camino" mientras daba charlas sobre libros, presentaba maratones en video de John-Roger, conducía sesiones de preguntas y respuestas, grababa videos en vivo de Facebook y hacía grabaciones diarias de audio. Siempre que sea posible indico la ubicación y la fuente de estas transcripciones editadas. Parte del material de las grabaciones originales de audio o video se ha movido y combinado a secciones con temas similares. Es posible que algunos de los textos sean repetitivos, ya que respondí a preguntas similares en varios eventos. Consulta el **Apéndice A** para ver artículos reimpresos sobre estos viajes, que aparecieron originalmente en el blog en línea de MSIA, New Day Herald y ahora están en mi sitio web en www.soultranscendence.com/our-impact.

También he incluido descripciones de numerosas prácticas que he incorporado a mi régimen espiritual personal durante las últimas tres décadas, que pueden servirte de apoyo. Me gustaría aclarar, por anticipado, que todo en estas páginas, incluidas citas, meditaciones, procesos espirituales, orientaciones de J-R, etc., provienen de mi experiencia directa, mi interpretación y recuerdos, coloreados por la lente de mi percepción y el paso del tiempo. En consecuencia, mis recuerdos pueden no ser ciento por ciento precisos, así que antes de embarcarte en cualquier ejercicio que yo presente aquí, asegúrate de consultar primero las instrucciones específicas de John-Roger. Para obtener más información sobre John-Roger, visita www.msia.org. Referencias al material específico de MSIA se proporcionan dentro del texto; los números de existencias se enumeran al final del libro, en el **Apéndice C –Recursos–**. La mayoría de los artículos citados están disponibles para su compra en www.msia.org/store y algunos se pueden encontrar en Amazon.

J-R a menudo sugirió dejar pasar dos o tres años para comprender algo en realidad, ya sea una relación, un nuevo trabajo o un cambio importante en la vida; sin embargo, incluso en el otoño de 2017 su ausencia aún era nueva para mí. Recientemente, con la guía de los Revdos. Robert Waterman y Karey Thorne descubrí por qué era tan importante para mí, en ese momento, pasar tiempo lejos de Los Ángeles, inclusive ahora. Me di cuenta de que había estado viendo mi vida de tres décadas en la casa de Mandeville Canyon a través del lente del sentimentalismo, lo cual distorsionó mi percepción. Hablaré más sobre eso en las siguientes páginas.

Después de pasar 26 años con J-R, mi percepción ha sido coloreada por unos matices únicos. Aunque hay personas que permanecieron con él más tiempo, estuve presente con él todos los días durante esos años, a menos que estuviera filmando una película. Algunos otros se quedaron allí día a día, pero elijo escribir sobre mis experiencias como parte de mi ministerio.

A medida que pasa el tiempo viene más información del Espíritu a través de mí, para incluirla en otros libros y escritos. Tal vez todo sea "jamón y huevos", como solía decir J-R; solo palabras en una hoja de papel. Pero en ese pedazo de papel, entre esas palabras hay espacio y entre el negro y el blanco está el espacio, y en ese espacio está el Espíritu. Esa es la energía que en realidad recoges mientras lees o escuchas el audiolibro. Aprecio profundamente tu apoyo a los ministerios de Jesús García, como lector de este libro.

A escala mundial, hay más de cinco mil ministros e iniciados del Movimiento del Sendero Interno del Alma (MSIA), que pueden escribir su propio libro y compartir su historia. Los invito amorosamente a hacerlo si se sienten llamados por el Espíritu.

Desde mi punto de vista, el estado de MSIA está funcionando muy bien en todo el mundo. El Viajero está conectado en todas partes, no hay frontera, no hay límite, excepto lo que está en la

Prólogo

mente y lo que la gente quiere creer. En mi experiencia, el Viajero J-R es poderoso en todas partes, y esta línea tiene continuidad en John Morton, el Viajero actual, que trabaja en todas partes.

...de todos estos grupos que provienen de la Corriente del Sonido, la mayor similitud que tenemos sería el Surat Shabd Yoga de la India, de Hazur Sawan Singh, el gran Maestro que lo impulsó a través de la línea de los sijs. Tengo el mismo linaje espiritual que él.

–John-Roger, D.C.E.

(30 de mayo de 1982, P&R en Gustavus, Alaska)

Capítulo 1

Adicciones, extraterrestres y círculos de cultivo

ॡ

19 de mayo de 2017

Casi tres años después de la transición de John-Roger, reconocí que una sensación constante de depresión se había convertido en mi nueva "normalidad". Ya sea que estuviera de viaje o en mi casa de Los Ángeles, me sentía deprimido, y a veces todavía me pasa. Está bien... aprecio mi depresión y no tomo ninguna píldora para eso. (No hay nada malo con los medicamentos para las personas que los necesitan; las recetas pueden ser muy útiles con la supervisión de un médico).

No es que quisiera lastimarme de ninguna manera, pero extrañaba a J-R profundamente y me sentía deprimido todo el tiempo, lo cual era entendible si se considera que había pasado 26 años con este hombre extraordinario, que había sido mi maestro, amigo y figura paterna.

Con esa toma de conciencia identifiqué los patrones de adicción que había adquirido; no a ninguna sustancia, gracias a Dios. Pero definitivamente estaba adicto al café y a la *pizza*. Amo ambas cosas. La *pizza* maneja mi depresión de una manera genial. No es un fármaco, pero está justo al bajar la calle, y también Starbucks.

Mis adicciones a la comida retrocedieron mucho, y J-R me había ayudado a identificarlas y dejarlas varias veces. Por ejemplo, a menudo íbamos al cine con los muchachos del *staff*. Me encantaban las palomitas de maíz y a J-R le gustaban los dulces Red Vines. Una noche, me miró y dijo: "Sabes, estás teniendo demasiado de eso. Entonces, ¿qué te parece que te mantengas alejado de las palomitas de maíz durante seis meses?". Yo respondí: "¡Oh Dios! ¿Seis meses completos?". Así, de esta manera aprendí a ser disciplinado y no permitir que algo externo, como mi adicción a las palomitas de maíz, se apoderara de mí.

Esto también puede aplicarse al alcohol y a otras sustancias que alteran la conciencia. Personalmente, sin embargo, nunca fui un gran bebedor de vino o cerveza. Mis problemas de dependencia solían estar relacionados con la comida y la cafeína.

Mi obsesión por el café comenzó cuando Laura y John invitaron a J-R a los Juegos de GoodWill, en Seattle, en 1990. Trajimos a uno de los hijos de Laura a Washington y nos llevaron a tomar café en un lugar emergente llamado Starbucks. El tipo allí hablaba de granos de café. Probé uno y no pude dejarlo. Así que fue eso… oficialmente era un adicto al grano de café.

Y luego las tiendas Starbucks abrieron por todas partes; no había lugar donde no pudieras encontrar una. Su logotipo verde estaba grabado en mi cerebro, por lo que todos los días, cuando llevaba a J-R a algún lugar, decía: "Quiero parar en Starbucks". Creo que bebía hasta siete u ocho expresos por día. Esa era la energía artificial que solía usar para energizar la vida, en lugar de cultivar la vitalidad interna del Espíritu. Incluso cuando asistía a los retiros de Entrenamientos de Conciencia de Paz, Viviendo en la Gracia, Conferencia y otros eventos de MSIA, permanecía atiborrado en granos de café.

Con el tiempo, J-R comenzó a trabajar en mí. Cada vez que yo decía, "¿puedo detenerme en un Starbucks?", él respondía: "No". Entonces me replegué. "¿Qué significaba eso?". Significaba que Starbucks me tenía atrapado. Con el apoyo de J-R cambié mi hábito para que no sintiera que yo era adicto. Comencé a ir a Coffee Bean y a Tea Leaf, junto a otras cafeterías no convencionales, para romper el patrón de entregar mi voluntad al hipnotizante logotipo verde de Starbucks.

Al final, este enfoque rompió mi adicción al café. Hoy, a pesar de que todavía bebo esa cosa, ya no son ocho expresos al día. No voy a Starbucks tan a menudo como lo hice en ese entonces. Gran parte de eso fue el trabajo de J-R conmigo, que rompió patrones habituales y hablaba sobre la adicción de una manera que aflojó su poder sobre mí.

Sin embargo, el 18 de mayo de 2017 estaba de vuelta a mi hábito de café (y *pizza*), todavía deprimido por perder a J-R tres años antes. Le pedí a un amigo, un profesional holístico, que me administrara una solución IV de NAD + (nicotinamida adenina dinucleótido), que se supone ayuda en el comportamiento adictivo y el enfoque mental. Duró cuatro horas; comenzamos el jueves a las 7 p. m. y me fui alrededor de las 12:30 a. m. Recibir la infusión fue en verdad miserable, pero me divertí pasando tiempo con mis amigos. Estar juntos en comunión trajo maravillosos recuerdos de J-R.

Me desperté a la mañana siguiente con más optimismo y claridad de lo que había experimentado en mucho tiempo. Al mirar por la ventana desde la casa de Mandeville disfruté su paisaje, de la misma manera que siempre lo hacía cuando solía dormir en el altillo de mi habitación. Pude escuchar el canto de los pájaros y ver el hermoso entorno exterior. Fue muy inspirador y muchas cosas

Los sueños de un Maestro

John-Roger, D.C.E. y John Morton, D.C.E.
liderando el grupo del *tour* en círculos
de cultivo en el Reino Unido, 1998

se abrieron para mí entonces. Llamé a mi médico de cabecera y le compartí mi impresión de toda la experiencia.

J-R dijo que las cosas se cristalizan en el cuerpo, ya sean patrones de abuso de sustancias o alimentos, cuando se trata de aliviar el dolor o el trauma. Yo estaba consciente de que mi mente, mis emociones y cuerpo a escala celular habían sido infligidos de forma traumática, lo que el tratamiento NAD + había aliviado. Creo que esto sería de gran ayuda para los soldados que vienen de la guerra con TEPT (Tratamiento de Estrés Postraumático), ya que restablece totalmente el cerebro sin perder ninguna capacidad cognitiva. Ese día tenía un pensamiento muy nítido, mi memoria volvió y pude pensar en J-R sin sentirme deprimido energéticamente. Tuve dos recuerdos clave que ilustran lo que aprendí del Maestro sobre ver más allá de la realidad física.

Hace un tiempo llevamos a un grupo en una gira por Inglaterra para ver los círculos de cultivos. Durante varios años los extraterrestres supuestamente visitaron en el verano el Reino Unido, donde crearon intrincados y hermosos círculos de cultivos. Al verlos de cerca, a nivel metafísico, el fenómeno es algo creíble. Sin embargo, tomaría un trabajo intenso desde el punto de vista físico; parece casi imposible para los humanos crear esos intrincados diseños, como afirman los falsificadores. Escribí sobre esto en el libro *El Amor de un Maestro*.

No puedes ver los patrones generales cuando estás parado en los campos de estos círculos. Pero los tallos de los cultivos (trigo, cebada, canola u otros granos) son bastante gruesos y fibrosos, similares a la hierba de elefante fuerte o al heno. Nunca se rompen, solo se doblan aproximadamente a una pulgada del suelo, se disponen en una dirección u otra y, a veces, incluso están en capas como una trenza. No hay ningún instrumento físico que pueda hacer eso y, ciertamente, ningún vehículo, como un camión, dejaría huellas detrás. Nuestro guía turístico explicó que algún tipo de calor radiante combinado con peso creó los patrones.

Algunos eran más circulares y dispuestos en cualquier dirección. Otros comenzarían en sentido horario, pero en una parte del arco terminan en sentido inverso al reloj; nunca fueron predecibles o completamente explicados.

La explicación "hecha por el hombre" implica cortar piezas de madera contrachapada simétricamente, luego colocarlas o girarlas en un eje con mucha presión, lo que terminaría rompiendo, no doblando, los tallos. Quizás algunos de los engañosos círculos de cultivos rudimentarios fueron creados de esa manera, pero los genuinos, claramente, requieren mucho más que eso.

Después de un día completo de giras por los cultivos, muchas personas dejaron el autobús esa noche, pero J-R, Nat y yo nos quedamos a bordo. Estábamos en el campo sin luces de la ciudad que difuminaran las estrellas y las constelaciones, y notamos movimientos extraños en el cielo. Luego, J-R comenzó a señalar objetos voladores no identificados (ovnis), diferenciados de las luces parpadeantes de un avión. ¡Fue increíble! Menciono esto porque J-R siempre nos estaba enseñando y mostrando las energías sutiles que hay en el mundo. Entonces, es más que esta manifestación densa llamada Tierra y cuerpo físico; hay muchos niveles y J-R estaba en contacto con todos ellos.

También viajamos a Medjugorje, lo que era Yugoslavia antes de la guerra. Había allí niños pequeños que tenían visiones de la Madre María, que hablaba con ellos, lo que intrigó a J-R. Para mí fue algo que nunca olvidaría y me permitiría estar abierto a todas las cosas. Para la película *Viajero Místico* entrevisté a un antiguo ministro de MSIA, Ashtar Athena SherAn (un avatar conocido antes como SaiVahni), quien dijo cosas bastante lejanas sobre los ovnis y las cúpulas geodésicas. Cuando le repetí esto a J-R, dijo que todo era preciso. Me hubiera encantado incluirlo en la película, sobre todo porque J-R amaba aspectos científicos como ese, pero simplemente no teníamos espacio. (Puedes ver todas las entrevistas completas en el canal Mystical Traveler, de YouTube).

Adicciones, extraterrestres y círculos de cultivo

Curiosamente, escuché a Ishwar Puri hablar sobre los Hermanos del Espacio que están buscando un gurú o conectarse con los humanos. Esto coincide con la explicación de J-R, de que los extraterrestres realmente existen en otras dimensiones, pero aún forman parte de los reinos debajo del Alma. De modo que, si el Viajero trabaja en todos esos niveles, entonces es una buena apuesta que quieran conectarse de alguna manera y terminar por convertirse en compañeros y amigos. Este no es un tipo de fenómeno de *Star Wars* o *Día de la Independencia*, donde ellos emergen como hostiles y quieren volar la Casa Blanca. Hablamos de algo muy multidimensional.

En 1997 viajé a Suiza con J-R por algunos asuntos. También llegaron John, Laura, Claire y el bebé Zane, lo cual fue muy grato. Hicimos algo de turismo juntos, pero cuando la familia tuvo que regresar a la escuela, J-R y yo nos quedamos atrás. Fuimos a Zermatt, cerca del Matterhorn, y atravesamos otras áreas de los Alpes suizos e italianos.

J-R permanecía consciente de las dimensiones más allá del nivel físico y me alentó a estar abierto a ver otros reinos. Mientras lo conducía por los Alpes, señaló las cimas de las montañas y dijo: "Mira esos templos etéricos". Traté de mirar directamente pero no pude ver nada. Dijo que no los mirara de frente sino que relajara mi visión y mirara desde un lado. J-R explicó que lo primero que notamos, por lo general, son los flotadores en nuestros ojos; pero si no te esfuerzas, este tipo de cosas etéricas, normalmente invisibles, como los templos, se muestran oblicuamente en nuestra visión periférica. Finalmente, pude verlos en un patrón que siguió a lo largo de los picos superiores de los Alpes.

Resultó una experiencia espectacular. Todavía no puedo describir cómo fue conducir con el Maestro durante todos esos años, solo nosotros dos. ¡No siempre hacíamos una sesión de preguntas y respuestas en el auto! Se trataba, sobre todo, de cuidarlo; conducir lo suficientemente suave como para permitirle dejar su cuerpo y hacer el trabajo espiritual. J-R enviaría la Luz delante de nosotros con el fin de crear un camino claro y seguro para conducir.

Las fijaciones del pasado las detienes al no caer en ensueños y recuerdos del pasado. Y las fijaciones del futuro las detienes al no caer en fantasías y quimeras sobre lo que podría suceder. Si vives el ahora, enteramente presente y participando en cada momento de tu vida, tu vida simplemente se desarrolla de la manera correcta y apropiada para ti.

–John-Roger, D.C.E., *El Camino de Salida*

Cuando no mantienes tu conciencia y tu responsabilidad con el ahora, el momento presente, te separas de tu realidad. Y en esa separación puedes crear tu propio infierno. Entonces, conoces tu Alma solo por el reflejo de aquellos que conocen el Alma, en lugar de a través de tu propia experiencia directa del Alma.

—John-Roger, D.C.E., Amando Cada Día

Capítulo 2
Superando el miedo y las fijaciones

हू

3 de julio de 2018

Gran parte de la relación entre J-R y yo fue a través de los sueños. Me encantan los sueños y he estado consciente de los míos casi desde mi nacimiento. He tenido el sueño recurrente, desde muy joven, de una hermosa casa de estilo Tudor rodeada por una cerca de hierro forjado, en algún lugar de la campiña inglesa. El clima es invernal, los ocupantes han pasado al Espíritu, y parece que me he "ido" de alguna manera; quizás era parte de la familia o había amado a uno de ellos. En el sueño puedo verme mirando por la ventana, queriendo salir de la casa pero sin poder hacerlo.

Después de que J-R pasó al espíritu, mi fuerte apego a la casa de Mandeville donde vivíamos desencadenó algunos pensamientos inconscientes y sentimentales que me hacían sentir como un fantasma distante. Repetidamente tuve pensamientos como "Oh, ya no es lo mismo. Desearía que todavía estuviera aquí". Por supuesto, lo echaba de menos tanto en el nivel consciente como en el nivel básico.

Esta fijación distorsionaba mi percepción de la realidad. Lo mismo sucedía cada vez que estaba en PRANA (donde MSIA tiene su sede central) o en 2101 Wilshire Boulevard, el campus de Santa Mónica, propiedad de MSIA: allí comenzó todo para mí dentro de ese edificio: USM, Insight, seminarios J-R, M.C.E./D.C.E., clases y mucho más.

Esa experiencia me recuerda la técnica de "objetos internos" enseñada por la reconocida entrenadora de actuación Uta Hagen, que aprendí durante mis estudios de actuación hace mucho tiempo. A menudo hay una memoria traumática o significativa asociada con ciertos objetos, que desencadena una serie de reacciones emocionales, que los actores pueden acceder y hacer uso. En su fantástico libro, *Un Desafío para el Actor,* Hagen relata el ejemplo de estar fuera de su departamento mientras se incendiaba; ella notó una manguera que iba del camión de bomberos al edificio, con agua por todas partes.

Después de ese evento, cada vez que quería acceder a la sensación de pérdida, enfocarse en esa manguera contra incendios en la cuneta le traería las emociones asociadas.

Del mismo modo, en el Sistema Stanislavski hay ejercicios sensoriales en los que piensas en un recuerdo y accedes a sus sensaciones relacionadas. Incluso algo simple, como pretender sostener una taza de café caliente; sientes el calor dentro de tus manos y ves el vapor que se eleva desde la parte superior. Tal experiencia puede ser tan vívida que sientes que está sucediendo. Psicológicamente, esto es similar a una técnica Gestalt desarrollada por Fritz Perls, que estudiamos en USM. Sin embargo, después de la transición de J-R, hacía este proceso a la inversa; no estaba actuando, sino viviendo a través de una película llamada "Sentimentalismo".

Superando el miedo y las fijaciones

Sentí que esta abrumadora nostalgia se relacionaba con mi ser básico. Me encantaba el ser básico de J-R y nuestros seres básicos eran inseparables. El ser básico es una parte inconsciente de nosotros, similar a un niño interno de cinco años, al que le gusta la rutina y apoya el comportamiento rutinario. Sin embargo, si esta parte siente que está siendo abandonada, se le ha mentido o ha sido traicionada a través de acuerdos rotos del ser superior y el ser consciente, puede sabotear y quebrantarte mediante la falta de cooperación.

Por ejemplo, hubo un período en el que yo me rebelaba, luchaba dentro de mí y no cooperaba en absoluto con lo que estaba sucediendo. Entonces J-R envió a mi ser básico a la escuela misionera y me dio un nuevo ser básico más cooperativo. En otra ocasión, durante mi bautismo en Israel, el ángel guardián que recibí de J-R fue el Arcángel Rafael. Ambas acciones resultaron de gran apoyo para mi progresión espiritual, me ayudaron mucho.

El sentimentalismo sobre Los Ángeles y la casa de Mandeville, después de su transición, me dejó caer en el cerebro de reptil o "lagarto" que expresa la autoconservación. Mi interpretación de esto es que, durante los tiempos prehistóricos, cuando nuestros antepasados cavernícolas se encontraban con un depredador como un tigre dientes de sable, se activaba una respuesta automática de "congelarse, luchar o huir". Hoy, ese instinto todavía se activa cuando ocurre algo que percibimos como una amenaza a nuestra supervivencia. Entramos directo al cerebro reptiliano, donde surge el miedo y se produce una serie de eventos, conocidos como la respuesta al estrés.

Muchas personas han dicho que solo hay dos formas de vivir tu vida: con amor o con miedo. El amor está conectado al lado derecho del cerebro. El miedo y la preocupación provienen del lado izquierdo del cerebro, que son los aspectos negativos. Lo más importante es estar atento cuando giras hacia el lado izquierdo. Puede suceder cuando nos preocupamos de poder pagar nuestras facturas o maximizar nuestra tarjeta de crédito. O puede suceder cuando vamos tarde a una cita y nos encontramos en un atascamiento de tránsito, o si un policía nos hace detener con sus luces intermitentes en el espejo retrovisor. Nuestro corazón da un vuelco, luego se acelera. Nuestra mente comienza a parlotear en piloto automático: "¡Oh no! Lo arruiné. ¿Qué va a suceder? ¡No estoy a salvo!". Allí, el sentimentalismo de Los Ángeles me tuvo durante muchos meses.

Ahora que tengo cierta altitud puedo ver dónde estaba y contar mis bendiciones. Entrar en el lado derecho de mi cerebro me equilibra: "Todo se ve bien. Confío en Dios y lo resolveremos juntos. Dejaré esto en Sus manos y en el corazón. Mientras tanto, voy a meditar, correr, pintar, crear belleza".

Recomiendo también otros métodos de apoyo que me han ayudado a lo largo del camino. Por ejemplo, mi amigo David Allen desarrolló el mundialmente conocido sistema de organización *Getting Things Done* (GTD). Como artista marcial, él aboga por el objetivo de tener una "mente como el agua", en referencia a una piedrita que se arroja y es absorbida por el estanque. En esencia, el método GTD permite hacer de la mente un sirviente; está diseñado para sacar todo de tu cabeza y ponerlo en un sistema de seguimiento confiable (escrito digitalmente o en un cuaderno). Yo experimento esto como el sistema que libera el lado izquierdo de mi cerebro, por lo que ya no está preocupado por recordar detalles que ponen a la mente en un estado de autopreservación secuencial, lo que me permite fluir hacia el lado derecho del cerebro. Esa es la clave completa y así funciona para mí, aunque otros pueden usarla de manera diferente. Conozco muchos empresarios adinerados que usan este sistema como una forma de darse la libertad de seguir una pasión creativa como la música, la pintura y los viajes, o usar la música y el arte para atraer la creatividad del lado derecho de su cerebro.

La sesión que mencioné en el Prólogo, con Robert Waterman y Karey Thorne, me reveló que este plano, el nivel material, es toda

Superando el miedo y las fijaciones

una distorsión, como una casa de diversión, donde todo parece ser algo que no es. Es similar a la película *The Matrix*, donde el protagonista, Neo, se enfrenta a la elección de tomar una píldora azul y permanecer ajeno, o una píldora roja que lo abre a la verdad de la realidad y cambia su conciencia para mejor. Al igual que Neo, estaba conectado con el paradigma hasta que elegí la píldora roja; luego tomé conciencia de lo que sucedía debajo de la aparente realidad de nuestro mundo.

A través del conocimiento directo y la intuición aprendí que salir de la ciudad era importante para mí; al viajar por todo el mundo vería que en realidad no hay distorsión ni sentimentalismo. Esto me permite traer presente a John-Roger en el momento y no quedar atrapado en la nostalgia del pasado.

Como resultado de esta comprensión ocurrió un cambio transformador dentro de mí. Finalmente, pude dejar de lado mi obsesión con la casa de Mandeville, y el 22 de octubre de 2017, tres años después del día en que J-R hizo la transición, me mudé voluntaria y amigablemente. Mi apartamento actual en Santa Mónica tiene un altar para J-R, y fotos de él en todas partes reflejan la conexión continua que tenemos con la realidad real, que está más allá de lo que mis sentidos pueden percibir.

Llegué a la conclusión de que nada ha cambiado realmente desde la transición de J-R, excepto que su cuerpo ya no está en el planeta. Nosotros, sus iniciados y ministros, somos el testamento viviente. Sin embargo, extraño todos esos años en los que me senté en *Satsang* con el Maestro (*Satsang* es el término sánscrito para "reunión sagrada con un maestro" o "reunirse y decir la verdad"). Mi ministerio actual de salir al mundo y celebrar estas reuniones está creando ahora un ambiente donde todos nos reunimos para crear *Satsang* entre nosotros, en sagrada y honesta comunión con Dios, el Cristo, el Preceptor, el Viajero Místico y la energía de John- Roger.

Durante el plan de estudios de Conciencia, Salud y Sanación de la Universidad de Santa Mónica, que funcionó como el tercer año de su programa de Maestría en Psicología Espiritual, estudiamos

Los sueños de un Maestro

Los primeros días con J-R en Kenia, 1989

algo llamado "entelequia". Esto se refiere al llamado inherente de cada persona, o al propósito del Alma usando la metáfora de la bellota para el potencial que existe dentro de cada uno de nosotros. Una vez que nos damos cuenta de nuestra entelequia y nutrimos la bellota, comenzamos a madurar en un poderoso roble.

En esa clase descubrí que mi "bellota" siempre ha estado relacionada con los viajes. Me encanta pasar el rato en los aeropuertos, ver a la gente y los aviones ir y venir. En los viejos tiempos (antes del 11 de septiembre), mi madre solía llevarnos al aeropuerto, directamente a la puerta para esperar la llegada de parientes que venían por avión. Como un niño pequeño de la mano de mi madre, me fascinaba mirar a través del ventanal y ver los enormes Panam 747 y los Continental DC-10 mientras aterrizaban. Viajar en automóvil era otra actividad favorita de la infancia; sentado en el asiento trasero, sintiendo las vibraciones mientras encontrábamos diferentes surcos en el camino. También jugaba con contenedores cuadrados de fresa y otros objetos, que en mi imaginación se convertían en automóviles. Todas estas actividades me conectaron de manera natural con la creatividad del lado derecho de mi cerebro. ¿Qué actividad sugiere eso para ti?

La consejera y autora intuitiva Penney Peirce propone que si quieres entrar de inmediato y de manera directa en tu cerebro derecho, te pongas en cuatro patas y comiences a ladrar como un perro o a maullar como un gato. Lo que funciona mejor para mí en estos días es cantar karaoke, actuar como un tonto y simplemente estar en la expansión. J-R solía decir, en el momento de la contracción, pasa a la expansión. Durante un reciente asesoramiento espiritual, mi cliente me dijo que sentía que le estaban sucediendo cosas, lo que identifiqué como un problema del cerebro izquierdo. Para cambiar eso decidió subir al escenario y realizar unos minutos de comedia. Dijo que le encantó y se sintió mucho más libre después. No se trata de ser famoso, se trata de expansión.

Volviendo a los objetos y sueños internos, cuando era un estudiante de secundaria de 17 años en 1980, soñé vívidamente que le iban a disparar al presidente Ronald Reagan. No lo podía creer; había querido ser un psíquico desde que era un niño pequeño. Me preguntaba: "¿A quién le digo? ¿Qué sucederá?". Lo siguiente que supe fue que John Hinckley, Jr., le disparó a Reagan en un intento de asesinato. Desde entonces he leído muchos libros sobre premoniciones y *déjà vu,* además de hablarle a J-R al respecto. Hay diversos estados de sueño que puedes experimentar. Los momentos de *déjà vu* generalmente han sido puntos de referencia sobre mi propia vida, para mostrar cómo estoy. A veces pueden ser advertencias. J-R solía decir: "Es una advertencia o estás en camino". Recomiendo escribir en un diario sobre tales experiencias para proporcionar perspectiva; he estado haciendo diarios desde que era un adolescente.

Más tarde, cuando era estudiante formal de actuación, todos los maestros principales, como Howard Fine, Peggy Fury y Stella Adler, nos dijeron que empezáramos a escribir un diario. Luego, cuando me mudé a la casa de J-R y comencé a trabajar como integrante del personal, escribir diarios fue altamente recomendado. Dios nos habla de muchas formas y es mejor que creas que cuando estamos en cama y fuera del cuerpo, aparecerán algunas imágenes e información. La vida nos mantiene ocupados y, a veces, no encontramos el tiempo para ser abiertos y receptivos. Pero una vez te acuestas llega el momento perfecto para hacer un viaje astral o un Viaje del Alma –en el otro lado hacemos todo tipo de viajes hacia muchos reinos–. "Hay muchas habitaciones en mi mansión". Eso está en la Biblia y ha sido lo que J-R, Dios y el Cristo dijeron. Cuando viajas obtienes información. A diferencia de muchas personas, me encantan esos sueños locos, caóticos y confusos que parecen reales, como caerse de una gran distancia, accidentes automovilísticos, ser asesinado o recibir un disparo.

Sin embargo, puede haber cierta confusión involucrada en esos tipos de sueños, porque pueden ser una combinación de diferentes niveles. Podrías quedar atrapado entre los reinos astral y causal, o tal vez estés en el nivel etérico, a punto de irrumpir en el reino del Alma. No necesitas entrar en pánico durante esos sueños. Muchas veces he experimentado el Viaje del Alma en las locuras caóticas del reino etérico –quien quiera que inventó eso fue un genio, porque realmente quieren asustarte antes de llegar al Alma–. Es algo como: el cuento se acabó, es hora de ponerse serios. Pero en ese momento tienes que mantenerte firme y seguir adelante. Eso lo comienzas a aprender en sueños. Una película precisa sobre lo que sucede en los niveles internos es *Inception*, de Christopher Nolan. Es un sueño dentro de un sueño, una película fantástica. Recuerdo a J-R decir que esta película da justo en el blanco y que es una descripción precisa de algunos de los reinos de los sueños.

Usa tu energía para entrar allí donde has desarrollado tu visión interior. Mira con los ojos del Bienamado. El Bienamado no es solo el Cristo o el Viajero Místico o Dios. El Bienamado eres tú.

−John-Roger, D.C.E.

Capítulo 3

No hay negocio como el negocio del espectáculo

ध्रु

*M*i carrera en el mundo del espectáculo fue a menudo un catalizador para aprender muchas cosas fascinantes de J-R. Él trabajó bastante conmigo en relación con mi actuación, pero no se trataba de ser famoso. Podría haber sido cualquier otra cosa, como un trabajo en el McDonald's. Él apoyaría mi intención de trabajar, mejoraría mis habilidades de actuación y de audición para los papeles que yo querría. Si buscaba algo por razones equivocadas, él me lo reflejaría y me ayudaría a cambiarlo para que yo pudiera conseguir el trabajo.

Por ejemplo, trabajamos mucho con el proceso de siembra para apoyar mis objetivos de actuación. [Para obtener más detalles sobre la siembra, consulta el **Capítulo 16, Manifestando abundancia.**] J-R me instruyó sobre cómo sembrar correctamente. En última instancia, el mejor enfoque es entregarlo a Dios, que siempre sabe mejor lo que es para tu mayor bien. Además, cuando tienes una visión, no es una mala idea dar rienda suelta a la imaginación del lado derecho del cerebro, porque la imaginación, a través del nivel astral, creará una imagen vívida y mucho más ilimitada que la mente; el nivel mental o lado izquierdo del cerebro, puede ser más apto para destrozar tu visión con objeciones y juicios.

Otra herramienta que J-R utilizó conmigo fue la visualización remota y el alcance. Por ejemplo, supongamos que quería trabajar con alguien como Andy García, Benicio del Toro o John Travolta. En mi imaginación volaba a sus oficinas de producción y visualizaba detalles: "¿Cómo sería la oficina?", "¿cómo sería estar allí?".

Del mismo modo, la entrenadora interina Stella Adler creó la técnica del "¿Qué si?", que abre las posibilidades para todo lo que tu mente no tendrá en cuenta. Te pones en el lugar del personaje, luego creas un diario de la personalidad, las emociones, el comportamiento, las motivaciones, etc., de tu personaje, y siempre preguntas "¿Qué si...?" o "¿Qué harían si...?" Al hacer esto, no hay límite a la posibilidad de lo que un actor puede esforzarse por el desarrollo del personaje y en su carrera.

Así que combinaría esta técnica con la práctica de rango que J-R me enseñó. En un momento me estaba acercando a Andy García y tuve sueños increíblemente vívidos y realistas de que trabajábamos juntos. En un seminario escuché a J-R hablar sobre los sueños como una experiencia de "realidad de los sueños" cuando estás del otro lado. Y si es real allí, entonces esta existencia física no es realmente real. Así que puedes ir y venir y hacer cosas multidimensionales desde los reinos astral, causal, físico, etérico y del Alma. Como iniciados, usamos la unidad del Alma o energía del Alma para atravesar todos esos reinos y eliminar el karma en esos niveles que hemos sobrecreado aquí en lo físico.

Poco después de esos sueños trabajé con Andy García en *Lost City* y también colaboré dos veces con Benicio del Toro en *Traffic* y *Che: Primera Parte*, como resultado de esta práctica. Estos son excelentes ejemplos de cosas que yo quería y que puse mi intención en crear. Una intención clara y fuerte tiene mucho poder en sí. Entonces, los mensajes sobre qué debes aprender para interpretar pueden llegar a ti a través de los sueños.

Los sueños han sido reconocidos por su sabiduría espiritual desde los tiempos bíblicos. Por ejemplo, después de que José interpretara con precisión los sueños del faraón egipcio fue promovido a una posición influyente. Esto indica que el faraón estaba consciente del Espíritu, a pesar de que no sabía cómo interpretar los mensajes que recibió.

Los sueños de un Maestro

J-R sentado como director de la película "El Guerrero Espiritual" mientras se filmaba en PRANA, 2004

Permite que tu amor incondicional se expanda dentro del inconsciente. Puede intentar detenerte para que te quedes dormido. Lo que hacemos es una declaración interna que dice: "Mi inconsciente está siendo inundado con el amor incondicional de mi Alma. Y está despertando. Con cada respiración obtengo más de ello".

–JOHN-ROGER, D.C.E., *AMANDO CADA DÍA*

Morir, dormir —no más— para decir que con el dormir terminamos con la angustia y las mil conmociones naturales de los que la carne es heredera. Es una consumación devotamente deseada. Morir, dormir – dormir– por ventura soñar: sí, ahí está el problema, porque en ese sueño de muerte, que sueños pueden venir cuando nos hemos deshecho de esta espiral mortal, deben darnos pausa.

−William Shakespeare, *Hamlet*

Capítulo 4

Facilitar la guía del sueño

ॐ

scribir el libro *El Amor de un Maestro* hace varios años marcó el tono para que escribiera *Los Sueños de un Maestro*. Muchas veces, a lo largo de los años, J-R me llamó el "profeta de los sueños" o "maestro de los sueños", porque era capaz de recuperar mis sueños en detalle, y muchas de las cosas que soñé terminaron siendo una realidad. Durante mucho tiempo he seguido este proceso utilizando manuales y diarios, que demuestran que mis sueños proféticos tienen una ventana de previsibilidad de seis meses. Me di cuenta de este regalo por primera vez en 1980, a los 16 o 17 años, cuando soñé que el entonces presidente Reagan iba a recibir un disparo, varios meses antes de que ocurriera (como se describió antes en el Capítulo 2). Ese fue el comienzo de mi capacidad intuitiva para ingresar al conocimiento universal.

Para conectarte más conscientemente con tus sueños, en su libro, *Viajes Durante los Sueños,* J-R recomendó mantener un diario al lado de tu cama, beber agua antes de conciliar el sueño y pedir la ayuda del Espíritu en el estado de sueño. Por ejemplo, puedes preguntar a los Viajeros John-Roger, John Morton, el Cristo o todos: "Por favor, denme algunas respuestas. Me encantaría estudiar esta situación. ¿Me pueden mostrar más sobre esto y lo otro?". Y luego vete a la cama.

A veces he encontrado valioso hacer el ejercicio de *Meditación de la Llama* como un ritual antes de acostarme, que J-R describió en *Viajes Durante los Sueños*, así como en el libro y álbum de audio *Mundos Internos de la Meditación*. Básicamente, esto implica encender una vela, mirar la llama y enviar cualquier negatividad, deseos, necesidades, preocupaciones no saludables, etc., de tu día, a la llama. El fuego lo quema. Es importante no entrar en estado de trance durante este proceso ni hacerlo durante más de cinco o diez minutos la primera vez que lo hagas. Luego, bebe un vaso de agua. Pide internamente a Dios, al Viajero, que sea tu guía, y luego deja que los sueños te lleven a donde puedan.

Al despertar por la mañana, bebe más agua y registra tus sueños en el diario de sueños, lo mejor que puedas, así sea solo algunos recuerdos que se presenten. También puedes preguntarle al Espíritu durante todo el día: "Por favor, muéstrame algo que provoque una respuesta para recordar mis sueños". Cuando hago esto, nueve de cada diez veces aparece.

Hay muchos libros excelentes de numerosos autores que abordan la capacidad de predecir eventos. En *One Mind* and *The Power of Premonitions*, Larry Dossey analiza cómo cada persona es capaz de conectarse con su conocimiento interno; por lo tanto, cualquiera puede desarrollar el talento para acceder la precognición, ya sea de naturaleza positiva o negativa.

¡Lo importante es que puedes tener esta relación con Dios no solo durante el día, sino también durante la noche mientras duermes! Lo mejor del estado de sueño es que resulta bastante similar a la meditación; en realidad no estás apagando todo, sino solo dejando a un lado el ego y el cuerpo temporalmente. Mientras tanto, el Alma y la conciencia superior viajan y aprenden dentro de los reinos internos, según lo indique tu guía espiritual. Mi guía, por supuesto, es el Viajero Místico John-Roger. Es posible que tenga muchas experiencias de viajar en todos los diferentes niveles: físico, astral, causal, mental, etérico, Alma y más allá, incluso si no recuerdas conscientemente estas experiencias.

En su libro más vendido, *Contratos Sagrados: Despertar tu Potencial Divino*, Carolyn Myss evoca la sabiduría de muchos filósofos orientales al sugerir que cada uno de nosotros acepta nuestras lecciones de vida antes de nacer. En esencia, en nuestro cuerpo del Alma nos encontramos con un comité de seres etéricos (que puede incluir a J-R, John Morton y el Cristo), quienes nos explican lo que haremos y aprenderemos. Al aceptar, encarnamos de nuevo en el planeta. Una vez tuve un sueño excepcionalmente vívido que me mostró cómo fue este proceso antes de mi vida actual.

Entonces, ¿el curso de nuestras vidas está predestinado? ¿O es más como una premonición, al ganar acceso al hilo de nuestra esperanza de vida anticipadamente? Muchos de los grandes Maestros han dado a entender que el tiempo lineal es solo una ilusión, y J-R a menudo dijo que, desde una perspectiva más alta, todas las experiencias de todos en la vida ocurren de manera simultánea. Básicamente, el tiempo es una construcción artificial para evitar que todo suceda a la vez en nuestras percepciones limitadas aquí en la tierra.

¿Alguna vez has tenido una fuerte sensación de *déjà vu*, estado consciente o tenido la "memoria" de que ya has vivido la experiencia actual? Eso puede ser una señal de que las cosas van bien en tu vida. Me encantan esos momentos, porque he descubierto que las instancias de *déjà vu* sirven como punto de referencia, señal, baliza o haz de luz que confirma que progreso en mi camino y que estoy haciendo todo bien. En tu camino, entre el marcador uno y el marcador dos, puedes desviarte un poco, deambular por allí, hacer otra cosa, distraerte un poco. Cuando tocas el marcador dos y

LA SACERDOTISA DE LA LUZ
© 1985 Lawrence Whittaker
Todos los derechos de reproducción reservados

experimentas *déjà vu*, te das cuenta de que todavía estás en camino y continúas. ¿Adviertes que podría ser una confirmación de que aceptaste tus aprendizajes antes de esta vida?

A veces, sin embargo, el *déjà vu* puede ser una señal de advertencia. Todo debe verificarse, tienes que mantenerte alerta, estar atento y nunca bajar la guardia. Todo tipo de eventos puede suceder. En particular, cada vez que conduzco recuerdo enviar la Luz a la carretera o imaginar un cubo de Luz de ocho pies cuadrados a mi alrededor, tal como John-Roger me enseñó.

La consejera intuitiva Penney Peirce expone el concepto de percepción holográfica y múltiples puntos centrales en su libro *Leap of Perception*: *The Transforming Power of Your Attention*. Ella sugiere imaginar una pequeña luz de diamante que irradia y se expande en tu cabeza, luego en tu corazón y finalmente en tu cóccix; cuando la luz en estas tres áreas se fusiona puedes "sentirte repentinamente en el centro –como el centro de todo y cualquier cosa–, todo el campo unificado de conciencia y energía".

Del mismo modo, J-R ha compartido sobre la llama púrpura encendida en tu corazón. El púrpura es el signo del Viajero, por lo que recomendaría siempre visualizar una llama púrpura o una luz púrpura o blanca, que puede ser un valioso proceso imaginario para mejorar tu conciencia del Alma. O, si has participado en el taller "Caminando en la Luz" de PTS, puedes hacer esos procesos. Como dice J-R: "Si no sabes cómo es el reino del Alma, haz una imitación. ¿Cómo sería?".

Peirce también aborda la influencia cerebral del lado izquierdo y del derecho. Yo mismo estoy excepcionalmente engranado en el hemisferio derecho, muy intuitivo; mi preferencia es quedarme allí y apegarme a aquello que soy bueno. Sin embargo, necesitas equilibrar ambos lados. Creo que el hemisferio analítico izquierdo del cerebro puede ser un buen apoyo cuando "usas la mente como un servidor", como han dicho tanto Peirce como J-R, lo que se aplica en particular al cerebro izquierdo. Cuando Peirce afirma que "el cerebro derecho es el Maestro", se refiere a la intuición, la creatividad y los procesos de pensamiento no lineales. En otras palabras, diría que el Maestro representa el Alma.

Entonces, es útil utilizar la mente como servidor para ayudarte logísticamente, ser un científico; aquí entra en juego la ciencia espiritual. Con el cerebro izquierdo como científico, puedes realizar un seguimiento secuencial, utilizar el razonamiento deductivo y "comprobar las cosas por ti mismo", como J-R aconsejó siempre. El seguimiento es fantástico para los guerreros espirituales que quieren saber qué está pasando. Recuerda, es importante usar el hemisferio izquierdo del cerebro como un servidor del hemisferio derecho, que es intuitivo, artístico, imaginario, que se conecta con el cosmos, con Dios, al soñar y recibir mensajes del Espíritu.

El Alma y los niveles de más arriba son reinos no verbales. No puedo explicarlo, y J-R repitió a menudo que no hay una forma verbal o mental de describir lo que ocurre allí. Entonces, lo que sea que yo piense, escriba y diga, y que tú leas o escuches, se identifica con mayor precisión como la Mente Universal. Quizás a través de mis palabras (o las palabras de J-R), captas el impulso del Alma, luego tratas de ponerle palabras y esto es lo que sale. En última instancia, todo es mentira de todos modos. Porque la verdad está en tu corazón, en el amor, conectándote con el Alma, viajando con el Viajero al corazón de Dios. Esa es la verdad. El resto es lo que piensas al respecto, cómo te sientes, lo que imaginas o, incluso, temes en relación con ello.

La experiencia de atravesar el reino Etérico o inconsciente me ha parecido bastante aterradora, ¡pero eso casi siempre es anterior a tener una fabulosa experiencia de Viaje del Alma! Ahí está un "ángel en la puerta" que intenta asustar a cualquiera que no pertenezca allí. Pero como Iniciado, el Viajero se queda ahí, te apoya y te hace atravesar.

En relación con esto, hay otras formas de ampliar tu horizonte en los niveles internos. Por ejemplo, la variedad de sonidos que forman parte de la Corriente del Sonido es algo que muchas personas han escuchado –el chirrido de la sangre que fluye por el oído interno, el tintineo de campanas o un arroyo burbujeante–. Puedes experimentar una sensación de profunda tranquilidad en medio de la naturaleza, y al mismo tiempo escuchar mucho ruido dentro de tu mente. Yo le llamo a esto "ruido cósmico".

Tus oídos internos espirituales representan un nivel de conciencia más profundo que el que escuchas con tus oídos externos y físicos. Al desarrollar tus oídos espirituales y mantenerlos abiertos puedes comenzar a escuchar mensajes del Espíritu o del Viajero Místico. Esto puede ser en forma de palabras reales que escuchas internamente, de imágenes en el ojo de tu mente o, incluso, solo una sensación de conocimiento interno.

Para ser más consciente de tu audición espiritual, concéntrate en la mitad de tu cabeza, entre ambos oídos, detrás de los ojos. Aquí reside el asiento del Alma, también conocido como el "tercer ojo". Una vez que dirijas tu atención a ese lugar, simplemente siéntate a observar. Es la parte de ti que oye, el observador. Entonces puedes comenzar a escuchar esos sonidos o mensajes cósmicos. Es importante saber que la energía del Viajero está representada por la Luz púrpura y que siempre viene del lado derecho. Todos los Maestros de la Corriente del Sonido, incluido John-Roger, han hablado acerca de esto. De manera que si escuchas algo del lado izquierdo, no prestes atención.

Personalmente, no dejo que nadie venga y comience una conversación conmigo, para estar claro en lo interno. Pero J-R siempre sabría cómo acceder a mi audición interna y comunicarse conmigo. A veces, esto era en respuesta a mi llamado de ayuda. Podemos llamar a J-R diciendo: "¡Oh, ayuda!" y ahí está el Viajero, porque él recibe tu voz interior a través de su oído interno.

J-R me ayudó a desarrollar mi audición interna. A menudo, yo estaba en mi habitación cuando decía mi nombre internamente. Lo escuchaba en mi oído interno y decía: "Este es J-R, ¡guau!

Me está llamando". Muchas veces lo escuché decir "Zeus" en mi oído interno derecho; caminaba entonces hasta su habitación y le preguntaba: "¿Qué pasa?". Él respondía: "¿Qué?" y yo decía: "Me llamaste". Él contestaba: "Oh, solo quiero asegurarme de que estás escuchando". Él sabía lo que estaba haciendo.

Muchas veces desde su transición, J-R me ha llamado así, y ha sido ciento por ciento real. Recientemente, Nicole estaba en esa misma frecuencia. Una parte de ella dijo mi nombre internamente, y mi oído interno lo escuchó y pregunté: "¿Qué está pasando?". En efecto, ella me había llamado. Fue asombroso.

Servicio

Si no escuchas la voz interior,
Se apaga.
La voz interior no se infringe,
Y para despertarla de nuevo
Toma mucha oración
Mucha devoción
Muchos Ejercicios Espirituales,
Y te diré una manera
En que se abre a toda prisa:
Ser de servicio desinteresado
A las personas que te rodean
Eso abre el corazón.
El corazón espiritual se abre,
Y la comunicación
Del Señor comienza
A venir a ti.

–John-Roger, D.C.E.

Nuestro sueño es el sueño de Dios, el sueño de nuestra propia divinidad.

–JOHN-ROGER, D.C.E.

Capítulo 5

Registrar sueños

ध्रु

Cuando nos vamos a dormir por la noche, acostamos el cuerpo y ponemos la mente a descansar, lo que permite que el Alma viaje dentro de su conciencia a diferentes reinos. Si tienes la suerte de ser un iniciado del Viajero Místico y cantas tu *Simran*, es posible que te lleven al reino del Alma y más allá. Para obtener más información, recomiendo el libro de John-Roger, *Viajes Durante los Sueños*, para una excelente exposición sobre el sueño, los sueños, los viajes nocturnos y los niveles de conciencia.

Desde el primer día que entré a trabajar como parte del personal de J-R he hecho un proceso de "perdonar el día" antes de ir a la cama todas las noches, de lo cual él habló muchas veces. Básicamente, ves la película en tu mente de todas las cosas que hiciste e interacciones que tuviste ese día. Algo de eso puede hacer que te avergüences o te juzgues, pero cuanto más neutral seas, más rápido podrás equilibrarte. Solo observa, envía Luz y amor a todo, y solicita que se realice el despeje, tal vez en el estado de sueño. También puedes rezar para que Dios reponga y rejuvenezca tu cuerpo mientras duermes. Usa el maná del cielo para llenar tu copa, de modo que cuando cantes tu tono, la energía del *Simran* pueda entrar. Pídele al Espíritu que te revele la verdad a través de tus sueños y mantén un diario y un bolígrafo o dispositivo móvil en tu mesita de noche para registrar cualquier recuerdo, concientización o aprendizajes que estén presentes al despertar.

Como mencioné antes, J-R solía llamarme el "profeta de los sueños" porque recordaba mis sueños y los traía de vuelta con mucha claridad. Siento que esto se ha disipado últimamente, así que me levanto para grabarlos en mi teléfono cuando todavía están recientes. Escribirlos lleva demasiado tiempo y olvido los detalles mientras escribo. Me encanta usar las aplicaciones Omni Focus, DevonThink, Grabadora de voz o Evernote® como una forma de capturar mis pensamientos y despejar mi mente para que no guarde nada allí. Mi mente como el agua.

En general, escribir, ya sea un diario, un registro de sueños o un programa citas en el calendario, puede ser muy útil para mantener tu mente despejada. Al escuchar toneladas de videos de J-R y leer muchos libros escritos por él y otros, en particular *Getting Things Done*, de David Allen, aprendí que la mente puede ser un gran problema si no la haces tu sirviente. Si le das a tu mente dominio sobre ti, puedes crear muchos problemas mediante tus pensamientos y sentimientos descontrolados.

Otra técnica valiosa que sugiero es llevar un diario en forma regular. Existen numerosas formas de llevar un diario: escrito a mano en una libreta en blanco, tipearlo en línea o utilizar cualquiera de las diversas aplicaciones móviles que capturan tu voz. El método depende de ti. Puedes optar por escribir un diario sobre tus sentimientos, tomas de conciencia, interacciones, apreciación y gratitud diaria, y registrar tus sueños.

Con los años he identificado cuatro categorías principales de sueños. El primero es lo que J-R llama el *sueño clarividente*. Si tengo la convicción de que lo que soñé va a suceder en la vida real,

Registrar sueños

lo escribiré y veré cuánto tarda en hacerse realidad. La mayoría de las veces, las premoniciones, que no están diseñadas para asustarte, son como una advertencia para preparar un aterrizaje suave cuando suceda. También podría tratarse de algo bueno. Tu actitud determina cómo lo ves.

Cuando tengo lo que parece ser un sueño precognitivo o premonición, escribo la fecha y el tema en mi diario en línea. He escuchado a J-R decir que algunos sueños son experiencias reales en sueños, por lo que escribiré: "Tuve una experiencia real en sueños" o, si es una premonición, resaltaré eso. También registro sueños de *déjà vu* o sueños kármicos. Entonces puedo volver a esa fecha y verificar si la premonición se cumplió. Te animo a crear un sistema propio que funcione para ti.

Luego, está el sueño kármico. Esto puede parecer la experiencia muy vívida de estar en un accidente automovilístico u otro evento, y puede sentirse en extremo real. J-R a menudo decía que la Gracia nos permite despejar este karma a través de nuestros sueños en lugar de experimentarlo físicamente. Escribirlo puede ayudar a incorporar cualquier aprendizaje que obtengas al despejar el karma. Tal vez sea la conciencia de conducir de manera más segura o un recordatorio para pedirle disculpas a alguien.

Aún después de 34 años de estar limpio, tenía sueños vívidos de perderme en el abuso de sustancias y adicciones. Me preguntaba: "¿Es esto real?". Cuando de repente despertaba, me daba cuenta de que, ¡gracias a Dios, estaba soñando! En mi diario escribía la fecha, luego la categoría de "discernimiento del karma" y una descripción simple: "Despejar el karma. Gracias a Dios que estoy despierto. Drogas". Al día siguiente de este sueño, la pasaba muy bien.

El tercer tipo de sueño es un sueño de la Corriente del Sonido o Viajero Místico; lo que J-R llama *Sueño del Alma* o *Viajes Nocturnos*. Esto puede ser muy similar al Viaje del Alma, y a menudo tales sueños son el preludio del Viaje del Alma durante la noche. Por ejemplo, una vez me vi volando. Fue espeluznante. Entré por una puerta y luego "guoosh", sentí una brisa en mi cara.

Al registrar una experiencia de Viaje de Alma o un sueño de la Corriente del Sonido, es importante honrar lo sagrado de ella al no compartirlo con otros; así que no escribiré sobre mis propios ejemplos aquí. Utilizo una aplicación *(App)* llamada "Grabación de voz" para capturar el sueño lo más rápido posible, antes de pasar por completo al estado despierto. Como de costumbre, fecharía y titularía mi grabación en el diario como "Corriente del Sonido". Puedes entrar en detalles y describir el nivel en el que estaba, las vistas y los colores que observaste, qué sonidos u olores estaban presentes. ¿Escuchaste algo que se menciona en el diagrama de los reinos: una brisa, un trueno, agua corriendo, una flauta? Todas estas cosas que ilustran dónde estabas pueden ayudarte cuando estés listo para escribir a John Morton para tu próxima iniciación.

El último tipo es el que yo llamo sueños de discernimiento, que incluyen *déjà vu*. J-R solía decir que este tipo de sueño es una advertencia o una confirmación de que todo está bien, así que no te preocupes por eso. Como ejemplo, justo antes de mudarme de la casa de Mandeville soñé con telarañas. No sabía cómo interpretar eso; pensé que se trataba de cosas descuidadas, así que limpié la casa. Meses después de irme pasé por el proceso de desapegarme de mi ego, de los recuerdos y el sentimentalismo. Pero cuando estuve en Mandeville recientemente, vi la telaraña real que había observado en mi sueño casi un año antes; fue un momento de *déjà vu* para mí. Entonces, en mi categoría de "Discernimiento", escribí: "Esto es para recordarme que las cosas están bien y lo están".

Algunos sueños intrincados son solo una recopilación de lo último que hiciste antes de acostarte: peleaste con tu pareja, viste *Narcos* en Netflix y luego comenzaste a leer un libro. Una vez dormido, tuviste un sueño loco de que tu novio o novia te disparó, luego vuelas en un avión y terminas en un lugar oscuro, pero no sabes dónde es eso, y te despiertas. Esto podría ser lo que J-R llama un *sueño crepuscular*, es decir, resolver las actividades del día. Sin embargo, el vuelo del avión podría indicar Viaje del Alma o Vuelo

Registrar sueños

del Alma. A medida que escribes o registras todos los detalles, el tipo de sueño a menudo se vuelve más claro y puedes interpretar los diferentes aspectos.

Entrar en detalles sobre la interpretación de tus sueños está más allá del alcance de este libro, pero hay mucho material disponible. Una vez más, es posible que desees comenzar con el libro de J-R, *Viajes Durante los Sueños*, o su libro agotado, *The Master Chohans of the Color Rays*. Otro enfoque es el método Gestalt. El reconocido psicoterapeuta Fritz Perls, a quien estudiamos en la Universidad de Santa Mónica, escribió: "En la Terapia Gestalt no interpretamos los sueños... En lugar de analizar y cortar aún más el sueño, queremos traerlo de regreso a la vida".

En USM dicen: "Cómo te relacionas con el problema *es* el problema". Si tengo un problema con mi madre, cómo me relaciono con él es mi problema. En realidad no hay un problema; mi mamá es solo mi mamá. Así que me siento con ella y hablo, luego se va. Cuando tienes karma personal, ¿cómo lidias con eso? El mejor enfoque es amar. Por eso hago lo posible para deshacerme de todo lo que pueda de la mente, y pasar directamente a la observación amorosa y neutral. Amar no significa emocionalizar o quedar atrapado en una inundación emocional. Sin embargo, eso sucede a veces, de todos modos. Encuentro que escribir a diario declaraciones de agradecimiento en el diario mantiene las cosas claras y en movimiento en mi conciencia. "Agradezco estar vivo, agradezco respirar. Estoy agradecido por amigos como tú. Estoy superagradecido de haber pasado 26 años con J-R". Una vez que me mudo a ese lugar puedo superar lo que no tengo.

La mente, con sus emociones correlacionadas, a menudo convence a muchas personas acerca de lo que carecen, de que han sido abandonadas o desamparadas... pero la verdad es que ni un Alma se perderá. El consolador es el Espíritu. No te preocupes, todo será atendido y cuidado. Para ser realista, la mente probablemente seguirá preocupándose. El movimiento es la mejor manera de disipar la ansiedad, la preocupación y el pensamiento negativo. Siempre que había problemas con alguien del personal en Mandeville, J-R le decía a esa persona que corriera hasta el cañón, cuatro millas hacia arriba desde Sunset Boulevard y volviera. Eso es alrededor de ocho millas. Cuando regresaba, él le preguntaba: "¿Cómo te sientes?". "Oh, me siento genial, sudando". "Ve a tomar una ducha, luego cenaremos".

He dicho antes que los médicos practicantes de curación también pueden ayudar a despejar cosas, porque cuando dos o más se reúnen, puedes traer la energía del Espíritu. Otro punto de vista es este: si te sientes deprimido o melancólico, es la oportunidad para pasar tiempo contigo mismo. Todos tenemos la habilidad de entrar en este reino interno y estar con todos desde adentro. Sin embargo, resulta difícil sentirse solo. Una parte puede patear y gritar, mientras otra parte dice: "Esto es increíble porque tenemos la oportunidad de lidiar con las cosas". Es un buen momento para formular un montón de preguntas a esas voces internas. J-R hizo un gran seminario SAT, "¿Qué voz estás siguiendo?", que resaltó la importancia de escuchar una sola voz: la de tu corazón. Todo lo demás es charla mental. Otro seminario en esa misma línea es "Voces internas: ¿diabólicas o celestiales?".

Por último, con todo lo que sucede en el mundo de hoy, este es el momento para que los guerreros espirituales se mantengan firmes en el amor y envíen Luz a los lugares que lo necesitan, sin contribuir a la negatividad de la oposición. Quienes hemos estudiado las enseñanzas de J-R sabemos cómo hacer esto. Independientemente de tus creencias, las verdades universales que se encuentran en religiones como el cristianismo, tales como: "No juzguéis para que no seáis juzgados"; "ama a tu prójimo como a ti mismo"; "ama a Dios con todo tu cuerpo, mente y Alma", y "Si se lo haces al menor, me lo haces a mí", pueden ser preceptos útiles de seguir también.

Espiral Dorada desde lo Profundo
© 2017 Timothea Stewart

En lugar de maldecir la oscuridad, enciende una vela.

–Benjamin Franklin

La muerte no es más que una puerta de entrada al nacimiento. Nada que tenga vida muere, solo cambia de forma. Cuando el cuerpo de un hombre está cansado, el alma deja el cuerpo para recibir nuevos y más frescos ropajes. Y así sigue este gran juego de Dios, de la eternidad a la eternidad.

–Guru Nanak

Capítulo 6

David Bowie y Elton John

हु

Enero de 2019, Nueva York

La ciudad de Nueva York siempre ha sido un punto de referencia para mí. Es el lugar donde puedo reiniciar, reestructurar, reagrupar y orientarme para verificar mi camino, mi propósito y hacia dónde voy. Cada vez que llego a Nueva York, me renuevo. Es como un faro en el vasto océano que me ayuda a navegar. J-R siempre dijo que después de dos años sabría qué hacer. Yo sé qué hacer. Lo verifico y continúo adelante con eso.

Muchos de los *flashbacks* incluidos en este libro provienen de sueños nocturnos que he tenido desde que John-Roger falleció. Es importante recordar que solo la persona que sueña puede interpretar sus sueños, aunque contarlos a otra persona puede proporcionar una perspectiva diferente para considerar.

Por ejemplo, a principios de marzo de 2018 tuve un sueño sobre David Bowie y Elton John. La forma como lo enfoqué fue preguntarme: "¿Qué significan David Bowie y Elton John para mí?". Recordé que cuando era joven y vivía en San Juan Capistrano, California, me gustaba mucho la música de Elton John. En ese momento tenía un perro que amaba, que era mi compañero constante. Teníamos largas e imaginativas conversaciones; mucho después me di cuenta de que esos eran los mismos tipos de diálogos que hoy tengo con mi yo interior.

Lamentablemente, los progenitores de mi perro murieron y sus dueños quisieron recuperar su cachorro. Cuando vinieron a llevarse mi perro, yo estaba devastado. Esa fue una de las primeras grandes pérdidas en mi vida y representó, desde el fallecimiento de J-R, una oportunidad para sanar, despejar y liberar otra capa del dolor que ha estado tan presente. Es un efecto dominó: perder a J-R hizo resurgir el viejo dolor de perder a mi perro, de modo que despejar ese dolor de hace muchos años me ayudó a sanar el dolor más reciente de la pérdida de J-R.

Además, escribir sobre esta experiencia me ha ayudado a ver que he sido capaz de continuar mi diálogo interno, incluso sin una fuente externa, como mi perro. Del mismo modo, aunque J-R ha trascendido físicamente, todavía puedo, y lo hago, continuar mis conversaciones internas con él.

La otra persona en mi sueño era David Bowie. Siendo muy joven, en Miami, Florida, todas las noches mi abuela nos llevaba a mi hermano y a mí al restaurante donde nuestro abuelo trabajaba como chef. Mientras caminábamos por la calle notaba afiches de un tipo extraño, andrógino, que yacía acostado. Al mirar hacia el pasado, me doy cuenta de que eran la portada del álbum *Diamond Dogs*, de Bowie. Entonces no entendía lo que sé ahora.

¿Qué significaba eso para mí? Era una metáfora u objeto interno que me recordó un momento maravilloso de mi vida. Tenía a mi abuela y mi familia. Era nutrido. No había problemas. Teníamos nuestra rutina diaria: mi hermano y yo jugábamos todo el día y comíamos mangos, luego nuestra abuela nos llamaba. Nos limpiaba, nos servía leche con azúcar, nos hacía dormir una siesta y luego dábamos un paseo temprano en la noche para ver a nuestro abuelo y cenar en su restaurante. Eran tiempos geniales e inocentes.

Quizás la presencia de David Bowie en mi sueño representaba estar nutrido, y Elton John era una confirmación de que el verdadero diálogo es una conversación interna, que me ayudó a adaptarme a la pérdida de mi perro de la infancia y de mi amigo y maestro, J-R.

Durante las asesorías espirituales que hago, escucho y observo mucho mientras mi cliente expresa lo que le está sucediendo, sean situaciones emocionales, mentales o kármicas (en realidad, todo es kármico). Puedo ver las diversas matrices de comportamiento de las que J-R hablaba, tales como los niveles físico, astral, causal, etérico y del Alma, que se conectan con las situaciones que la persona lidia aquí en la Tierra, en esta vida.

Con esta conciencia, tengo claro que no es mi papel arreglar las dificultades de nadie, pues cada cual necesita sanar sus propios problemas no resueltos. A menudo puedo ver ciertas cosas donde no tengo nada que hacer, más que ofrecer amor. En última instancia, amor es realmente todo lo que cualquiera puede ofrecer a alguien más.

El sueño de Elton John fue una gran indicación de la forma particular en la que el Espíritu me habla. Puede ser un proceso similar para algunos y diferente para otros. Solo puedo compartir mi propia experiencia. Ten en consideración que es posible que no escuches una voz necesariamente, pero tal vez veas imágenes o experimentes sentimientos o sensaciones.

Personalmente, me relaciono con los objetos y sus significados, lo cual es perfecto para la estructura de mi cerebro. Después de haber estudiado actuación durante tantos años, aprendí que el significado detrás de los accesorios y del escenario de una obra de teatro o una película proporcionaba mucha información sobre mi personaje. Entonces esto me resultaba fácil.

Al reconocer a Elton John en el sueño, me pregunté: "¿Qué significa él para mí?". Como expliqué antes, Elton John representa tanto la pérdida como la comodidad. Su música me consoló durante un período de pérdida, cuando se llevaron a mi perro, y me recuerda las conversaciones que tuve con ese perro dentro de mí.

Hoy, a mediados de mis cincuenta años, sigo hablando internamente mucho tiempo, esa sido la forma de nutrirme desde que perdí físicamente a J-R hace cinco años. Los sueños han sido una parte importante de mi vida desde que tengo memoria. Después de leer el *Leap of Perception* de Penney Peirce en el Programa de Conciencia, Salud y Sanación de USM, pude identificar gran parte de mi proceso. J-R diría que, cuando nombras algo, tomas dominio sobre eso, en lugar de que eso tenga dominio sobre ti.

Es importante buscar y perseguir lo que te moleste o ataque. Yo estaba desbordado por el sentimentalismo que distorsionaba mi percepción de lo que sucedía en el nivel interno. La música de Elton John me nutría, así que la usaba para superar ese momento difícil. Más recientemente, el sentimiento de perder a J-R me golpeó físicamente bastante duro. Gracias a la ayuda de otros que me reflejaron pude entrar en el lado derecho de mi cerebro y ver cómo mi conciencia distorsionaba la situación.

David Hawkins dijo: "La percepción es observación editada", lo cual resulta muy cierto. Observamos algo y luego editamos lo que vemos a través de nuestros filtros. Me he dado cuenta de que, si bien el cuerpo físico de J-R puede haber trascendido, en realidad su conciencia interna se vuelto más grande. No podemos entender o acceder a ese conocimiento con nuestras mentes. El cerebro solo nos lleva muy lejos; el amor nos lleva a una perspectiva más elevada. Debemos confiar en el desarrollo de nuestra conciencia superior, como un orbe que rodea la mente y el cerebro.

En *Leap of Perception,* Peirce dice que la conciencia humana continúa, incluso después de que el cerebro ha muerto o ha sido dañado por una lesión o enfermedad. Eso es algo que todos podemos esperar cuando llegue nuestro momento. Si desarrollamos tanta conciencia como sea posible a través de prácticas como Ejercicios Espirituales (la base de las enseñanzas de J-R a través del Movimiento del Sendero Interno del Alma), entonces podemos elevarnos al reino del Alma tanto como se nos permita entrar mientras aún estemos encarnados. No estoy seguro de si alguna parte de nuestra conciencia, excepto el Alma misma, sea permitida allí. Y si el Alma ha acumulado experiencias durante esa encarnación, entonces las trae consigo. Este es un ejemplo perfecto de cómo mi cerebro está tratando de darle sentido a algo que no puede, porque no está hecho para esos niveles.

J-R dijo una vez que la razón por la que los libros se siguen escribiendo es porque nadie lo ha entendido aún; no ha terminado. La gente continúa escribiendo (y leyendo) libros para apelar al interminable cuestionamiento de la mente. Por eso es vital meditar, cantar tu mantra o tono y despegar a los planos superiores.

Un tono sagrado, que es un mantra abierto para que cualquiera lo cante es "Hu" (nombre de "Dios" en sánscrito), pronunciado como la primera sílaba de "humano" en inglés ("jiuman") o como letras individuales ("h... u...") (eich... u...). También puedes cantar "Ani-Hu" (ana-i-jiu), lo que trae empatía, unidad y el amor que tienes por todas las cosas.

*Practica Ejercicios Espirituales. Practica ver la Luz.
Practica escuchar el Sonido.
Practica verte a través de los ojos del Maestro.
Practica la conciencia del Viajero Místico.*

–JOHN-ROGER, D.C.E.

Capítulo 7

Sobre Ejercicios Espirituales

Los Ejercicios Espirituales (a menudo abreviados como EEs), son la práctica fundamental de quienes estudian la Trascendencia del Alma en el Movimiento del Sendero Interno del Alma (MSIA), que incluye a los ministros, iniciados y suscriptores de las Disertaciones del Conocimiento del Alma. Los Ejercicios Espirituales son similares pero diferentes de la meditación o la contemplación, también conocida como *Simran* en sánscrito. La práctica consiste en "...unir la mente y la atención a la Corriente del Sonido a través del canto [en silencio] de un tono espiritual como 'Hu', 'Ani-Hu' o el tono de iniciación de uno". Esto te ayuda a "atravesar las ilusiones de los niveles inferiores y eventualmente pasar a la conciencia del Alma". (Ver **Apéndice B, Glosario** para la definición completa).

Los estudiantes activos en MSIA acuerdan trabajar con los Viajeros Místicos John-Roger y John Morton, con la finalidad de conectar el Alma a la Corriente del Sonido, el Viaje del Alma, y una vez ordenados, nos hacemos ministerio a nosotros mismos y al mundo a través de nuestra conexión divina con la antigua línea del Sacerdocio de Melquisedec.

En *Cumpliendo la Promesa Espiritual,* en las Disertaciones y muchos de sus seminarios grabados, J-R a menudo dijo que los EEs devocionales son mejores que los cantos mecánicos o las sesiones basadas en el tiempo. Por supuesto, nunca escuché a J-R cantar en voz alta, pero lo observé "saliendo" miles de veces mientras lo llevaba a algún lado. Mi percepción era que, cada vez, él dejaría su cuerpo y volvería diferente, como un reinicio. Esencialmente, entrar y salir del cuerpo a través del vehículo del canto te permite regresar con una nueva perspectiva de la vida. Entonces, cuando las cosas parezcan extrañas canta tu *Simran,* canta tu tono, sal de tu cuerpo y regresa con una perspectiva más alta.

He descubierto que la mayoría de las personas con las que comparto están de acuerdo en que nos hemos quedado cortos en nuestra meditación devocional y Ejercicios Espirituales, incluido yo mismo. Es importante fomentar esa disciplina de levantarse para hacerlos temprano en la mañana o de forma rutinaria en la noche, o cuando funcione para ti. J-R siempre dijo: "No hay una manera incorrecta de hacer los Ejercicios Espirituales, excepto no hacerlos". Así que solo hazlos, ya sean cinco minutos o dos horas, pero hazlos devocionalmente.

Sin embargo, J-R comentó que el momento óptimo para hacerlo es antes del amanecer: 3 o 4 hasta las 5 o 6 de la mañana, mientras el resto del mundo todavía está dormido. Esta ha sido mi preferencia durante muchos años. Aquellos de nosotros que trabajamos como parte del personal de J-R normalmente estábamos en movimiento todo el día, trabajando, llevándolo a citas y otras actividades. Luego cenábamos y veíamos televisión para relajarnos hasta que todos se acomodaran para la noche; la mayoría se iba a la cama, pero uno de nosotros se quedaría con J-R para cuidarlo toda la noche hasta la mañana.

Sobre Ejercicios Espirituales

En algún momento, muy temprano en la mañana, mucho antes del amanecer, entre las 4 a. m. y las 6 a. m., hay un "punto optimo" cuando el mundo está completamente tranquilo. En ese silencio puedes comenzar a escuchar el universo y el ruido dentro de ti y el universo en ti; luego comienzas a tocar ese hilo dorado de la divinidad y te vas. Es un lugar que se siente como un "crepúsculo interno", que entra y sale de la conciencia, flotando a través del nivel astral; luego, ¡pop!, escuchas un sonido, despegas. Pídele a J-R o a John Morton que te acompañen mientras viajas en el Alma.

Como J-R siempre ha sido mi Viajero físico, insisto en viajar con él en la forma radiante que accedo. Mientras puedo ver a John en el estado de sueño, a menudo puedo sentir que J-R me lleva y su presencia es más grande que nunca en los niveles internos.

Sin duda, el momento más tranquilo para EEs es entre las 4 y las 6 a. m., o entre las 5 y 7 a. m. Después de eso, los barredores de hojas se encienden o el proyecto de construcción del vecino se pone en marcha; los autos empiezan a transitar y principian otros ruidos cotidianos. Entonces, si puedes, te animo a hacer EEs durante ese tiempo especial para acceder a experiencias más profundas. También es muy importante mantenerse despejado. Lo que comparto aquí lo aprendí de J-R, como también de Ishwar Puri y otros. También recomiendo leer *Gemas Espirituales,* de Sawan Singh, o *El Camino de los Maestros,* de Julian Johnson.

Básicamente, la idea es que desees deshacerte de cualquier negatividad en tu mente. Entonces cantas tu *Simran* y sacas la negatividad. J-R ha dicho algo en el sentido de que, parafraseo, la mente es un representante del poder negativo de Kal en tu cabeza. Así es que ¿cómo sales de tu cabeza y disuelves la negatividad? Canta tu tono y échalo de allí.

Si estás tratando de tomar una decisión, ve adentro y canta tu tono, puede ser incluso más efectivo que la kinesiología (que también se llama prueba muscular) o la biorretroalimentación. De esa manera obtendrás información mucho más clara a través de

Los sueños de un Maestro

Japón, 1998

Sobre Ejercicios Espirituales

una conexión directa con tu intuición. De otro modo, puedes ser influenciado por voces internas o por tu propia mente hablándote, y puedes pensar erróneamente que es el Maestro. Por ello debes tener mucho cuidado y comprobarlo.

J-R solía decir que la prueba muscular, una guía o dirección, no es la última palabra. En otras palabras, es posible, incluso, que tú mismo lo dirijas inconscientemente para obtener el resultado que deseas. Aunque soy un fanático de la prueba muscular, no estoy de acuerdo con usarla para cada decisión menor del nivel del diez por ciento en tu vida, que puede manejarlo el ser básico, como qué comida consumir, dónde ir al baño y qué ropa usar. Mediante el uso trivial de la prueba muscular puedes permitir la entrada y el trabajo de un campo de fuerza o negatividad.

En ese caso ya te has entregado a la mente o a la opinión y dejado que un poder Kal tras otro decida lo que quieres. Todo esto puede ser algo bueno porque te hace más fuerte. Las fuerzas leales de la oposición están ahí para ayudarte a crecer y ser fuerte.

Sin embargo, al cantar mi tono puedo tener claridad dentro de mí mismo y saber lo que mi día traerá. No hay necesidad de hacer de esto una gran producción.

Los Ejercicios Espirituales son una parte clave de los Entrenamientos de Toma de Conciencia de Paz. (PAT), los Programas de Ciencia Espiritual (M.C.E. y D.C.E.), algunos Talleres de Conferencias y otros retiros de MSIA/PTS. A menudo, a los EEs les sigue un proceso particularmente sagrado o los facilitadores envían a los participantes a un receso en silencio. Con el paso de los años, una y otra vez me he observado hablando, susurrando y de una u otra manera comunicándome con amigos durante estos recesos, lo que dispersa la energía del Viajero adentro. Me gustaría animarme y a otros también a honrar los recesos en silencio, como un momento para caminar y comulgar con el Maestro Interno y la Corriente del Sonido. Tal vez podamos hacernos un autoasesoramiento interno o sentarnos y escuchar la Corriente del Sonido Interna, detrás de los ojos, entre las orejas, y fluir con esa fuerza y esa fuente. Sé que es difícil no hablar cuando encontramos a un viejo amigo que no hemos visto en años, pero podemos reservar esa actividad para las horas de las comidas. Para apoyar nuestra conciencia espiritual interna, respeta las indicaciones de Silencio permaneciendo en quietud y así puedas escuchar a tu Maestro Interno.

Un Maestro muerto no está muerto para sus Iniciados. Los discípulos en la tierra han perdido el beneficio de Su forma física, sin duda, y para eso deben ir a Su Sucesor. Su Forma Astral permanece con ellos y si tienen acceso a su propio ojo central, ellos hacen contacto con esa Forma y obtienen orientación de ella en los planos internos. En caso de que no hayan ingresado a su propio ojo central, y su atención se limite al plano físico, deberían esforzarse en alcanzar el ojo central mientras reciben aliento y orientación del Sucesor. Los Maestros Muertos no están muertos para sus Iniciados, pero no pueden hacer nuevos Iniciados. Esto lo hace el Maestro viviente.

–Huzur Maharaj Sawan Singh, *Joyas Espirituales*

Nunca cometerás un error, siempre y cuando mantengas en mente que solo actúas como el agente del Maestro. Entonces deja que Él se haga cargo de todos los resultados que se puedan generar.

El que nace como humano y por buena suerte es conectado a la Corriente del Sonido y la práctica, es grandioso. Es el monarca de los monarcas, porque él será uno con el Creador.

–Huzur Maharaj Sawan Singh, *Joyas Espirituales*

El camino espiritual es descubrir tu verdadera identidad... que es el océano y no la gota.

–Ishwar Puri

(Ishwar Puri es el iniciado de Su Bienamado Satguru Hazur Baba Sawan Singh Ji, el Gran Maestro)

Capítulo 8

Una semana con Ishwar Puri

हू

Wisconsin, abril de 2018

Desde el 31 de marzo hasta el 5 de abril de 2018 pasé una semana en el retiro de Ishwar Puri, en Wisconsin, para la celebración anual de Bhandara, que conmemora el aniversario del fallecimiento del Espíritu del Maestro Huzur Maharaj Sawan Singh el 2 de abril de 1948. Durante esta celebración, Ishwar comparte historias sobre su vida como iniciado de su Maestro, tal como yo hago ahora acerca de mi tiempo con John-Roger. Las historias de Ishwar me conmovieron y resonaron dentro de mí, así que comencé a compartir mis propias historias sobre J-R.

En un momento noté que Ishwar era sacado del centro de reuniones en una silla de ruedas. No había nada de malo, simplemente era más rápido y fácil que llevarlo caminando al auto; sentí una turbación en mi conciencia y me pregunté: "¿Qué estoy haciendo aquí?". La parte intuitiva de mi Alma respondió: "Relájate".

Reconocí que los 26 años que había pasado con J-R fueron principalmente en el nivel físico externo… y ahora observaba a otro maestro "externo" en acción. Me di cuenta de que en los tres años y medio pasados desde que J-R trascendió al Espíritu, él se había vuelto más y más fuerte dentro de mí, profundizando la verdadera conexión. Todas esas veces que J-R hizo referencia a Jesús al decir: "Ve adentro, el reino de Dios está adentro" es verdad. En ese momento me di cuenta de que no necesitaba buscar un reconocimiento externo o de ningún tipo, y me sentí muy elevado en esa conciencia.

La comodidad que había experimentado con J-R durante todos esos años era increíble; fue como un padre para mí. Entonces, cuando perdí a J-R físicamente el 22 de octubre de 2014, a las 2:49 de la mañana, mi ser básico, como un niño de cinco años, se asustó. Gatilló viejos recuerdos y problemas sin resolver al no tener un padre presente durante gran parte de mi infancia. Para superar esa pieza que faltaba, a menudo busqué personas mayores que me pudieran proporcionar esa sensación de bienestar, en la escuela y en mi comunidad.

En ese sentido, Ishwar me parecía familiar, porque demostró maestría y había sido un iniciado de Sawan Singh, el Viajero anterior a J-R. Al principio sentí como "esto es lo que es" y fui atraído. A medida que avanzaba la semana, casi sentía que su personal me posponía deliberadamente, o me hacía esperar en la parte de atrás. No me sentí rechazado, aunque se me pasó por la cabeza. Al final me di cuenta de que había esperado seis días para sentarme a hablar con él y pensé: "Aquí voy otra vez". Era la Ley de la Reversibilidad en acción. "¿En realidad quieres volver a hacer esto? ¿Saldrás de ti mismo, una vez más, y olvidarás esa conexión interna?".

Me recordaron que mi verdadero maestro era John-Roger. Durante el tiempo que estuve allí, casi parecía que la gente de Ishwar conspiraba por (no en contra de) mí. El cuidado y la devoción que tenían por Ishwar, a quien amaban, me fue reflejado. Del mismo modo, cuando miro hacia atrás, al no estar ya más con J-R físicamente y al mudarme de la casa de Mandeville, fue como si ya no quedara nada más allí. Reconozco que la necesidad de irme fue diseñada *para mí*, para poder levantarme e ir a buscar trabajo. También me di cuenta de que tratar de obtener respuestas por alguien más significaba deshacer todo lo que J-R me había ayudado para convertirme en quien soy. Más bien, necesito dejar el apego a las opiniones de los demás, honrarme a mí mismo y buscar respuestas propias en mi interior.

Para mí estaba muy claro que la energía interna era fenomenal. La experimenté y mientras grabo aquí, está desvaneciéndose. Cuando escribo o hablo esto, el problema es que mi conciencia, como una fragancia que trato de articular, se arruina al intentar expresar la experiencia en palabras y darle sentido gramatical. Me recuerda todas esas veces que J-R diría algo como: "Todo lo que te estoy diciendo es una mentira, pero es lo más cercano que puedo llegar para explicar los fenómenos espirituales en el nivel físico. Siempre verifica todo para ti mismo a través de tu propia experiencia".

Mi último día completo en Bhandara, celebrando al gran maestro Sawan Singh y a Ishwar Puri, fue el 5 de abril de 2018. Me iría a casa al día siguiente. Mientras esperaba ver a Ishwar en persona reflexioné sobre los sueños que había tenido. En particular, temprano esa mañana, tuve una visión fenomenal que se reflejó en mí en este otro lado, mientras observaba a otros devotos o *Satsangis*, como se les llama aquí. Me dije: "Ese soy yo y lo veo desde otra perspectiva". La respuesta no es correr hacia la siguiente persona, sino experimentar libertad en cooperación con mi ser básico, buscar la conciencia interior, buscar el reino.

Solía aceptar truismos como: "Busca el Reino de los Cielos", "El Reino de los Cielos está adentro" y "Estoy en el Reino", como Cristo y otros han dicho, a nivel intelectual. Pensaba: "Oh, sí, por supuesto, cierra los ojos y ahí está", pero sin entenderlo realmente. Ahora, sin embargo, entiendo lo que eso significa como un conocimiento directo por experiencia de primera mano, no porque me lo hayan contado o por repetirlo o por tratar de comprenderlo con mi cerebro izquierdo. Más bien, esto viene de mi cerebro derecho: "Lo sé, lo experimenté". Es fluir... en unidad con Dios... integrado a mi propia experiencia.

Muchas veces J-R dijo algo en el sentido de que lo que estás buscando es en realidad tu propio ser. He tenido una experiencia directa de eso. Buscar algo fuera de ti está diseñado para hacerte ir al interior. La trascendencia del cuerpo de J-R fue el catalizador para hacerme girar hacia adentro, no para buscar y cerrar la puerta. Fue genial la forma como J-R estableció esto de no vivir ya más en la casa, etc. Al principio, mi punto de vista era una interpretación o una percepción errónea de que estoy abandonado, solo, no valorado, y otra interpretación errónea que provenía de un lugar interno mío que estaba herido.

Cuanto más me alejo de todo lo que me atrae con sentimentalismo, menos apego directo siento. Ahora ya no estoy apegado a la atracción externa del mundo externo. En vez de ello, voy a mi interior, y es casi como si todo hubiera sido hecho para mí; como si todos y el universo conspiraran por mí, no contra mí. Sin embargo, puede ser muy fácil entrar en la percepción negativa y usarlo en contra. En Wisconsin experimenté la percepción positiva. Tenía que alejarme para ver en realidad. Al engañar a mis ojos y mi percepción del mundo externo, pude ir adentro y fue hermoso.

El seguimiento de los sueños es una parte muy importante de esta progresión espiritual para mí. Así que sigo registrando mis sueños a través del proceso que expliqué antes. A veces hago la meditación de la flama de J-R antes de irme a dormir. [Ver *Viajes Durante los Sueños* o *Mundos Interiores de la Meditación* en el **Apéndice C – Recursos**.] Comienza pidiendo la Luz, siempre para el bien mayor. Esencialmente, te enfocas en la llama y viertes tu negatividad en ella; yo llamo a esto "¡basurero negativo!". No te permitas entrar en un estado de trance, J-R nos advierte de ello. Y cuando intentes este proceso por primera vez, hazlo breve porque puede ser bastante poderoso.

Luego, bebe un poco de agua, y a la hora de acostarte establece la intención de que vas a recordar tus sueños. También ten en cuenta lo que dejas entrar en tu mente antes de irte a dormir. Tal vez hay un programa de televisión en el que estás enganchado o un libro que estés leyendo. Intento dejar de ver televisión a las 9:00 o 10:00 p. m. A veces veo CNN como alimento para mi cerebro; no me interesa en realidad, pero distrae mi mente para poder hacer el Viaje del Alma en el otro lado. No estoy consciente del Viaje del Alma, simplemente sé que estoy siendo utilizado. Y siempre leo justo antes de dormir, incluso solo unos pocos párrafos de una Disertación, lo suficiente para acceder a la energía de J-R. A veces reproduzco el audio de la meditación del Ani- Hu o Luxor o escucho las Enseñanzas de la Conciencia del Alma, que son seminarios grabados ofrecidos por MSIA en una suscripción mensual. Si eres suscriptor de Disertaciones, debes evaluar qué funciona mejor para ti.

Algunas noches he experimentado que demasiada actividad antes de acostarme me estimula demasiado y luego no puedo dormir. J-R sugirió beber una taza de café, té o jugo cuando no pueda dormir, una vez superado ese umbral de cabecear naturalmente. Es un poco extraño, pero funciona elevar tu energía lo suficiente como para que puedas volver a bajar y luego salir del cuerpo donde puedes viajar. Entonces, cuando te encuentras por completo despierto, en un estado agitado después de que el Tren del Alma de medianoche ha partido de la estación, y te has quedado allí mirando la pared, significa que te perdiste la oleada, la frecuencia para despegar. Estás en un estado diferente con las piernas temblorosas, siendo manejado por tu cuerpo, tal vez incluso nervioso y un poco ansioso. Levántate, sal a caminar o bebe algo para elevar la energía; luego, cuando vuelvas a la cama y te acuestes, despegarás.

Los sueños de un Maestro

Ishwar y Toshi, 2016

*Estamos en la carne, y aquí es donde vamos a
trabajar gran parte de nuestro karma.
Vamos a trabajar un buen porcentaje de esto aquí
y el resto en los mundos psíquicos
o negativos mientras el cuerpo está durmiendo.
Si no te obsesionas con el mundo físico,
puedes sentir que estás elevándote.*

–John-Roger, D.C.E.

El Viajero es libertad, expresa libertad y da libertad. Porque es libre, desafía la definición, pero nosotros podemos decir que su naturaleza es amor, alegría y elevación. Eso trae salud, riqueza y felicidad en el nivel físico, calma al nivel emocional, paz al nivel mental, habilidad al nivel inconsciente, y el cumplimiento de todos los sueños al nivel espiritual.

–JOHN-ROGER, D.C.E.
(CUMPLIENDO TU PROMESA ESPIRITUAL, VOL. 1)

Capítulo 9

¿Huyendo o corriendo a casa?

Mayo/junio de 2018, América Latina

Una vez que mi primer libro fue traducido al español y al portugués se abrieron nuevas vías. En mayo y junio de 2018 viajé a Sudamérica y México para compartir *El Amor de un Maestro* con muchas de las comunidades de MSIA allí. Durante ese viaje obtuve una nueva toma de conciencia sobre los viajes y los sueños, que comparto aquí en mi registro del diario del 1 de junio:

> Ha sido una gran bendición caminar junto al Viajero y Preceptor, John-Roger, y haber tenido esa experiencia física durante 26 años. Internamente, se está desarrollando aún más; me siento protegido y guiado. Hay momentos en los que se me ha dejado en mi propio karma, mi propia experiencia, para que pueda asentarme en él y luego desarrollar este amor. En última instancia, todos estamos conectados,

así que aunque me esté alejando de mi Alma o de J-R o de Dios o de Cristo, es cierto, no en el nivel de la palabra, sino como una experiencia que el Reino de los Cielos está adentro y tú puedes entrar. Y el Reino de los Cielos está a la mano.

Solía oír esto, escucharlo, pero en realidad nunca se incorporó. Y ahora está asentándose. Así que viajar ha sido una gran bendición para mí. En particular en abril, en China, se me permitió alejarme físicamente de las cosas mundanas con las que me identifico, y esto me ayudó a desarrollar las familiaridades internas, los caminos internos, la guía interna, lo verdadero, la realidad.

Tanto viajar lejos de casa puede parecer una forma de huir, pero me doy cuenta de que es otra cosa. Mi parte inteligente viaja para obtener una mayor conciencia dentro de mí y acceder al Viajero y al Cristo que está dentro de todos nosotros; estos no están separados, pero tampoco son lo mismo.

Desde mi punto de vista, la energía de Cristo es el cese de la oposición, que era la definición de "paz" de J-R: soltar o dejar ir todo lo que tengas en contra de una situación, otra persona o, incluso, de ti mismo. Simplemente, no puedes moverte hacia el flujo del Amor o la Conciencia de Cristo cuando estás en contra de algo. Si lo externo es un reflejo de la realidad interna, y experimentas contrariedad en tu vida, lo más probable es que tengas contrariedad en tu interior. Esto puede ser juicio, conflicto, resistencia, ira, terquedad, resentimiento, etc.

Una vez que solté mi oposición (tenía bastante), me mudé a la energía de Cristo, asombrosa y purificadora. J-R dijo que soñar debería llamarse con mayor precisión "experiencia de realidad onírica". Para mí, el tipo de sueño más satisfactorio es el Viaje del Alma, donde puedo escuchar e, incluso, sentir la Corriente del Sonido. Justo antes de despegar puede parecer etéreo y aterrador, pero en realidad no lo es. En ese momento te relajas y tiemblas como un trueno. Y comienzas a ver colores o tienes diferentes sensaciones corporales, avanzas. Al despertar, puedes estremecerte o sentir una brisa.

Ocasionalmente, he sentido una experiencia de Viaje del Alma como si alguien vertiera leche tibia y calmante por todo mi cuerpo, dándome el mejor alivio. Cuando despierto, ¡nada duele! Es como ir al médico al otro lado y ser sanado por el Espíritu.

Ahora entiendo mejor lo que J-R hacía cada vez que conducía para él después de dar un seminario o pasar por un momento difícil. Él dejaba su cuerpo y era capaz de reenergizarse, recargarse y traer esa energía del Alma allí, para que pudiera ser sanado al regresar. Otras veces necesitábamos ver a un practicante físico.

Los sueños de un Maestro

Wadi Rum caminando
hacia el desierto, 2004

La sagrada escritura dice que el asiento del Alma está en el área del tercer ojo. El área del tercer ojo, por lo general, está representada como la glándula pineal. Entonces, si ponemos los ojos aquí, en algún lugar, estamos diciendo algo aquí. También estamos diciendo: "A menudo se dice que la mente está asociada dentro de esa misma esfera". Hablamos de que la mente se encuentra en esta área. <u>La mente se encuentra realmente fuera del cuerpo físico. El cerebro se encuentra dentro del cuerpo y se convierte en una cosa que [tiene] relaciones y asocia cosas a través del cuerpo hacia el mundo para la manifestación.</u> Si no fuera así, cada vez que pensaras, algo ocurriría dentro y alrededor de tu cuerpo, de inmediato. ¿Ustedes entienden eso? Porque pensar es muy poderoso y produce energía y la energía produce movimiento. Entonces, como dijiste "Oh, creo que saldré", comenzarías a salir. A veces las personas que no son demasiado inteligentes quedan atrapadas en eso. No han integrado la función de la mente en el cerebro para que se distribuya a través del cuerpo. Y eso se puede hacer. A una persona se le puede enseñar eso. El autismo se encuentra a menudo en esta área. La mente (bajo la jurisdicción del poder de Kal) ha suplido a la mente para mantener el Alma encarcelada en esta área el mayor tiempo posible, y le ha dado toda la autoridad legal para hacerlo.

–John-Roger, D.C.E.

*Al menos una vez al día permítete la libertad
de pensar y soñar por ti mismo.*

–Albert Einstein

Capítulo 10

No hay separación

ध्रु

Junio de 2018, Ciudad de México

Mientras visitaba la Ciudad de México pasé mucho tiempo caminando por las calles. Cuando camino soy uno con el Espíritu, uno con Dios. Me siento sofocado si estoy encerrado en una casa o departamento. Mi amigo David Allen dice en su libro *Getting Things Done* que las grandes ideas y proyectos, por lo general, se crean fuera de la oficina o del lugar de trabajo. Así que me gusta salir. Entonces estoy rodeado de cosas nuevas para ver, lo que facilita una mayor conexión con Dios y el Espíritu.

Este capítulo fue transcrito y editado de un video en vivo que transmití en mi página de Facebook durante una de mis caminatas diarias en Ciudad de México. Como suelo hacer, comencé por invocarme a la Luz: "Señor Dios del universo. Padre-Madre Dios, pedimos por la Luz del Espíritu Santo que nos rodee, llene y proteja. Pedimos por el Viajero y a la energía de John-Roger, como el Preceptor, que elimine cualquier negatividad y me lleve a una mayor alineación. Amén".

He estado pidiendo la Luz durante mucho tiempo, pero solo he usado el nombre de J-R en los últimos siete años, más o menos. Creo que podría haber sido 2012, dos años antes de la transición de J-R, que Paul Kaye le preguntó: "¿Está bien que los ministros, iniciados y estudiantes del Viajero invoquen la Luz, específicamente en tu nombre y energía?".

J-R respondió: "Claro", y así comenzó. Eso me encantó. Desde que fue confirmado personalmente por J-R, no me importa escuchar a las personas llamando a J-R, o pidiendo su energía, o llamando la Luz de John-Roger, porque ahora estoy en eso. Viví con el hombre y viví con la energía. Estoy bien con eso. He tenido experiencias increíbles que son innegables e inexplicables.

Escuché a J-R decir que puedes saber mucho sobre alguien a través del último libro que leyeron o la película que vieron. También me dijo que un libro puede ser absorbido por ósmosis si lo dejas al lado de tu cama. Recuerdo que dijo que somos el testamento viviente, que interpreto que significa encontrar tus respuestas adentro, no de un libro. Puedes leer todo tipo de libros, pero ¿quién es el que lee el libro? Si no hay una persona para leerlo, ¿cómo sería el libro? Serían solo páginas hechas de árboles y encuadernaciones, hilos y algunas fuentes y palabras que no significarían nada si no fuera por el lector, el que observa, el observador. Por un lado, estoy de acuerdo... aunque por otro lado, ¡me gusta vender mis libros! Grabar mi toma de conciencia en papel es una forma de recordarla y tal vez, incluso, ayude a alguien que los lea en el futuro.

Este es un momento en el que no siento ninguna separación en absoluto. Es un tiempo de los discípulos. Nosotros, los estudiantes del Viajero, todos somos los discípulos de John-Roger ahora. Al igual que hicieron los discípulos de Cristo hace dos mil años, nos vamos a diferentes lugares del mundo para compartir sus enseñanzas. Y eso no significa: "Aquí hay un folleto, regístrate". Significa recorrer el camino de los Maestros como un ministro ordenado en el sacerdocio de Melquisedec, como lo hacemos en el Movimiento del Sendero Interno del Alma, como fue enseñado por John-Roger, su fundador. Caminamos con tremenda autoridad. Somos iniciados en la Corriente del Sonido de Dios y, sobre todo, somos Amor Viviente. Simplemente caminar en ese enfoque trae la Luz a esos lugares, a nosotros mismos, a nuestra familia, no como una especie de cruzada, sino como algo que estamos llamados a hacer. No hago preguntas sobre esto. He tenido suficiente conexión con J-R a lo largo de los años y ahora puedo distinguir fácilmente entre los falsos y los verdaderos maestros cuando los encuentro en los reinos internos.

Anteriormente, en esta gira de *El Amor de un Maestro* por Sudamérica en 2018, pasé un tiempo en Bogotá, Colombia. Un día, durante mis sesiones de Ejercicios Espirituales, accedí a lo que J-R llama el Hilo de Oro, que actúa como una especie de elevador o hipercircuito que te lleva directamente a la Corriente del Sonido. Estoy seguro de que eso me pasó durante mis más de 26 años con J-R, pero no fui tan valiente.

Mientras esto ocurría, internamente vi muchos colores brillantes, lo que me recordó el póster de Peter Max cerca de la oficina de John Morton, junto a la escalera trasera del edificio de la Universidad de Santa Mónica. Entonces, de derecha a izquierda, apareció un hombre con barba que parecía ser un amigo; pero cuando me miró, me dieron escalofríos. En ese momento me di cuenta de que era el poder negativo que trataba de sacarme a mí y a muchas otras personas de su camino. Los desacuerdos y la oposición fueron en realidad una distracción de lo que estamos haciendo en MSIA: entrar en el Espíritu, estudiar la Trascendencia del Alma y hacer EEs. Sobre todo, el Amor es la clave. J-R solía decir: "Esto funciona por Amor".

Aunque hermosa de alguna manera, esa experiencia fue inquietante. Un maestro espiritual interno me dijo que, básicamente, "por cada cosa buena que obtengas, obtendrás algo negativo". Todo es parte del proceso aquí, no de manera incorrecta, y no vas a ir al infierno. Entonces, junto con esta gran experiencia, tuve una lección sobre lo negativo. Si no tienes esta toma de conciencia, estás atrapado en el flujo kármico. Es como lava o un río que corre cuesta abajo. Debes tener cuidado de no quemarte y ser derribado.

Sin embargo, cuando estás por encima del Alma, no tienes dualidad, como izquierda-derecha, arriba-abajo, bueno-malo, correcto-incorrecto. Solo eres Alma. Entonces me digo: "Aquí estaba. Estaba debajo del reino del Alma, teniendo experiencias, teniendo al Viajero que me llevara, me mostrara. Aunque no extraño ver a J-R físicamente, reconozco que eso es ponerlo fuera de mí. Cuando Viajo con el Alma y me muevo con la Corriente del Sonido, puedo decir que J-R está allí, es un gran momento. En realidad, no hay diferencia.

Ver a J-R fuera de mí, colocándome aquí y él allá, conduce a una sensación de separación. Cuando estoy realmente, trascendentalmente haciendo Viaje del Alma, se convierte en una experiencia increíble de ver. Como diría J-R, cuando tengas esas grandiosas experiencias en el otro lado, ya no te gustará mucho más el aquí. Este plano terrestre es como un bote de basura, puede ser bastante incómodo.

Es un gran acto de equilibrio mantener un pie en cada uno de esos reinos sin colapsar emocionalmente: estar en el corazón de Dios un momento, luego aquí en la Tierra al siguiente. El desafío es traer el corazón de Dios aquí, dentro de nosotros, de modo que podamos caminar en este mundo sin ser de este mundo.

No hay separación

Crucero Adriático. Venecia, 1989

*La luz es maravillosa, pero no se acerca en exaltación
a la Corriente del Sonido. Y cuando llegues más arriba,
esto se convierte en tu maná del cielo. Es donde dices que
vives por la palabra de Dios.*

–John-Roger, D.C.E.
¿Estás Escuchando La Corriente Del Sonido?

Capítulo 11

Yo no sé contar

P & R, junio de 2018. Miami, Florida

Cuando era niño, mi padrastro solía llamarme *come mierda*. Nunca me importó porque no sabía lo que significaba. También creo que era un apodo cariñoso común en Cuba.

Mucho más tarde, cuando iba a una audición para un papel, si un productor o director de reparto me decía que no era un buen actor, continuaba con lo que estaba haciendo. No me importaba lo que dijeran; simplemente me hacía más fuerte. Una vez, durante una audición, la directora del *casting* no estaba prestando atención; solo repasaba los movimientos. Este tipo de cosas me hizo fuerte, porque no me importaba.

Eso es lo que aprendí al estar con J-R. Ya sea que fuera el apodo español insultante de mi padre, que alguien me dijera que no era un buen actor, u otra persona que pensara que soy uno en un millón, gracias a Dios, no sé contar...

En un evento de firma de libros y preguntas y respuestas de *El Amor de un Maestro* que celebramos en Miami en junio de 2018, respondí varias preguntas de la audiencia. Este capítulo incluye la información que se compartió y algunas de las respuestas más relevantes. A menos que se indique lo contrario, todo el texto que sigue fue dicho por mí.

Mi vida cambió totalmente después de que J-R trascendió. Justo antes de que eso sucediera me enamoré, lo que me salvó porque no quería estar aquí. Hasta entonces, yo era como un monje; todo giraba en torno del trabajo. Pero finalmente Dios dijo: "¡Aquí, ten una relación!". También comencé a estudiar Psicología Espiritual durante tres años en la Universidad de Santa Mónica. Fue un proceso asombroso. Al inicio de su vida, J-R también estudió psicología. Es muy importante tener un cierto sentido de la psicología con conciencia y observación.

Durante los siguientes tres años aprendí a escuchar. Mi nueva vida se trataría de escuchar, pero no de escuchar allá afuera. Se trataba de escuchar aquí, adentro. Entonces las cosas comenzaron a suceder.

Debería haber muerto hace mucho tiempo, pero J-R me ayudó a abrir mi mente. Como actor, mi mente era restrictiva, como una caja. Puedes actuar con tu mente o con tu intuición. También me ayudó con los tonos sagrados y Shabd Yoga, que es la conexión con el Alma y el Sonido. Trabajar con el Viajero te conecta a eso.

(La siguiente es una respuesta a alguien que preguntó sobre el arte perdido de escuchar).

Ayer en el estudio de televisión español me entrevistaron en vivo acerca de J-R y de *El Amor de un Maestro*. Al principio no hablé, solo me senté delante de la cámara, escuchando. Porque una vez que la cámara comienza a rodar, estoy haciendo ruido, ya no escucho. Una cosa importante sobre la actuación es que necesito escuchar al otro actor hasta que me dan una señal, entonces es mi turno de hablar.

Yo no sé contar

Cuando John-Roger dejó el planeta físicamente, seguí buscándolo en todas partes. Ya tenía una gran conexión interna, pero era como un músculo que yo necesitaba ejercitar. Después de su fallecimiento pasé dos meses sentado en la oscuridad; ponía películas vikingas y cantaba mi tono.

Muchos de ustedes que vivían físicamente lejos de J-R, y no habían pasado tanto tiempo compartiendo con él en el nivel externo, en realidad son más fuertes en su conexión interna, ya que han tenido muchos años de práctica. Pero yo no era consciente. Él estaba justo en la sala de estar; si tenía un problema, solo decía: "¡Oye!". Aunque confirmaba en el nivel interno, yo salía con la manifestación externa de J-R todos los días. Estar con J-R, y pertenecer a su personal significaba mucho contacto físico, porque teníamos que cuidar de él, hacer cosas, llevarlo en el automóvil, asistir a seminarios para ser una batería espiritual para él, comer y más. Incluso, cuando hacía mis EEs, mantenía un enfoque en el exterior en caso de que me necesitara.

Hace poco estuve hablando con algunas personas en Perú. Una señora dijo: "J-R y yo fuimos a cenar. Alegría. Oh, fue increíble". Le pregunté: "¿Cuándo conociste a J-R?". Ella respondió: "Oh, nunca lo conocí". Entonces me di cuenta de que no importaba que estuviera cerca de J-R. De hecho, incluso podría haber sido incapacitante de alguna manera, aunque preferí y decidí estar con él físicamente. Así que ahora estoy aprendiendo a vivir como las personas que no pudieron estar con J-R físicamente. Me encanta hablar con personas que no vieron a J-R por 26 años. Por eso me encanta viajar.

J-R era solo amor. Estar cerca de él era como no tener problemas. Cuando él se fue sentí que regresaba a la pesadez de mi karma. Fue como si él lo hubiera frenado todo ese tiempo. Pero ahora me lo devolvía para que yo aprendiera a ser lo suficientemente fuerte.

Algunas personas llaman a esto un desvío espiritual, pero no creo en eso. J-R solía decir: "Canta tu tono, elévate y podrás ver todo". Así que no quiero quedar atrapado en la psicología y hacer despeje de abajo hacia arriba. Quiero cantar mi tono de arriba hacia abajo. La mayoría de los cursos de psicología son del nivel mental e implican la lectura de muchos libros.

Cada vez que hacía una audición cantaba mi tono hasta casi quedarme dormido mientras esperaba. Leía todo, luego entraba y preguntaba internamente por el Viajero, pero muchas veces no obtuve el papel porque estaba drogado con Espíritu. Era radical en mi actuación. Veía a todos los actores presentándose con el mismo enfoque, yo lo hacía de manera diferente a todos los demás. La gente podía verlo. Decían: "No confiamos en ti, llevemos a ese actor normal de por allá".

Ahora estoy oficialmente retirado de la actuación, lo que fue el resultado de una transformación gradual durante muchos años, a medida que me alejé lentamente de ello. Dos eventos importantes catalizaron este cambio en mi conciencia: el primero fue el 11 de septiembre de 2001, y el segundo tuvo lugar en la noche de Halloween, el 31 de octubre de 2004, cuando J-R se cayó por una escalera en Mandeville y se dañó el ojo. A partir de ese momento, quedarme al lado de J-R y cuidarlo se convirtió en mi prioridad número uno. Antes de su fallecimiento en 2014 tuve una serie de sueños asombrosos y proféticos que involucraban al presidente Obama, quien de alguna manera simbolizaba a J-R. Una vez, en el jardín de rosas de la Casa Blanca, me despidió y agradeció mi gran servicio. En otra ocasión, estaba limpiando el inodoro en el baño de J-R y me pidió ayuda, así que lo hice. Para noviembre de 2018 me di cuenta de que parte de mi vida había terminado y que mi conciencia había cambiado. Escuché una voz que decía "no hay vuelta atrás". Actuar fue un catalizador con el fin de prepararme para la próxima gran cosa. Desde entonces me he centrado en el trabajo, sabiendo que estoy en el camino hasta que el Espíritu cambie mi conciencia, compartiendo la energía de J-R, haciendo asesoramiento espiritual y sentándome en *Satsang* con otros ministros, iniciados y estudiantes en MSIA.

Pregunta: ¿Cuáles fueron las claves que aprendiste con J-R que te mantuvieron activo?
Respuesta: Una clave fue visitar China dos veces desde que J-R trascendió. No hay nada que te enseñe más humildad que un billón y medio de personas que no te prestan atención. Me gusta la atención, pero llegar allí fue imposible. No conocía a nadie y no tenía con quién hablar... me obligó a ir hacia adentro y meditar.

Otra cosa que me ha ayudado enormemente es el *Satsang* en el que he participado con los ministros e iniciados de todo el mundo, mientras viajo a lugares como Bulgaria, Israel, América del Sur, China, Japón, Australia, México y Canadá. He sido capaz de ver a J-R en todos, lo cual es una experiencia muy gratificante.

Cantar mi tono es clave, por supuesto... nada es mejor que eso. Al principio le decía a J-R del otro lado: "Quiero tener una experiencia". Durante las dos primeras semanas él no vino, pero luego comenzó a aparecer en mis sueños. Cada vez que J-R conducía en mis sueños, sabía que era él realmente. Una vez, cuando él conducía, me dijo: "No te caigas".

En otro sueño, yo estaba saltando obstáculos. Salté sobre John Morton, fui al baño y J-R estaba allí. Él preguntó: "¿Por qué ya no me tocas los pies?". Sabía que este era el verdadero Maestro Interno, porque J-R sabía que yo amaba sus pies y manos. Mientras vivía en Mandeville, a menudo masajeaba sus pies o ponía mi cabeza sobre ellos mientras veíamos televisión juntos. Así que hice eso en el sueño, lo cual fue increíble.

Siempre esperaba que J-R me hablara en mis sueños sobre cosas importantes. A veces me despertaba llorando. Me dio muchas pistas en mis sueños. Estas son el tipo de experiencias que me han mantenido en los últimos cuatro años.

Hace aproximadamente un mes me hospedaba en la casa de Alberto Arango en Bogotá, Colombia, cuando J-R me visitó en sueños y me contó algunas cosas increíbles. Entonces, incluso si me siento aquí y no sé lo que estoy diciendo, no importa. Lo que sea que yo diga o haga, él vendrá, porque no se trata de mí. Él aparece por todos nosotros; cuando dos o más se reúnen, J-R está ahí.

Prefiero viajar para que podamos estar reunidos. Eso es dulce para mí. Es como comer el maná del cielo. No necesito comida, la Corriente del Sonido me alimenta. Eso es lo que J-R ha estado haciendo durante los últimos cuatro años. No siempre fue fácil. No me lo estaba dando todo, de aquí para allá. Me dio solo un poco y yo tengo que armar el resto. Escucho. Cuando vine aquí, tuve que traer los libros conmigo.

La intuición es la clave. Necesitas escuchar adentro; si no lo haces, la voz se esconde, desaparece. El miedo entra por el cerebro reptiliano. Solo hay dos formas de hacerlo: a través del amor o del miedo.

Debes tener la conciencia y darle una voz, como lo hacemos en el programa de Psicología Espiritual de la Universidad de Santa Mónica. "¿Quién está llorando?". "Yo". ¿Pero quién es "yo"? Quizás el ser básico o el niño interior.

"¿Por qué?".

"Bueno, J-R era como mi papá, y ahora se ha ido".

Y luego continúas haciendo un diálogo Gestalt hasta que llegas al punto de decirle al niño: "Yo soy tu padre, no llores". Esa fue realmente una parte superior de mí que intervino, porque J-R era mi padre.

Ahí es donde entra el Viajero. Lo mismo con las mujeres y las niñas. Tienes que amar a la chica más joven y hablar con ella con la conciencia de ahora. Esta chica es quien a veces controla tu vida. Usualmente, la parte más joven de ti controla tu vida.

Cuando J-R pasó al Espíritu, mi ser básico, molesto, decía: "¿Qué diablos? Ustedes son mis amigos y mi familia, y me van a dejar". Entonces tuve que hablar con él, consolarlo.

P: J-R trascendió con facilidad y gracia.

R: Sí, fue lo mejor. Quiero irme como él. Él nunca se quejó.

P: Primero, quería compartir que tuve un sueño acerca de J-R yéndose y le pregunté: "¿Qué podemos hacer por ti?". Él respondió: "No sé, no me importa", y se fue. También quería preguntarte, ¿procesas con las personas durante estos seminarios? Siento que J-R está aquí trabajando contigo.

R: Vengo aquí y hago esto como ministro e iniciado de MSIA, para representar a J-R como su embajador, a compartir su energía a la que todavía estoy conectado y hablar sobre las cosas que aprendí de él a lo largo de los años. A veces sé cosas automáticamente porque J-R me lo diría. Él me enseñó eso. Entonces le pregunto a J-R, y él dice: "Diles esto, esto, esto y esto". Lo recuerdo todo.

Originalmente, quería actuar. Nunca pensé que podría hacer otra cosa que actuar. J-R me enseñó cosas más grandes. No disfruté respondiendo correos electrónicos, ya que son difíciles de interpretar, pero me encantó hablar con personas reales. Una vez, una mujer estaba llorando porque su perro había muerto, así que me quejé de ella a J-R, comparando su reacción con otras dos personas que habían perdido a sus padres. Él dijo: "El dolor es dolor". Sí, de hecho.

El año pasado, el padre de mi prometida trascendió al Espíritu, luego otra amiga perdió a su gato; era su segundo gato muerto. Comencé a juzgarla, pero inmediatamente dije: "Cancelado, cancelado, cancelado". Son las mismas emociones, y necesito salir de la percepción de mi ego. Estos gatos representan el karma de la persona. Cuando piensas así, te sientes más elevado y con inteligencia emocional. Cuando empiezas a decir: "Guau, lo entiendo", es karma, y es grande. Es ir más allá de juzgar que es solo un gato. Dependiendo de tu nivel, te caes y comienzas a juzgar. Por eso es tan importante cantar el Hu o tu tono de iniciación. Te elevas, y miras a la persona con amor y puedes enviar la Luz. No es lo mismo, es un gato. He oído decir a J-R que el dolor es dolor. "Me perdono por juzgarme, por juzgar a la dama con los dos gatos".

Continuaré. Si J-R o el Espíritu dicen que continúe, lo hago. Gracias mamá por haberte enfermado. Es bueno que ya no lo estés. Pero me trajo aquí. Dolor es dolor. Creo que fue bueno venir a Miami y hacer esto.

P: ¿Cuál es la diferencia entre un tono personal y el Hu?

R: "Hu" es el término sánscrito para "Dios". Escucho la Meditación de Luxor cuando me voy a dormir, esta meditación es acerca de un grupo que canta el "Hu" en el PAT IV en Egipto mientras J-R habla. Es espectacular. Creo que grabó la versión que usó en 1988, porque en ella menciona a John como el nuevo Viajero, así como la Paz en todas las personas. "Hu" es para todos. Por otro lado, el tono de iniciación es personal, cargado con la energía de tu Alma. Tienes un contrato con el Viajero para limpiar tu karma. Entonces te conviertes en el Viajero, no con las llaves, pero él te lleva a despejar, nivel por nivel hasta el Alma. Desde el Alma puedes enviar amor y Luz que disuelven el resto del karma.

Hay un gran seminario que J-R llamó "Radiación nuclear desde la Zona Cero". Él dice que si eres nuevo y claro, puedes irradiar. Imagina hacer esto desde el Alma –todos los problemas desaparecen–. El problema es que cuando caemos, debido al karma, estamos en las emociones. Puedes cantar tu tono y elevarte. Estás dichoso. Empiezas a amar a la gente desde ese lugar.

En diciembre de 2017 me abrí. Dejé ir la contrariedad hacia mis hermanos y mis amigos en el Movimiento. Y dije: "¿Por qué estoy con estas personas, si sostengo esto en contra de ellas y dejo de amarlas?". Mi intuición decía: "Abrázalas", pero por dentro recordaba: "Me hicieron esto y aquello". Tienes karma allí porque retuviste tu amor cuando el Espíritu te habló. Somos conductores de la energía divina. Hice esto en diciembre con un amigo y luego contraje la gripe. Cuando eres consciente de esto, debes comerte el karma como una hamburguesa. Al despejarme, me puse saludable y comencé a abrazar.

El presidente Trump realmente me salvó, porque en mi conciencia, si tengo oposición hacia alguien como iniciado y como ministro, no soy nada. Así que no importa lo que él haga. ¿Qué haces? ¿Qué haces para mejorar este mundo? Tenemos una responsabilidad dentro de nosotros. Deberíamos usar esta energía para el bien. En California, algunos amigos están en contra de Trump porque querían a alguien más y se la pasan hablando de política. En ese momento estás acabado, porque no estás en el nivel de Dios. Estás aquí abajo.

Ve hacia arriba, elévate, recupérate, perdónate. Borra, cancela, despeja y comienza a enviar tu Luz, que es más fuerte que lo que odias. Detén la oposición. Cristo está en todos nosotros, pero no vendrá si expresamos contrariedad.

Veía a Trump en la televisión y me sentía en oposición. Y dije: "Pero no soy nada si soy como ellos. ¿Qué estoy haciendo?". Entonces me perdoné y pensé: "Si Cristo y Dios permitieron que estuviera aquí, lo acepto. Y no es mi problema, es tu problema". Puedes votar para que se vayan, pero deja de quejarte. Él presiona los botones de todos. Él es muy bueno en eso. Y no quiero darle el poder de presionar mis botones.

Por el momento, necesito sanarme. Tengo un problema porque mi madre no presiona mis botones. Trump no presiona mis botones. Sin embargo, algunas personas en mi círculo íntimo lo hacen.

Tengo que aprender. En psicología, ese es un espejo llamado *proyección*. Si no me gusta algo que mi madre hace, es porque tengo el mismo problema. Entonces no la culpo. Ella me está reflejando mis problemas.

Eso es ser honesto cuando puedes verlo. Cuando veo a Trump, me encanta, porque, incluso si no lo conozco ni nada, me presiona un botón y miro todas las noticias y el drama. Me siento y medito. Yo canto el Hu. Este no va a ser mi problema, pero enviaré la Luz. Así que estoy agradecido por las experiencias.

Es muy importante cuidarse por dentro y mantenerse despejado. Tener contrariedad crea enfermedad.

Me llevó tres años escribir *El Amor de un Maestro*. Laren Bright me ayudó a dar forma y editar el libro, Teri Breier se hizo cargo de la revisión casi al final, y Cate Kirby, Nora Valenzuela y Lana Barreira fueron mi equipo de traducción.

Escuché a J-R decir que Dios se encarnó como Jesús, luego se mató a sí mismo y lo levantó de nuevo. Eso es trabajo pesado. Porque todos somos piezas de Dios aquí abajo. Es tan profundo, esto es demasiado para mi cerebro. En el video Momento de Paz, *Cristo: Mi Hombre para la Eternidad,* J-R explica el plan Lucifer y el plan de la Gracia, y dice que debes mantenerte vigilante. Escucha tus pensamientos. De lo contrario, podemos caer.

Recientemente estuve en Tulum, Cancún, con Nicole. Todo era tan hermoso –el sol, la playa–. Pero en mi mente peleaba con alguien en California. Nicole dijo: "¿Qué estás haciendo? Estamos en Tulum. Suéltalo. Vamos a la playa". Pero traje ese argumento de California a Tulum. De esto es de lo que hablamos... cualquiera puede caerse. Solo tienes que estar atento cuando la negatividad llega para ponerte a prueba.

Por la noche, el Alma comienza a viajar, la mente se queda. Llega la duda y empiezo a tener miedo. Pregunto: "¿Quién está llorando?". Es el cerebro reptiliano, lucha o huye. A las 3 a. m., no puedo dormir y estoy pensando demasiado. Así que como algo para calmar las emociones. J-R solía llamar a eso hambre oculta. Algunas personas beberán, fumarán o comerán helados. Yo me atiborro, estoy vigilante, consciente. Pero es parte de ser humano.

Sucedía en especial cuando actuaba y el personaje era demasiado duro, por lo que resultaba difícil desconectarse. Lo llevaba a casa y comía hasta que se fuera. Solo puedes comer. J-R era uno de los mejores. Él se comía el karma. Hacía un seminario y justo después del seminario nos íbamos a comer helado. Esa era la forma como él se deshacía de ello. Se sentía bien. Michael Hayes dice: "Eliminar, borra" y luego duerme por la mañana.

J-R también fue a diferentes médicos practicantes para eliminar el karma y desarrolló el proceso de Prueba Muscular (CKT) en los programas de D.C.E. y M.C.E. No somos diferentes. También somos Viajeros, aunque sin las llaves.

Baruch Bashan.

Los sueños de un Maestro

Miracielo, Santa Barbara, 1990

*Soy un hombre hermoso, poderoso, sensible,
amándome y amándote.*

–Jesús García, D.C.E.
Afirmación del Insight II, 1986

*Jesús el Cristo, quien portaba la conciencia mística, quien trabaja con MSIA, dijo: "Yo soy el camino, la verdad y la vida; nadie viene al Padre sino por mí".[1]
Quería decir que fue a través de su conciencia, la conciencia de Cristo, que cada persona podría recibir las llaves del reino del Alma, en el reino del Espíritu puro. Sin la ayuda y guía de la Conciencia del Viajero Místico, es difícil moverse dentro del reino del alma.*

–John-Roger, D.C.E., Viajes Durante los Sueños

---

1 Juan 14:6 (Reina Valera Actualizada 2015)

Capítulo 12

Discernimiento en el inconsciente

Recientemente me reuní con un amigo mayor, amigo de John-Roger e iniciado de MSIA desde hace mucho tiempo. Me encanta sentarme en *Satsang* con los ancianos de la iglesia, que tienen la autoridad ministerial e iniciatoria. A menudo se produce una conducción de energía divina. En algún momento la conversación se vuelve no verbal. Entonces, básicamente, puedes determinar los niveles en los que nos encontramos –en este caso en particular, nos quedamos principalmente en el nivel mental, saltándonos lo causal/emocional–. No tuvimos ninguna discusión sobre lo que estábamos sintiendo o incluso pensando. La fuerza de nuestra conexión fue compartir el amor de J-R y el amor que tenemos por nuestro mutuo maestro.

En su libro más vendido, *Power vs. Force,* el Dr. David Hawkins presentó los niveles de conciencia en una escala evolutiva de 20 (vergüenza) hasta 1000 (conciencia de Avatar). Alrededor del nivel 500 alcanzas un estado en el que la mente universal se encuentra con el inconsciente etérico; desde los 700 y más, te conviertes en un místico, que habla desde el conocimiento interno, como la Madre Teresa y Mahatma Gandhi; solo Jesucristo alcanzó el nivel más alto de 1000. En el almuerzo con mi amigo antes mencionado, estábamos básicamente en el reino por encima de 500, y por supuesto, ese podría ser nuestro propio nivel interno. No estoy seguro si fueron los reinos exteriores. ¿Y qué pasa si es lo etérico en el nivel astral? Hay tantos niveles dentro de los niveles. Pero resulta agradable salir de la mente y patinar a través del inconsciente rápidamente hacia el Alma y más arriba.

Realmente no puedes definir el nivel etérico con tu mente. Pero es hora de entrar en ello, para ver cómo el inconsciente nos maneja. Es como un depositario o caché que representa a todo lo que te aferras en esta vida, así como también en otras vidas, que se remontan por eones. Es como una tarjeta de débito de karma, sentado allí en el inconsciente.

Tienes que soportarlo... desnudarlo... amarlo... atravesarlo y saltar el Espejo Cósmico. O mira el espejo, peina tu cabello y ve más allá al Alma y al camino de los Viajeros. Desde allí puedes ir tan alto como puedas, por encima del nivel 27, al Hu. En este momento, por supuesto, todo es una mentira, porque tan pronto como me expreso verbalmente, pongo palabras que no son precisas. Mientras lees, en cierto sentido, también podrías tirar este libro, porque el punto es tener la experiencia, experimentar con esto, estar en ello y conocerlo.

Me gustaría abrirlo y crear estaciones de Luz en todas partes en el etérico, que iluminaran todo esto. Entonces puedes estar allí, decir: "Hola" y esperar a que el Viajero te guíe. Todos podemos entrar, conectarnos con J-R, progresar a través de los 27 niveles hasta el Hu, y luego ir aún más allá.

Las cosas pueden complicarse bastante a medida que viajamos a través del miedo al nivel inconsciente/etérico. Por ejemplo, una noche me encontré llorando porque experimentaba una separación

Discernimiento en el inconsciente

y polarización total dentro de mí. Como John-Roger ha dicho, este es el poder de Baal (o Kal), también llamado poder negativo. Cualquier cosa debajo del reino del Alma es el dominio del poder de Kal. Las fuerzas leales de la oposición son muy buenas para que aprendas tus lecciones.

Mientras almorzábamos un fin de semana, un buen amigo me dijo que había trabajado en un proyecto durante algunos años. Le pregunté: "¿Es un proyecto físico?" y él dijo: "No, estoy explorando los bordes de los niveles mental y etérico, que es el inconsciente". Respondí que también me encantaría explorar mi propio inconsciente, mirar profundamente en ese abismo y enfrentarlo, no temerlo ni esquivarlo. Para este tipo de proyecto necesitas al Viajero, de seguro. Tenemos la bendición de contar con los Viajeros John-Roger, John Morton y el Cristo, que pueden guiarnos a través del Alma y más arriba. Y, por supuesto, es el Cristo quien dirige el Movimiento del Sendero Interno del Alma.

Después de esa conversación les pedí a Cristo y a J-R que la Luz iluminara esas áreas oscuras de mi inconsciente. Me di cuenta de que, incluso a mis 50 años, no me sentí diferente a cuando era más joven, aparte de una mayor conciencia y sabiduría para notar cuando estoy fuera de curso. Históricamente, cuando he estado en un lugar oscuro similar, me he consolado con distracciones como mirar televisión, leer o navegar por la web. Aunque lo intenté esta vez, nada parecía cambiar, así que hice Ejercicios Espirituales y me fui a dormir.

A la mañana siguiente me desperté con una conciencia completamente diferente. Fui capaz de ver que la conversación con mi amigo gatilló algunos problemas no resueltos en el inconsciente, que no era nada que yo pudiera controlar con mi mente. Por ejemplo, tengo la percepción de que vengo de una familia deshecha. Esta es una creencia inconsciente que internalicé durante la infancia después del divorcio de mis padres, y que permanece presente en mi psique, incluso a los cincuenta y tantos años. Ver a mis padres pelear, separarse y luego nunca establecerse con una familia tuvo un gran impacto en mí. Pasé de tener mi verdadero padre a un padre adoptivo, a un padrastro, y con el tiempo terminé con J-R como mi padre sustituto. Dios es la última figura paterna y J-R lo representó para mí en el nivel físico.

Pasar por el despertar, la conciencia y la curación de estos problemas no resueltos es de lo que trata el "viaje del héroe". Cuando estaba atrapado en mis propios patrones inconscientes, a menudo reaccionaba automáticamente a los patrones inconscientes de otras personas, queriendo salvar a las personas en función de mi identidad de "familia rota". Esto no iba a ninguna parte porque yo no estaba totalmente presente, sino enganchado a un comportamiento inconsciente que me preparó para subir al escenario y actuar como un tonto.

Hacer algo así no es gran cosa, hasta que la parte inconsciente juzga esa acción. No es tu amiga. J-R a veces llamaba a este autojuicio un autoataque psíquico. Lo que nos hacemos a nosotros mismos puede ser bastante cruel. Al pasar por mi experiencia sentí al Viajero conmigo todo el tiempo. Dije que haría el trabajo, que ayudaría a J-R y quería otros 30 años con él. Si voy a ayudar a J-R en este mundo multidimensional, entonces todo está bien. No puedo decir que sea negativo porque, al final, todo es perfecto.

Discernimiento en el inconsciente

Insight II, un momento que cambia la vida 1986

¿Sabes que está bien no tener siempre un análisis intelectual de cada movimiento que haces? No tienes que ser siempre capaz de justificar y explicarte ante otro. Tienes derecho a vivir tu vida como intuitivamente sabes que es lo adecuado para ti. Si cometes errores, aprenderás. Esas cosas que necesitas saber se volverán claras para ti.

–John-Roger, D.C.E., Sacrificando limitaciones
(Nuevo Amanecer, blog del MSIA)

Capítulo 13

Mi experimento etérico

ℝecientemente, he estado realizando mi propio experimento personal como científico espiritual para obtener dominio sobre el comportamiento automático y los patrones emocionales. Primero, por supuesto, siempre invoco la presencia de John-Roger, el Preceptor y el Cristo, luego pido recibir más conciencia en el nivel inconsciente o etérico. Mientras interactúo con otros, en especial con aquellas personas con las que soy más cercano, me tomo un momento para dar un paso atrás y observar quién está reaccionando, ya sea yo o alguien más, y por qué. Por lo general, cuando se activa un problema no resuelto, el inconsciente, probablemente, esté dirigiendo la acción.

En su seminario, *Pasajes a los Reinos del Espíritu,* J-R presentó la matriz de comportamiento y discutió el nivel etérico brillantemente. Dijo que la mayoría de las veces el poder Kal (también conocido como las "fuerzas leales de la oposición") establecerá la "frontera final" aquí en los niveles inferiores, que debes superar antes de atravesar el Alma. John-Roger ha dicho que necesitas un Viajero que te guíe a través de todo. Llevar la luz a la oscuridad de lo desconocido ayuda a disolverla.

Por lo que escuché decir a John-Roger, todos los reinos espirituales están conectados, y el cuerpo físico dirige las cosas aquí en este plano. El ser superior, o Alma, toca al Espíritu. El ser consciente se identifica con la personalidad y es una conciencia apropiada para la edad. Luego, a veces hay un pequeño niño de 5 a 8 años que se rebela, que es el ser básico. Todos tenemos diferentes partes de nosotros mismos que se quedaron atrapadas a una edad temprana, en particular por algún evento perturbador (como un trauma o algo que un niño registraría como angustiante).

En mi caso, tengo 55 años en esta conciencia al momento de escribir esto. Cuando pierdo la calma, ¿quién está reaccionando? Ciertamente no es mi ser actual de 55 años, porque si él estuviera presente en el ahora, entonces no habría reacción, excepto alegría.

Digamos que tengo una conversación sobre el futuro cuando mi cerebro reptiliano, centrado en la autoconservación, se mueve al miedo y a la preocupación. "¡Oh Dios mío, ten cuidado!". Eso desencadena una cascada completa de emociones saboteadoras que podrían remontarse a cuando era un niño asustado con padres divorciados. El futuro me empuja a reaccionar, mientras que mi pasado me arrastra con pensamientos de esa época, como: "No vas a lograrlo; no vas a sobrevivir". Solo me permito un minuto para esta charla mental antes de abordar todas las partes de mí con Amor.

En ese momento le pregunto a esa parte asustada de mí: "¿Quién eres? ¿Cuántos años tienes? ¿Dónde escuché eso?". Otra pregunta importante: "¿Es este problema mío o de alguien más?". Puedes recoger formas de pensamiento de tu cónyuge o pareja, de reuniones grupales o, incluso, de amigos, así como de tu propio inconsciente. A veces, la negatividad entra por energías externas, como las entidades sin cuerpo. J-R siempre estaba limpiando patrones de personas que provenían de diferentes fuentes como esas.

Mi experimento etérico

Dentro del inconsciente, y en todos los demás niveles, hay muchas capas que la mente realmente no puede entender, porque lo finito nunca puede entender lo infinito. Dios creó el infinito y simplemente continúa. J-R relacionó el nivel subconsciente con el ser básico. Dijo que si tomabas el subconsciente y lo ponías en tu regazo como un niño pequeño y lo abrazabas y lo amabas, cooperaría contigo. Encuentro que eso es cierto. Agregaría que abrazar *todas* las partes de ti, quien eres y quien soy, puede ayudar con todo.

Cuando se trata con el inconsciente, todo trata acerca de liberarse. Joseph Campbell se refirió a este proceso como el "viaje del héroe". La mejor metáfora que tengo para el inconsciente está en la película original de *Star Wars*, cuando los personajes principales están atrapados en el compactador de basura gigante y las paredes comienzan a cerrarse; están siendo exprimidos hasta que las aguas residuales y la basura llegan a sus narices.

Afortunadamente para nosotros, John-Roger compartió numerosas técnicas a lo largo de los años para ayudar a los estudiantes de MSIA a eliminar la negatividad y el desequilibrio de su inconsciente, donde sea que se haya originado. Mis favoritas, que uso a menudo, son la meditación de la llama, la escritura libre y los Ejercicios Espirituales diarios (EEs, descritos en otra parte de este libro). También recomiendo escuchar la meditación *Luxor* de J-R, que puede llevarte a una mayor sincronía contigo mismo. Fue grabado por J-R durante un viaje PAT IV en el templo de Luxor en el complejo de Karnak, que se transmitió por radio a unas 150 personas. Casi cada vez que escucho la meditación *Luxor* surge algún conflicto para resolver en mi conciencia. En esta grabación, J-R habla sobre la forma radiante del nuevo Viajero injertando paz en todos, desde todas las culturas y en todos los místicos alrededor del mundo. Hay varias meditaciones similares en las que J-R reza desde diferentes lugares, como la Esfinge y otros templos. Puedes encontrarlos en el Álbum de CD/DVD *Viaje al Este: Israel y Egipto.*

Una de las cosas más interesantes de observar es que las personas cercanas a ti tienen una forma de reflejar las áreas en las que necesitas trabajar. Esto incluye a familiares, amigos, compañeros de trabajo y especialmente a cualquier persona que puedas identificar como un pequeño tirano, que J-R abarcó en detalle en su libro *El Guerrero Espiritual: El Arte de la Vida Espiritual*. La próxima vez que te encuentres gatillado, no huyas; en cambio, mírate bien y pregúntate: "¿Qué me está reflejando esto, que es verdad, sobre mí? ¿Hay un área que yo pueda mejorar?".

No todos los días son los mejores momentos para excavar en profundidad, analizar problemas y disolver la negatividad. El procesamiento constante puede ser abrumador. ¡Ahí es cuando me gusta tomarme el día libre! De vez en cuando es bueno darse un tiempo de inactividad. Disfrutar de un día mundano, sin trabajo ni citas programadas, donde no hagas nada más que limpiar el cajón de tu escritorio, ponerte al día con los recibos, sacar la basura, pasear al perro y disfrutar de un helado. Esto puede ser muy curativo.

Algunas personas lo llaman "derivación (o desvío) espiritual", pero no creo en eso. En los 26 años que viví con J-R, nunca lo escuché referirse al *bypass* espiritual. Creo que es un término inventado, diseñado para avergonzar a las personas para que no hagan sus Ejercicios Espirituales. Este concepto no toma en cuenta la perspectiva superior y la Gracia. En mi caso, sigo a mi maestro, John-Roger, y a nadie más. Entonces, si puedes cantar tu tono durante una o dos horas y obtener suficiente altitud, como dice J-R, puedes llevar la energía del Alma a tus problemas y disolverlos mucho más rápido.

Al mismo tiempo, también puedes tener una comprensión más profunda. Todavía es experimental en un enfoque de tipo Gestalt. Cuanto más alto vayas, más amplia será tu perspectiva y más podrás ver el plano presentado en su totalidad. Si voy a viajar desde aquí hasta Nueva York, puedo caminar por las carreteras con la nariz hacia la piedra del molino. Tal vez me proyecte astralmente para subir más alto y ver todo el mapa. O tal vez explore las opciones en Google Earth para elegir la mejor ruta y verifique el clima y los patrones de las nubes. Le llamo a esto obtener una "ventaja espiritual". J-R también dijo: "Usa todo para tu avance".

Así que no participo en la conversación de derivación espiritual. Tal vez lo estoy malinterpretando, pero no creo que la gente realmente pueda pasar por alto su karma, excepto a través de la Gracia. Aquellos que no cantan un tono pueden terminar bajo el dominio mental del poder de Kal por un tiempo. Hacen todo el análisis mental, lo que los mantiene atascados en el reino mental. Están utilizando una herramienta finita para verificar el infinito, que no funciona. Eso está bien, ya que J-R dijo que cada Alma llegará a casa.

Diagrama de los Sonidos en los Reinos, ©MSIA®

Soy un alma divina totalmente preparada para volver a casa con Dios.

—Jesús García, D.C.E.
Anotación en mi agenda *Time Design*
después de mudarme a Mandeville, 1988

Si quieres aprender
El Secreto de la
Trascendencia del Alma,
Busca solo lo bueno,
Lo divino
En las personas y cosas
Y todo lo demás
Déjaselo a Dios.

—JOHN-ROGER, D.C.E.

Capítulo 14

¿Experiencia o información?

Esta es una transcripción editada de una presentación del 20 de agosto de 2017, en la casa de Kate Ferrick y Richard Klein en Newbury Park, California.

Jsu: Les agradezco a todos el hacerme ministerio. Es la primera vez que efectúo este tipo de evento en Los Ángeles. Parece que hay algunos invitados nuevos aquí. Por lo tanto, no querremos llegar muy lejos, ya que mucha gente aquí es "vieja pero bonachona". No en el mal sentido, sino porque han estado alrededor del Movimiento del Sendero Interno del Alma durante mucho tiempo. Si eres nuevo y te pierdes, solo levanta la mano y di: "¡Oye, baja la velocidad!". Quiero que esto sea una nave espacial, estamos a punto de volar. No puedo ir más allá de lo que ustedes quieren, porque ahora es un seminario abierto [público]. Energéticamente, si tenemos su permiso, nos gustaría cambiar algo en la conciencia aquí. ¿Está bien?

Soy Jsu García, y viví con John-Roger, mi maestro espiritual y fundador de MSIA, durante 26 años. Y ahora han pasado 29 años viviendo en la casa de Mandeville Canyon desde que J-R pasó al Espíritu en 2014. En los años ochenta, J-R fundó una universidad llamada Koh-E-Nor, que más tarde se convirtió en la Universidad de Santa Mónica o USM. La escuela es dirigida por los doctores Ron y Mary Hulnick.

Participé en el programa final de Maestría en Psicología Espiritual de USM y me gradué en 2016. Muchos graduados de USM que están en MSIA me felicitaron, y se sintió casi como una iniciación. Los programas educativos USM y el Seminario Teológico y Escuela de Filosofía Paz (PTS) enfatizan el aprendizaje experimental sobre la memoria, aspecto sobre el cual J-R insistió que era muy importante.

Muchos de nosotros en MSIA nos quedamos impactados después que la presencia física de J-R nos dejó, tratando de comprender cómo sería la vida sin él mientras llorábamos. Durante el programa USM, yo estaba en medio de mi propio duelo, y todavía lo experimento, incluso ahora. Mientras participaba en los procesos del trío, sentado en lo que se llamaba el asiento del Observador Neutral, experimentaba ideas sobre cómo J-R había trabajado y las técnicas que usaba con las personas. Como una "mosca en la pared", no pude articular muchas de las cosas que lo vi hacer en la casa. Pero en USM, pensé: "Oh, está bien. Veo mentalmente lo que él hacía. Tuve que ir por encima de la situación, mucho después de que sucediera, para poder ver eso.

J-R a menudo preguntaba: "¿Quieres la experiencia o la información?" y yo respondía: "Quiero la experiencia". Creo que la información es un poco débil. Cuando algo te golpea, dirás: "Dios, lo entiendo". Pero a veces lo esquivamos y decimos: "No, solo dame la información" y tratas de asimilarla mentalmente mientras te la explican. Para mí, la escuela de golpes duros (y buenos golpes) de J-R fue exigente y esa fue mi forma de aprender el Espíritu con él.

¿Experiencia o información?

Mucha gente me dice: "Bueno, eso es lo que necesitabas". Claro, eso es verdad. El programa USM requirió la finalización con un Proyecto de Maestría. El mío fue un libro que escribí y publiqué en tres años, llamado *El Amor de un Maestro*. Tomé prestado el título de un hermoso hombre llamado Ishwar Puri, un iniciado de 93 años del Maestro Sawan Singh. Él puede ser, incluso, uno de los últimos iniciados directos. Después de que J-R pasó al Espíritu, huí de Los Ángeles para pasar tiempo con este Maestro y nuevo amigo, Ishwar, solo para darme cuenta de que no podía escapar del proceso de duelo.

En muchas grabaciones he escuchado a J-R decir algo en este sentido: "No dejo que mis iniciados se aflijan o entren en ese nivel". Ahora entiendo que la razón es porque puedes quedar atrapado en el reino astral y sobreemocionalizar en el nivel causal, donde el Viajero no se puede infligir. No quería juzgarme a mí mismo, pero reconocí cuán profundamente estaba entrando en los sentimientos de pena que me estaban atrapando allí. Fui a visitar a Ishwar y su esposa, Toshi, para celebrar la transición al Espíritu de su Maestro Sawan Singh, el 2 de abril de 1948, en la reunión anual de Bhandara. Pasamos muchos días juntos con otros amigos de MSIA. Él le diría a su curiosa congregación que "somos lo mismo que MSIA, solo que ellos comen carne y nosotros no".

Experimenté que J-R lo usaba para enviarme mensajes. Es similar a cuando el dalái lama muere, y todos buscan su joven reencarnación, con pruebas como: "¿Escogerá ese mismo juguete?". De alguna manera, Ishwar dijo cosas que solo J-R me diría. Me dio palmaditas en la cara exactamente como lo hizo J-R. Hace un tiempo, Leigh Taylor-Young lo entrevistó aquí en Los Ángeles y yo estaba presente en esa cena. Tuvimos un momento privado juntos, cuando me abofeteó suavemente la cara como J-R hacía y dijo: "Soy tu amigo". Entonces solo lloré. Comencé a tener experiencias de que J-R estaba en todos los demás, pero no en mí. Primero tuve que verlo en otras personas y en las cosas que dijeron.

Ha sido interesante observar a John Morton asumir más la conciencia de los Viajeros desde que J-R falleció. ¿Cuántas personas han notado eso? Lo vi en muchas personas, como Michael Hayes y Paul Kaye, y luego lo reconocí en cada uno de nosotros, que estábamos individualizando. Me acordé de ese video del Momento de la Paz en el que Michael Hayes le preguntó a J-R sobre la energía de J-R que se está individualizando en todos nosotros. Hay un Viajero con las llaves, John Morton, a quien reconozco como todos nosotros. Y aun, de alguna manera, como iniciados de J-R, todos tenemos una parte de J-R adentro, porque todos estamos conectados. Todos nos estamos volviendo como J-R. Entonces comencé a mirarlos a ustedes de una manera diferente a como solía hacerlo. Me di cuenta, "Oh, Dios mío, él ha estado allí por siempre", y aprecié mucho a los iniciados y ministros en MSIA. Una vez le pregunté a J-R quién iba a dirigir el MSIA en el futuro, y él respondió: "El cuerpo ministerial".

La mayoría de ustedes saben que fui actor de cine por muchos años, pero no tengo ninguna intuición relacionada con continuar en la actuación. Algo cambió cuando J-R hizo la transición. De hecho, después que terminé la película *Mystical Traveler*, estaba exhausto. Fue lo más difícil que hice jamás. Estaba con J-R en la cocina de Mandeville, los editores permanecían en la parte de atrás, y le dije: "J-R, hemos terminado". Luego comentó: "Probablemente nunca quieras volver a hacer otra película". Esto fue alrededor de uno o dos años antes de que falleciera. Tenía razón, mi conciencia ya no era la misma. Mi conciencia es diferente. Por supuesto, si Steven Spielberg entrara en este momento y me ofreciera un papel, lo haría, porque a J-R siempre le gustó.

Hoy, en mi vida y ministerio trato de compartir el trabajo de J-R. Hasta ahora he realizado algunos talleres y, fruto de la casualidad, P&R (preguntas y respuestas) en Sudamérica y Bulgaria, libre de críticas. Sin embargo, como J-R dijo, "cuando el babuino se eleva lo suficiente, se puede ver su trasero". ¡Entonces verás mucho de mi trasero y no iré a ningún lado! Disfruto viajando y continuaré haciéndolo hasta que esté claro que no debo viajar

¿Experiencia o información?

más. Tengo la oportunidad de iniciar nuevas personas en MSIA, así como a otras personas en áreas remotas a las que el personal de MSIA normalmente no puede llegar. Lo hago en nombre de J-R, John y la Corriente del Sonido en respaldo a los asuntos de MSIA, que es la Trascendencia del Alma. Ese es mi ministerio y necesito compartir a J-R donde quiera que vaya. Me mantiene para no quedarme dormido y ayuda a nuestros iniciados en todo el mundo a evitar que se queden dormidos y hastiados sin J-R todavía presente en el planeta. Hablando por mí mismo, parece que esta hambre está en todas partes del mundo.

Juntos podemos ser alquimistas. Como J-R citaba a menudo, Cristo dijo: "Tú también puedes hacer estas cosas y aún más, porque yo voy al Padre". Así es como vi a J-R. Podemos ser tan buenos como él porque él fue al Padre. Simplemente creo que a nuestra manera, nosotros también podemos movernos a ese nivel. Cuando dos o más se reúnen, allí está el Espíritu, allí está el Cristo. Eso es lo que me gusta, en especial cuando se juntan iniciados y ministros. Ya saben qué hacer, por lo que la magia sucede. Incluso con gente nueva. No se trata de nuevos o viejos, es "dos o más". Cuando Kate me invitó, dije: "Sí, lo haré".

Anoche estuve despierto hasta las 5 a.m., en Mandeville, la casa donde J-R vivió siempre. Hay seres allí que entran y salen. La mayoría de la gente no sabría cómo manejar eso y probablemente huiría. Pero solo duermo en el sofá, y ellos entran y vuelan alrededor de la sala de estar. Había muchos anoche. Yo estaba tratando de dormir y puede volverse espeluznante. Al encender la luz todo desaparece; la apago y todo entra. La casa late, se mueve, cruje. Las puertas se cierran solas. Pensé que tal vez fuera porque estoy haciendo esta charla aquí hoy. Podrían haber sido los seres sensibles diciendo: "Vamos a ayudarlo porque no sabe lo que va a decir mañana". Así que lo invito y siempre invito a la energía de J-R y al Cristo, por sobre todo.

Mi proceso últimamente ha sido empacar para mudarme de Mandeville después de vivir allí durante 29 años. No puedo dejar de hablar de eso porque es toda una experiencia. En mi vida hasta ahora, me he despertado de alguna manera a las cosas que hizo otro tipo, Jesús. He hecho estas cosas bajo el paraguas de John-Roger. Con los años, las personas tendrían comentarios y escribirían cartas a J-R sobre mí. Solía sentarme allí con J-R mientras él leía esas cartas. En un momento dado, nos dio, como personal de servicio, el permiso y la energía para leer su correspondencia, porque solo tenía un ojo bueno. Cuando leía correos electrónicos, preguntaba: "'Zeus', ¿hiciste esto?" y yo admitiría: "Sí, lo hice". Y él decía: "OK".

Con J-R, era importante confesar. Aprendimos a no discutir ni defender, J-R llamaría a eso, "argumentando por tus limitaciones". Negar o pedalear hacia atrás esencialmente significaba excomunicación; tu cabeza caía y luego tenías que irte. Estaba hablando con un invitado, en la casa, sobre los estándares de Mandeville. Si alguna vez caías por debajo de un cierto nivel de impecabilidad, ese era el fin, tenías que mudarte. También había un alto nivel de comunicación entre todos los residentes. Teníamos discusiones y compartíamos sobre lo que nos molestaba, lo cual a veces conducía a discusiones y a regañarse unos a otros. Pero siempre despejábamos el aire y nos disculpábamos. El que se disculpa primero gana en el mundo de J-R. John era increíble en eso.

Durante un viaje a Noruega en 1988, John dijo algo y yo le respondí. J-R me dijo: "Siéntate", porque John es el Viajero. Entonces John se alejó, regresó, se sentó y dijo: "Lo siento". J-R lo miró y dijo: "Ese es el hombre, ese es '16 toneladas'", (refiriéndose al apodo de John Morton de los *walkie-talkies*). De John, en Mandeville, aprendí la importancia del principio: "Di lo que quieres decir y entiende lo que dices". Es diferente de las reglas de PRANA. Pero tenías que actuar a ese nivel. Cualquiera que retuviera o mintiera, se iría al instante.

¿Experiencia o información?

Después de ese incidente traté de tener ventaja sobre John; si me disculpaba primero, yo ganaría. Luego, si peleábamos, todo el personal se disculpaba rápidamente. "Lo siento hombre, siento eso". J-R lo veía y parpadeaba porque la negatividad desaparecía de inmediato con la disculpa. A veces nos obligaba a lavarnos los pies unos a otros. Lavamos los pies de Erik Raleigh una vez, lo cual fue una experiencia de mucha humildad. Nat Sharratt, Mark Harradine, Erik y yo siempre actuábamos como niños tratando de superarnos unos a otros. Tuvimos discusiones sobre qué tipo de detergente era mejor para J-R –solo lo mejor para el Maestro–. Yo sugería Tide y luego Erik decía: "Eso contiene basura". J-R nos enseñó a aceptar estar en desacuerdo y mantener el amor. Si yo estaba en desacierto, J-R me daba *feedback* instantáneo. A veces nos decía: "No te disculpes, solo cambia el comportamiento".

Mientras revisaba todas las cajas para empacar, encontré muchos papeles y otras cosas. Por ejemplo, había una gran oración de nuestros organizadores *Time Design* que envié a John, preguntando "¿Quién escribió esto?". Él respondió: "Yo lo hice".

ORACIÓN

Padre Madre Dios
Rezo por la luz del más alto bien
que me llene, rodee y proteja.
Pido la presencia del Viajero Místico
y la Conciencia del Preceptor para iluminar mi
ser completamente en todos los niveles
como una conciencia consciente.
Pido que cualquier negatividad dentro de mi conciencia

sea colocada en la luz más alta; que se transmute,
elimine y despeje a la más alta velocidad.
Que mi conciencia sea restaurada
y establecida en el reino del Alma.
Pido que cualquier bloqueo que se interponga entre
John-Roger y mi Ser sea removido.
Pido el discernimiento para traer presente
la mayor bendición de Dios.
Pido la fuerza para llevar a cabo
las elecciones que responden a mis plegarias.
Me perdono por cualquier transgresión pasada
en contra de la Perfección de Dios.
Pido que la Chispa de la Alegría sea reavivada
y sostenida en mí.
Que mi presencia traiga aún más alegría
y paz a John-Roger y todo lo demás.

AMÉN AMÉN AMÉN

Esos *Time Designs* eran los sistemas de vanguardia en los años ochenta, mucho antes que los teléfonos inteligentes y Google. Si eras sofisticado, tendrías la genial agenda organizadora con cierre de cremallera. Había algo llamado Capacitación MAP con David Allen para clarificar tus próximos pasos, que eventualmente se convirtió en el sistema de David "Cómo hacer las cosas". El decidir cómo comenzar tu día con *Time Design* era como un campo minado de una matriz. A medida que la tecnología cambió, tuvimos más dispositivos electrónicos en la casa, como el Trio y la Palm Pilot. Hoy, aún se puede aplicar el mismo sistema a tecnologías en evolución.

¿Experiencia o información?

Pero en aquel entonces todo estaba en el papel. Todas las mañanas, recibíamos el horario de J-R de uno de sus asistentes, lo imprimíamos y lo pegábamos con cinta adhesiva en la puerta corrediza de vidrio de su habitación. Dejábamos rastros de papel por el pasillo para acordarnos de recogerlo y comenzar nuestro día. Ese era nuestro secreto. A medida que las personas envejecen y olvidan las cosas, poner una nota en el suelo, como "cita con el médico a las 10 a.m.", puede ayudarles a recordar, porque lo notarán allí y lo recogerán. Me encantaba dejar notas debajo de la puerta de J-R; era una manera increíble de mantenerlo actualizado sobre mi paradero mucho antes de que existiera el envío de mensajes de texto y los teléfonos inteligentes. Él me llamaría más tarde y planearíamos encontrarnos.

Hace años, J-R me sugirió, en persona y en sueños, que usara la prueba muscular o kinesiología. A inicios y durante 1988, cuando yo tenía 23 años, J-R me llevaba con él a sus visitas al doctor Ed Wagner, que me presentó esta técnica por primera vez. El doctor David Denton haría un trabajo craneal en nosotros. En un viaje a África, cerca de Victoria Lake, vi a Bertrand Babinet hacer este profundo trabajo con J-R, como parte de su práctica de Babinetics. Para entonces parecía que todos en MSIA habían comenzado a usar la prueba muscular, pero yo era muy reticente y evité usarla durante muchos años. Por alguna razón, era fastidioso para mí en ese momento, así que me rebelé contra eso. Pero finalmente comencé a usar la prueba muscular en los Programas de M.C.E. y D.C.E. y me encantó. Ahora todavía la uso en mi vida, aunque puedo verificar energéticamente en mi interior, sin usar brazos, manos o dedos.

Michael Hayes trabajó mucho tiempo con J-R, a veces durante 17 horas seguidas. Fuimos testigos de ello, especialmente Nat Sharratt. Cuando yo era joven observaba y pensaba: "Esto es una locura". Pero así trabajaban ellos. Finalmente, tomé el programa de doctorado en Ciencias Espirituales (D.C.E.), completé mi Tratado Práctico y me gradué. Ahora creo que la prueba muscular es la técnica más asombrosa que jamás haya existido, soy realmente bueno para ello y me encanta hacerlo.

En 2012, J-R me pidió que subiera al escenario en el retiro Vivir en Gracia y no lo hice; de hecho, me molesté mucho con él. Todos estábamos reunidos alrededor de su cama cuando le pregunté: "Oye, ¿puedes subir al escenario? La gente quiere verte". Él dijo: "No, hazlo tú". Le dije: "Eso es ridículo y no lo voy a hacer". En parte me sentía indigno y en parte quería disculparme porque estaba concentrado en la actuación y quería hacer eso. Esa fue probablemente la última oportunidad que J-R tuvo para subir al escenario. Eventualmente, subí esa noche al escenario para cantar y contar esta historia al grupo. Desde entonces he seguido levantándome para compartir en escenarios, en seminarios en casa, eventos de libros o donde sea, porque entendí, en ese momento, que J-R me animaba a hacer esto cada vez más y más.

Me enseñó muchas cosas que todavía se filtran internamente. Con el paso de los años, cuando la gente llamaba a Mandeville, J-R indicaba: "Levanta el teléfono", y yo tenía que traducirle lo que decían. Después de un tiempo, se volvió automático. Yo tenía una plantilla de situaciones similares, porque aprendí del Maestro. Ahora, cuando la gente viene a hablar conmigo es diferente, porque me relaciono como yo mismo.

Nunca estuve en el personal del Movimiento del Sendero Interno del Alma (MSIA). Fui parte del personal de John-Roger y trabajé durante 29 años con un voto de pobreza; 26 años mientras J-R estaba en el planeta. Me cuidaron muy bien en ese periodo. No soy yo quien intenta hacer nada o hacerme cargo de ningún karma; solo soy un iniciado de John-Roger. Sobre mí está J-R y el Cristo, y si algo se pone difícil, se lo doy a John-Roger. "Tú lo tomas". Juntos podemos hablar sobre la liberación de las cosas y se va hacia el Espíritu.

¿Experiencia o información?

Momentos con J-R en Japón, 1998

Los sueños de un Maestro

Dicho esto, no voy a ir a ninguna parte. Estoy aquí para servir. Me encanta ir a iniciar personas para John y J-R. Entonces, si hay algo que yo pueda hacer, avísame. ¿Tienes alguna pregunta?

Pregunta: ¿Puedes hablar sobre tu libro?

Respuesta: Mi libro se llama *El Amor de un Maestro*, nombrado así después de los seminarios que hizo Ishwar Puri con ese título. He visitado a Ishwar y su esposa, Toshi, varias veces. Son sijs que nacieron en India y siguen a Sant Mat. Ishwar fue un iniciado de Sawan Singh, un Viajero Místico, y Toshi es una iniciada de su sucesor, Jagat Singh. Ishwar me contó la historia de Yogi Bhajan que le pidió hacer el seminario "El Amor de un Maestro", lo cual hizo. Le dije: "Voy a robar eso", porque J-R amaba a Yogi Bhajan.

Es fascinante hablar con alguien de una religión diferente que tiene las mismas prácticas espirituales originadas en el camino de los Maestros de Sant Mat. Viajaba en un taxi con un conductor sij y le pregunté: "Oye, tú haces lo mismo que nosotros, ¿verdad?".

Él respondió: "¡No puedes decirlo en voz alta!".

"No, no lo digo en voz alta, pero es lo mismo, ¿verdad?".

Él dijo: "Sí, lo mismo".

En esencia, *El Amor de un Maestro* es realmente el corazón que J-R nos dejó a todos, pero hablo de mis propias experiencias. Podrías leer el libro y estar en desacuerdo con él, ya que es mi propio punto de vista. Tuve mucha ayuda con la transcripción, edición y revisión en el camino.

Comparto muchas pequeñas anécdotas sobre salir con J-R en privado. Una de las historias que no apareció en el libro fue sobre Liza Minnelli. J-R amaba a los artistas, los actores y las

¿Experiencia o información?

películas; de alguna manera, era invitado a las más extrañas fiestas de Hollywood. Durante un tiempo, a principios de los noventa, fuimos todos los fines de semana a la casa de Liza Minnelli, que servía cocteles y cantaba canciones durante toda la noche, con su esposo que tocaba el piano de cola. Ella imitaba los eventos de conciertos en casa de Sammy Davis Jr. Muchas canciones de Liza fueron escritas por amigos, muchos de los cuales no habían sobrevivido la crisis del sida. Los compositores en la fiesta dirían: "Sí, escribimos esa canción" o "Mike escribió esa. Él murió hace siete años". Scott Baio, quien interpretó a Chachi en *Happy Days*, también asistía a estas reuniones. Solo estábamos allí, pasando el rato con Liza Minnelli. Esto no fue incluido en el libro porque no hay nada importante de ello, excepto que es una historia genial.

Siempre recuerdo las cosas que hice con J-R, como llevarlo a diferentes lugares, especialmente los viajes nocturnos, de los que hablo en el libro. Ahora recuerdo otros detalles cuando veo seminarios. "¿Qué está usando? Oh sí, ese reloj! Nat le puso esa corbata". O "Claro, eso es cuando no queríamos cortarle el pelo. Tiene el pelo largo y rizado". O "esa fue una noche horrible. Fuimos a *Izzy's Deli* y su ojo estaba hinchado". A veces, mirar seminarios es casi como tener PTSD (Trastorno por Estrés Postraumático).

En Navidad de 2004 estuvimos despiertos toda la noche con Michael Hayes en su casa de Topanga Canyon, después del gran terremoto de 9.1 y el tsunami que azotó Indonesia. Michael y J-R pasaron 10 horas localizando, nombrando y despejando la fuente de la negatividad para dispersar la energía en la isla de Krakatoa usando la Luz del Cristo y del Viajero, desde las 5 p. m. hasta las 5 a. m. del día siguiente. Luego fuimos a desayunar a Jerry's Deli por la mañana. Ese es el tipo de aventura salvaje que incluí en mi libro, aunque no compartí esta historia exacta en *El Amor de un Maestro*.

Viajar ahora es como perseguir la emanación de J-R, por así decirlo. En realidad, hay un perfume o aroma que es el Espíritu, que es lo que yo persigo; está realmente allí. Este aroma es muy fuerte en el edificio 2101, PRANA y Mandeville. Cuando viajo y huelo el perfume, la ambrosía, pienso: "¡Sí! Por eso vengo aquí". Estuve en la URSS con J-R en 1988, donde muchos de nosotros nos emborrachamos con el Espíritu. Tuvimos una escala en Amsterdam. A J-R le encantaba pasar por el Barrio Rojo y plantar la Luz.

Como escribí en el libro, nunca llevé a J-R a pasear por Beverly Hills ni a barrios ricos. Él diría: "Dobla a la derecha aquí", y le respondíamos: "J-R, estamos en el gueto". "Gira a la izquierda aquí. Sigue derecho y detente allí. Tráeme dos donas y un éclair. ¿Cómo diablos sabía dónde encontrar ese lugar? Esto fue antes del GPS y no tenía un mapa. J-R también era excelente para encontrar lugares de estacionamiento. El otro día llevé a John Morton al aeropuerto y empezó a hacer lo mismo que hacía J-R, comenzó a darme instrucciones: "Derecha aquí e izquierda allá". Es curioso, porque ambos éramos conductores de J-R y ahora también conduzco para John. Eso fue producto del entrenamiento que ambos tuvimos con J-R.

P: John mencionó en el último viaje a Israel, que J-R se le acercó y le dijo: "Me estoy muriendo". ¿J-R les habló a ustedes sobre eso?

R: Tendría que concedérselo a John. Un Viajero siempre sabe cuándo va a morir, por lo que probablemente se lo dijo a John. Sin embargo, nosotros lo intuimos; estábamos en el día a día. Por supuesto, él necesitaba decirle a John, quien estaba allí afuera haciendo el trabajo. Mientras tanto, nosotros, como personas a su servicio, estábamos en la burbuja. Le dije a Nicole: "Movería montañas por J-R". Simplemente sabes que está llegando el final. Sabes cuando las "ruedas" se están desprendiendo, por lo que Nat y yo no podíamos apartarle la vista.

Podrías haberlo visto en la Conferencia de ese año, en el video donde se ve tan débil. El trabajo de Nat y el mío era acompañarlo hasta el final. Le preguntaba a J-R: "¿Quieres hacer esto hasta que las ruedas se caigan?". "Sí", respondía. Él estaba entero allí, pero lento. Y luego me indicaba que me acercara, se inclinaba hacia mi oído y me decía: "¿Te estás cuidando?". Admito que mi ego estaba definitivamente involucrado. Solía decirle a J-R: "Mi ego está por todas partes", y él decía: "Necesitas tu ego para hacerlo". ¿No puedes matar al ego, sino quién lo va a hacer?

Teniendo en cuenta eso, estaba comprometido a terminar las reservas para los viajes a Israel y llevar a J-R allí. Casi falleció tres veces ese año, pero Nat y yo simplemente no lo permitiríamos. De alguna manera loca, él no se iría hasta que supiera que yo estaría bien. En Israel, J-R se ocupó de mí al hacer de casamentero (como Yente en *El violinista en el tejado*, que le encantó) al establecerme con Nicole. Me enamoré; por primera vez en 26 años, no estaba completamente enfocado en él. Y entonces se fue. Él no podría irse de otra manera. Pensar en esto me pone la piel de gallina.

A veces me preguntaba: "Bueno, ¿lo creé yo? ¿Lo creó él? Mirando hacia atrás desde una perspectiva superior, puedo ver que él definitivamente me tendió una trampa. Mientras estaba atrapado en los niveles astrales/causales de dolor, no sabía nada. Me sentí horrible, lo que gatilló un patrón de victimización que era parte de mi infancia. Luego entré en pánico y culpé a todos. "Oh, no, ¿cómo puedes hacerme eso?". Una vez que salí de ello, pude ver toda la situación de arriba abajo y reconocí que J-R me dejó cosas invaluables, regalos internos que valían mucho más que el dinero.

Cuando viajé por el mundo poco después de la transición de J-R, la mayoría de las personas que conocí en las comunidades locales de MSIA pasaban por lo mismo. Hice mucha consejería espiritual. Algunas personas expresaban la pérdida de J-R con sentimientos heridos, mientras que otras lloraban en silencio. Todos estaban afligidos porque "Papá" había hecho la transición al Espíritu, y todos los hermanos y hermanas tenían desacuerdos, mientras que el "hermano mayor" John hizo todo lo posible para tranquilizar a toda la familia. Después de dos años, esas emociones desenfrenadas finalmente se calmaron, al menos en mí. J-R siempre dijo que cualquier situación requeriría de dos años para una total claridad y comprensión. Así que me di un descanso y a todos los demás también.

Las cosas están bien ahora. Por supuesto, no es lo mismo, porque J-R era el Hombre. Pero sé y he tenido la experiencia de que podemos acceder a J-R cuando queramos, y nos ayudamos unos a otros con eso. John lo está haciendo realmente estupendo, manteniéndolo todo. Es una roca. Por eso J-R lo eligió a él. J-R eligió a los tres copresidentes del MSIA, a mí y a cada uno de nosotros. Y ahora, yo lo elijo de vuelta.

J-R solía decir algo que me volvía loco. Sentía que él se desapegaba de mí y luego decía: "La libertad que te doy es la libertad que yo tomo". "¡Ugh! Qué significa eso? ¿Pasó algo? ¿Te estás deshaciendo de mí?". Seguía dándome más soga y tenía que tener cuidado de no colgarme con ella. Pero ahora, esa es la forma en que yo veo todo lo que hago. La libertad que les doy a todos es la libertad que yo tomo. Así que tomo mi libertad y estoy muy contento de estar aquí. Cuando lanzo mi libro me presento como autor. No me agacho ni me escondo. Quiero hablar de J-R como mi Maestro, porque él es nuestro Maestro. Las cosas que se me están revelando ahora sobre J-R son increíbles. Los Maestros dicen que conoces a un Maestro cuando habla desde su totalidad. J-R era la totalidad. Él era la suma de eso. Y a través de su manifestación de la Conciencia Preceptora y de Cristo, fue a un nivel más alto aún.

Mientras J-R estaba en transición, la sala de estar era una bola masiva de energía de Luz pulsante, con él en el vórtice. Cuando entré en esa habitación, todas mis "cosas" desaparecieron. Vi líneas de todos nosotros, como sus iniciados, acercándose a él por encima de los 27 niveles. Un antiguo ministro de MSIA nos dijo a Nicole y a mí algo sobre esto cuando lo visitamos recientemente en Santa Bárbara. Dijo que si Cristo era el puente que nos conectó a todos a nivel del Alma, J-R fue el puente que nos llevó al nivel 27 y más arriba. J-R se expresó a través de su boca, y fue el momento más misterioso y místico de Windermere. Yo estaba llorando. Solía

¿Experiencia o información?

juzgar que este tipo como bastante "excéntrico", pero es un ser hermoso con el que me contacté cuando J-R me dijo internamente que lo escuchara. Entonces estoy escuchando.

P: ¿Cómo llegaste a MSIA?

R: Definitivamente fui guiado por John-Roger, allá en 1986. Una niña de mi seminario Insight II me dio algunos de los primeros libros de John-Roger. Luego, no mucho después de mi graduación, mis facilitadores Lawrence Caminite y Terry Tillman dijeron que necesitaba leer Disertaciones. Me pregunté: "¿Qué está pasando aquí? Sea lo que sea, tengo que hacerlo". Poco después, en los seminarios en casa de Lawrence conocí a Ruben Paris, quien me vendió cintas de casete con los cánticos grupales de Ejercicios Espirituales, que misteriosamente después de escucharlos fueron borrados. Podría jurar que un día tenía los canticos y estaban vacíos al día siguiente. Él dijo: "Te amo; te conozco de otra vida". Yo también lo amaba y lo reconocí de algún lugar lejano. Fui arrastrado para hacer el circuito de seminarios en casa, de manera que fui a los seminarios de MSIA de Laren y Penélope, me enganché y me suscribí a las Disertaciones.

Años atrás, en 1980, a la edad de 16 años, había asistido a un seminario para adolescentes en la casa de Leigh Taylor-Young con David Raynr y Joey Hubbard (quienes, junto a su madre, Patti Rayner, me apoyaron durante mi proceso gradual de entrar en el Movimiento). Mucho antes de conocerlo en persona, quedé anonadado al ver una foto de John-Roger con un traje blanco de tres piezas sobre la repisa de la chimenea en la casa de Leigh. Como compartí en el libro *El Amor de un Maestro*, vi por primera vez la forma radiante de J-R a los ocho años y luego a los 12, exactamente con el mismo traje blanco. Mucho más tarde, J-R confirmó que me había mostrado su forma radiante durante mi infancia, como hacen muchos maestros. Sin embargo, después de ese primer seminario, estaba tan conmovido y sacudido que no regresé hasta que estaba en mis veinte. Me encantaba la energía y le tenía miedo al mismo tiempo.

Solo después de su muerte comencé a comprender la forma radiante de J-R. Si realmente escuchas las palabras de la meditación Luxor, él dice: "La forma radiante está por encima de ti". Entonces me di cuenta: "Estaba allí con J-R". Hizo varias meditaciones en el Templo de Luxor en Egipto en los viajes de PAT IV, pero estuve presente en la de 1988, que se transformó en la grabación.

Después de entrar a Disertaciones comencé a estudiar cada vez más, a escuchar sus primeros seminarios; si no los han escuchado en mucho tiempo, se los recomiendo. Habla sobre todo tipo de cosas esotéricas, como Radha Swami, Shabd yoga y los niveles espirituales, bastante intenso para un neófito. El facilitar las maratones de video de J-R me ha ayudado enormemente, porque uso los seminarios de antaño que hizo en PRANA durante varios años. Claro, puedo jugar a ser un vaquero con J-R en Windermere después de 1988, pero está ese seminario de los setenta con J-R en el traje de tres piezas explicando todos los niveles; cuando los experimentas personalmente puede ser impresionante. Todavía hay bastantes personas alrededor que tuvieron la bendición de asistir a esos primeros seminarios. Después de 40 años, ves a esas mismas personas en el video y en la sala donde proyecto los seminarios de J-R. Es una extraña conciencia alucinante.

En 1988 asistí a un seminario de MSIA en Florida, en la casa de Lin y Larry Whitaker y compartí que quería trabajar para John-Roger. Hablando sobre ese recuerdo con Lin 29 años después, dijo que yo había estado imparable. De hecho, sentí que estaba en llamas: sabía lo que quería tan claramente y, por mi experiencia en el negocio de la actuación, sabía que la intención era más importante que el método. El método aparecería una vez se estableciera la intención. Más tarde aprendería de John-Roger que el Espíritu te encuentra en el punto de acción.

¿Experiencia o información?

Lin preguntó: "Oh, ¿sabes lo que está pasando en Los Ángeles?".

"No", le respondí.

"Bueno, John-Roger le ha pasado las llaves de la Conciencia del Viajero a John Morton".

Tan pronto ella me dijo esto, sentí frío y sentí que alguien me había golpeado en el estómago. "¿Qué?".

Era como si volviera a ser un niño angustiado y aterrorizado. Esa noche llamé a J-R desde la casa de mi padre, llorando. Estaba deprimido por permanecer en Florida, sin hacer lo que tenía que hacer, cuando preferiría haber estado en Los Ángeles con J-R. Unos días antes había hecho una audición para un papel en una película en Nueva York, que finalmente conseguiría. Como expliqué en *El Amor de un Maestro*, las ganancias de ese papel me ayudarían a terminar de pagar el viaje de verano del PAT IV a Oriente Medio. Cerca del término de ese viaje, finalmente, me invitaron a unirme al personal de J-R.

Cuando tuve mi tercer balance de aura ese mismo año, antes de hacer el viaje PAT IV, conduje a 100 millas por hora a Las Vegas para llegar a tiempo. J-R entró físicamente en la habitación y tocó las puntas de mis pies. Luego, cuando J-R trascendió a los Reinos del Espíritu, yo estaba tocando las puntas de sus pies mientras John sostenía su cabeza. Fue una visión que experimenté cuando J-R estaba listo para abandonar el planeta. Yo era el líder de su Directiva de atención médica y no quería dejar entrar a nadie.

Durante mis primeros años, al cuidar a J-R aprendí con él a no moverme hasta que la duda desaparece, incluso hasta la muerte. El ancho de banda entre lo que está claro y lo que no está claro es enorme. Ya sea que se cierre o se aclare. Nunca más necesité hacer una prueba muscular... todo está dentro de mí. "¿Quieres ir a comer?". "No". Así de rápida es la toma de conciencia o conocimiento. No necesito verificar entre esto y aquello, no hay juicios a quienes lo hacen. Unos días antes, John me invitó a subir y compartir frente a un grupo. Tan pronto como John me llamó por mi nombre, de inmediato vi una visión e intuitivamente supe que necesitaba que John me dijera algo. Cuando él lo hizo, vi a John a la cabeza de J-R, el trino de la presidencia de MSIA ("Prez") –Paul Kaye, Vincent DuPont y Mark Lurie–, a su lado derecho, Nat a su izquierda y yo a sus pies. Entonces, cuando llegó el momento de la transición, eso fue lo que hicimos; Fue una experiencia increíble.

Cantamos el tono Hu y tocamos las viejas canciones de MSIA de Michael Sun. Fue increíble ver a John, como el Viajero, llevar a otro Viajero al otro lado. Recuerdo que durante un viaje de PAT IV, J-R como que me abofeteó y dijo: "¡No quiero que te vayas por los pies!". Al principio no sabía a qué se refería, luego me di cuenta de que cuando las personas quedan inconscientes, pueden caer y salir, ya sea por sus pies o por su corona. Cuando te vayas a dormir, asegúrate de cerrar los pies. Entonces dije: "Yo voy a tomar los pies. Nada vendrá por aquí". La Prez se mantuvo fuerte, Nat se mantuvo fuerte y John trajo presente la fuerza del Viajero.

J-R había dicho que quería ser incinerado tres días después de abandonar su cuerpo. Pero legalmente, no puedes incinerar a alguien en ese momento, porque hay que enviar un papeleo para aprobación. Lo hice en siete días. Nat y yo vimos su cuerpo cuando entró en el crematorio. Algunos de los devotos de Yogananda solían decir cuán vibrante se veía su Maestro después de su muerte. J-R en realidad parecía ciento por ciento mejor y más saludable en el camino a la cremación que cuando falleció. Sus mejillas estaban rojas, sus ojos claros, y era como si todavía hubiera alguien allí. Ese recuerdo me pone la piel de gallina. Nat y yo besamos a J-R y luego lo quemamos. Éramos simplemente soldados, nosotros dos, cumpliendo con nuestras obligaciones. Pero después tuve TEPT por un tiempo. Durante el primer año, cada vez que tocaba los mangos de su silla de ruedas, empezaba a llorar. Podía ver fotos

¿Experiencia o información?

de J-R o su ropa, y nada. Pero cuando tenía que mover la silla de ruedas, lloraba. Allí se quiebra el soldado. En USM me quebré aún más. No creo que nadie haya sobrevivido a la pérdida de J-R intacto. He visto que la mayoría de las personas en nuestras comunidades de todo el mundo todavía están heridas. Es una herida que necesita amor y curación. Esto probablemente proviene de un lugar del ego, porque reconozco que mi ego se quedará aquí mientras mi Alma y mi conciencia se van. Entonces, son mi ego y mi pequeño niño interno los que extrañan a J-R.

P: ¿Dijo J-R lo que quería hacer con sus cenizas?

R: No, fue una decisión por defecto. Pensábamos en Bora Bora, Tahití, porque era el lugar favorito de J-R, pero dije: "Bueno, no podemos darnos el lujo de ir allí". John dijo: "Iré a Bora Bora y me ocuparé de eso". Sin embargo, cuando entré en mi interior, estaba claro el esparcir sus cenizas en nuestro retiro anual de Viviendo en La Gracia, celebrado en el Asilomar Conference Grounds en el área de la bahía, que era el segundo lugar favorito de J-R. Nos dimos cuenta de que, si bien no todos pueden llegar a Tahití, sí pueden venir a Grace, por lo que habría más personas presentes para disfrutar de la energía y participar en el proceso. Todos salimos juntos en un bote y dimos las cenizas al hermano y la cuñada de J-R, Delile y Elda Hinkins, para arrojarlos por la borda a la bahía de Monterey. Al soltarlo, sentí que el mundo se volcó para mí. Pero ahora que miro hacia atrás, todo fue perfecto. J-R me dejó muchas cosas aquí, adentro. Tengo mi ego y eso está bien. Y tengo mi Alma y eso está bien.

Sin embargo, quiero devolver y dar aún más. Recientemente, un antiguo suscriptor del MSIA solicitó un asesoramiento espiritual. El Espíritu me dio una ayuda y preguntó: "¿Quieres hacer esto?". Le dije: "Sí, lo haré". Y J-R volvió a hablar a través de este sabio veterano de MSIA. Eso me sacudió y reconocí lo poderoso que era. Así que ahora me mantengo atento para averiguar a través de quién habla J-R, puede ser cualquiera en el Movimiento que esté conectado a la Corriente del Sonido, e incluso aquellos que no lo estén. Creo que alguien que escucha el nombre de J-R o ve su rostro en una foto se inicia.

P: Recientemente fuiste a Bulgaria. ¿Cómo encuentra la gente el MSIA en Bulgaria?

R: Insight Seminars está activo y es fantástico allí. Aquí en Los Ángeles la gente pregunta: "¿Cuándo es el próximo Insight?". Insight en Bulgaria dice: "¡Ahora!". El mundo está cien veces más hambriento por este trabajo ahora, al igual que los estudiantes originales de J-R en los años setenta. Por lo que escuché en ese entonces, la energía era turboalimentada, con personas disparadas por la casa de Light Castle en Whittier, luego la adquisición de PRANA y la construcción de la propiedad Lake Arrowhead. Bulgaria tiene esta energía ahora, Rusia la tiene y Aruba en Sudamérica la tenía hace unos 10 años. En 2007, quinientas personas de Insight Aruba vinieron a ver a J-R. Simplemente aún continúa y es increíble.

P: Por lo general, comienzan con Insight, probablemente en Europa, y luego entran a MSIA, a las enseñanzas espirituales, ¿verdad?

R: ¡Sí! J-R tenía razón. Russell y J-R establecieron eso hace 40 años. Estoy en MSIA porque hice Insight primero. Esos seminarios de Insight y cursos de USM te abren para que te conectes a la Corriente del Sonido. Los talleres de Michael Hayes también son geniales. Él ayuda a presentar a los invitados (muchos de los cuales son estudiantes y graduados de USM) a la conciencia espiritual, a descomprimirlos y luego los lleva al MSIA. Muchos otros ministros del MSIA ahora brindan grandes oportunidades para experimentar a J-R internamente a través de sus ministerios externos,

¿Experiencia o información?

incluidos Alisha Hayes, Zoe y Eric Lumiere, Richard Powell, Greg Stebbins, David Allen, Cheryl Mathieu, Ed Wagner, Bertrand Babinet, Bryan McMullen, Melba Alhonte, Robert Waterman, Karey Thorne, Nat Sharratt y muchos más, la lista es larga.

La Universidad de Santa Mónica continúa expandiéndose. Su programa es poderoso e informativo de una manera experimental. Voy a tomar Conciencia, Salud y Curación (CHH) este año [Nota Ed.: Jesús se graduó de CHH en 2018]. Muchos estudiantes y graduados de USM están al margen de MSIA y J-R. Es divertido estar en una clase o evento de USM en el que alguien compartirá: "Hombre, salí y vi a J-R. Había púrpura en todas partes. ¿Qué tengo que hacer?". Y luego Mary le dice: "Solo búscame atrás en el descanso. Hablaremos". Y de repente, se están suscribiendo a las Disertaciones.

En USM trabajan con Robert Holden, autor con éxito de ventas que habló en mi graduación y luego promocionó *El Amor de un Maestro* con su esposa, Hollie. A menudo menciona a Juan el Bienamado y a Francisco de Asís, lo que me recuerda uno de los seminarios grabados de J-R sobre Juan y Francisco. Robert ama a J-R y apoya a los doctores Ron y Mary Hulnick. Creo que esto es una gran cosa, por ser más joven, con un seguimiento más joven, lo que ayuda a mantener la energía de J-R en movimiento. Todos estamos ahí fuera. Nat Sharratt está haciendo cosas y yo estoy haciendo cosas y viajando por todo el mundo. Incluso iré a Siberia pronto.

Ir al terminal en LAX (Los Ángeles) es emocionante. Ahora tengo Entrada Global. "¿Mantengo mis zapatos puestos? Gracias TSA ¡Gracias J-R!". Tan pronto como llego a la puerta me siento como un niño pequeño que viaja con su padre, J-R. Por eso viajo. Andar como trotamundos es terapéutico para mí. Sentado en un avión miro por la ventana y estoy con J-R o con John. Todos solíamos estar en la carretera seis meses al año, constantemente. No hay nada mejor. En Moscú mostraré la película *El Viajero Místico* el 28 de septiembre, luego en Siberia el 30, y en Londres el 6 de octubre (mi cumpleaños). De allí regreso a Alemania y tal vez continúe. J-R y John han sido mis mentores para viajar durante muchos años varios meses al año, sirviendo y compartiendo las enseñanzas en todo el mundo.

P: ¿Cómo es MSIA en Alemania?

R: John estuvo recientemente allí. Hay unos pocos suscriptores de Disertaciones. Está cerca de Suiza, donde hay una pequeña comunidad y un representante de MSIA. La gente en Alemania es superespiritual.

P: Entonces ¿no viajas con John, haces todo por tu cuenta?

R: Es una cuestión de ir adentro y consultar con J-R dentro de mí para preguntar qué es verdadero para mí, y no estaba claro ir a España [en septiembre de 2017]. Israel estaba claro. Quería trabajar con John en Italia para una parte del viaje, pero el Espíritu me indicó que regresara a Israel.

P: Cuando desperté esta mañana me sentía bastante bien. Me levanté y me sentí horrible. Sé que no era físico; necesitaba preparar la casa para esta visita hoy. Así que escuché algunas meditaciones, pero eso no lo estaba alineando. Entonces dije: "J-R, ayúdame aquí", y vi la meditación *Viaje a Través de los Reinos del Espíritu*. Cuando regresé de la Meditación, me sentía realmente bien. Solo quería compartir esta experiencia y decir cuánto te aprecio. Te quiero. Realmente disfruto tu alegría y el amor que tienes por J-R, y que estás haciendo este trabajo...

R: Sí, es importante que todos se despejen de lo que está sucediendo en el mundo. J-R y John nos usan, por si aún no lo sabías. Si

¿Experiencia o información?

te empiezas a sentir mal, enciende CNN y te darás cuenta por qué. No eres solo tú siendo absorbido por tu propia vida. Como iniciados, estamos aquí para ser canales conductores. J-R dio un seminario público llamado "Re-Creación: Conducir la Energía Divina". Lo recomiendo.

Estamos siendo utilizados aquí. Todos son iniciados, todos están conectados. Lo que significa que, en un grupo, especialmente cuando John lidera uno de los viajes como Viajero, eso está en marcha. A veces puede ser aún más intenso para las personas que viven más lejos. El Espíritu dice: "Vamos a usarlos, parecen estar cómodos allá arriba. ¡Venga!". Entonces este iniciado está activado y ese iniciado está activado y tal vez me ponga un poco irritable o algo sucede. En el proceso de despeje, J-R y la clase de D.C.E. sugieren preguntar: "¿Es esto mío o es de otro?". Esa es la pregunta número uno. A menudo no es tuyo. Podría ser de tu cónyuge, porque duermen juntos.

He aprendido que en una relación tratas con dos conciencias y dos conjuntos de karma. Recientemente aconsejé a una pareja. El chico estaba preocupado por algo, se lo pasó a su compañera y ella despertó al día siguiente con un resfriado. Si ella tenía problemas, él agarraba el resfrío. Por eso, cuando lo despejas verificas: "¿Es de ella o mío?". No pretende ser un juicio negativo. No le dices a tu pareja en público: "Me atacaste anoche". Simplemente, despéjate como el ministro de la familia. "Está bien, me hice cargo. Excelente. Es su asunto. Déjame enviarle la Luz". O tal vez descubres que es tuyo, después de todo.

También puedes recoger cosas del mundo mientras miras las noticias o lees titulares en línea. A algunas personas les gusta quedarse despiertas hasta tarde. Eso es porque hay una parte que elige estar despiertos hasta tarde para trabajar el karma. Esos son los "Vigilantes nocturnos". No es broma. Es como ser el observador del universo, porque todo es mucho más tranquilo por la noche. Cuando finalmente te duermes, puedes despertarte a las 6 de la mañana para enterarte de un gran terremoto o ataque terrorista. Mientras estamos en el tema, creo que todos deberíamos enviar amor y Luz a Trump. No estoy en contra ni odio a nadie. Creo que es bueno para nuestro país porque él nos hace sacar el Amor. Gracias a él vamos a terminar eligiendo nuestra mejor naturaleza y las partes más elevadas de nosotros mismos. Necesitamos amar, no odiar.

No veo nada más que grandes demostraciones de amor y espero que podamos impulsar ese amor. No quiero ser político, solo creo que la oposición no funciona. Hace poco escuché a alguien decir: "No quiero que se vaya, porque quiero ver la cabeza de la serpiente". La negatividad es la cabeza de la serpiente. No vamos a hablar mal de la negatividad. Ponle Luz. Hablemos de esto. Vamos a limpiar los pies. El papa Francisco ha lavado los pies de personas de todas las razas y orígenes. Necesitamos más de eso, más amor. Solo quiero amar a todos, no soy alguien que odia. Incluso, cuando Trump ganó, yo no era un enemigo. Fue como si entraran los vientos del cambio. Lo que lo cambió dentro de mí fue que me pregunté: "¿Y si el Espíritu eligió a Trump?". Si el Espíritu permitió que Trump ganara, entonces estoy de acuerdo.

Si tengo un problema no resuelto, como USM lo describe, voy a andar quejándome por ahí en el mundo. Claro, tengo problemas, pero no me voy a quejar, ya acabé con eso. Solo quiero hacer un trabajo constructivo. Quiero moverme. Si un iniciado necesita su próxima iniciación, voy a ir y hacer eso para ellos. Necesitamos Disertaciones en Venezuela. Vamos. Giremos, alejémonos de la oposición, esa es mi filosofía. Facebook se volvió realmente loco cuando Trump ganó. Yo pensaba: "Necesitamos amar y no juzgar", para poder mover la energía. Martin Luther King dijo algo parecido a esto: "No puedes luchar con odio contra el odio". Especialmente como iniciados, necesitamos hacer presente el amor. Somos tremendamente poderosos en nuestra naturaleza positiva. Solía decirle a J-R: "Siento que te estoy agrediendo". Él decía: "No

¿Experiencia o información?

eres así de fuerte, no eres así de poderoso". Eso realmente aplastó mi ego en el buen sentido y me acalló de una vez. No somos así de poderosos. Solo haz el trabajo.

P: Sentado aquí, recuerdo cada vez que te he visto, en especial desde que J-R se fue, cuando te veo, puedo sentir que él te ama. Me conmueve tanto que es casi difícil decírtelo ahora sin llorar, pero estoy muy agradecido de que tú y Nat hayan sido elegidos para estar allí con J-R.

R: Yo también. Todavía me recrimino al pensar: "Dios, estaba con el Tipo que tenía todas las respuestas. Estaba con el Ello, la Escencia de Dios ¿Qué hice? ¿Por qué no pude hacerle todas esas preguntas?". Me doy cuenta de que sí las hice, pero él no me dio las respuestas. No me las daría. Era muy inteligente. Yo preguntaba: "¿Qué hay de esto? ¿Necesito saber sobre aquello? Y él diría: "Acabas de matar cuatro universos". "¿Qué?". "Acabas de matar a otro. Cállate y tráeme un sándwich de atún". Esa historia es relatada en el libro *El Amor de un Maestro*. Una vez, mientras J-R cambiaba los canales de televisión, me acerqué a él y le dije: "Oye, ¿puedo preguntarte algo?". "Sí". "Mira, acerca de mi iniciación, voy a sentir...". Me interrumpió. "¿Puedes darme un sándwich de atún? Asegúrate de tostarlo y agrégale un poco de *pepperoni*. Luego, córtalo en cuatro". Regresé con el sándwich y continué: "Aquí, J-R... así que de todos modos...". "Oye, ¿puedes poner algunas papas fritas a esto?". "Entonces, J-R, me preguntaba...". "¿Puedes conseguirme un Arnold Palmer?". "Está bien, J-R, un Arnold Palmer". Luego me senté y comencé de nuevo. "Quería saber si llego al nivel etérico...". "Espera un segundo... ¿puedes llamar a Betsy? Necesito algo". Para entonces, solo pensé: "Olvídalo, hemos terminado".

Sin embargo, Timothea Stewart podía obtener cualquier cosa de J-R, en todo momento, 24/7. Salimos a cenar cuando Timothea comenzó con una pregunta como "J-R, ¿quién creó el universo?". Entonces J-R discurría durante dos horas seguidas en el restaurante.

Era famoso por despejar restaurantes. A las 8:00, cuando estaba lleno, J-R miraba a su alrededor y decía: "Voy a despejar este restaurante para las 10:00". Efectivamente, a las 10:00 estaba completamente vacío, excepto por nosotros y los camareros, que nos miraban como si quisieran que nos fuéramos. Pero en ese punto J-R seguía dándonos un discurso como si nada más importara. Me sentaba allí pensando: "Él no hace eso en casa por mí".

En mi libro comparto algunas de las entidades y seres extraños que se metieron con nosotros en la casa de Mandeville. A menudo ocultaban objetos pequeños, en especial cuando los necesitábamos. Estas criaturas entraban y movían cosas de J-R, mías y de todos. Una vez no pude encontrar mi tarjeta de crédito y busqué en todas partes. Les grité a esos pequeños troles; estaban en la casa pero invisibles. Dije algo como: "Esto no está bien; será mejor que me den mi tarjeta de crédito. Los destrozaré, chicos". Mientras tanto, sabía que se estaban riendo de mí. A la mañana siguiente, mi sueño me dijo: "Ve a revisar la basura".

Siempre les digo a los clientes en mis sesiones de consejería espiritual, nunca niegues esa pequeña voz dentro de ti que dice que revises algo. Mucha gente responde: "No, lo haré más tarde". Ten cuidado... esa voz te dejará de hablar eventualmente. J-R siempre me dijo, y te diré, que lo revises. Así es que esa mañana fui a buscar a la basura y la tarjeta de crédito estaba allí. Corrí hacia J-R y le dije: "Encontré mi tarjeta de crédito. Alguien aquí está haciendo esto". Conté esa historia en mi libro.

También lo hicieron con sus llaves, así que todos perseguíamos cosas invisibles todo el tiempo. Después me convertí en el rey de encontrar objetos perdidos, y Nat también fue bueno en eso. Justo hoy llegué aquí más tarde de lo que quería, porque uno de esos troles movió mi billetera. Entonces caminé hacia el auto y dije: "¡En serio! Tengo que irme, tengo algo que hacer". Entonces mi

¿Experiencia o información?

billetera apareció de nuevo. Jason Laskay estaba allí como testigo. Le había dicho: "Jason, no puedo encontrar mi billetera". Me fui, volví; me fui, volví, y de repente la billetera reapareció.

Antes del Internet, a J-R le encantaba ver informes comerciales de televisión y pedir artículos de catálogos. Cuando me mudé a Mandeville tenía cajas de cosas por el pasillo hasta su habitación, que abarrotaban mi espacio en la parte de atrás. En esa época yo era extremadamente exigente con la limpieza y el orden, así que quería que desapareciera. "Correo número tres" era nuestra abreviatura que se refería a los catálogos no leídos, de al menos 30 cajas llenas. Nos llevó años revisarlos todos, porque nunca podríamos tirar nada sin preguntarle a J-R: "¿Puedo tirarlo?". "No, lo veré más tarde". "No lo verás más tarde". Sin embargo, de vez en cuando obtenía que J-R revisara el correo número tres. Comenzábamos con una caja –él revisaba cada página de cada catálogo–. Nunca terminaba. J-R echaba una ojeada a una o dos páginas, le daba hambre y la volvía a dejar. También éramos interrumpidos cada año por seis meses de viajes del personal.

Y eso eran solo los catálogos. La cantidad de cosas que se acumulaban a lo largo de los años era frustrante. Teníamos productos electrónicos del personal anterior de principios de los años ochenta y otros de fechas anteriores aun. Un día en particular, en algún momento de 2011, finalmente obtuve luz verde. Le supliqué: "J-R, vamos hombre, ¡déjame tirar cosas!". J-R dijo: "Bien". Así que llamé a mis muchachos con una camioneta para llevarnos todos esos productos electrónicos de los años sesenta. J-R amaba la tecnología y coleccionó muchos artilugios a lo largo de los años. Todavía teníamos un antiguo intercomunicador en la casa, que ya no estaba conectado. Sugerí: "Vamos, tiremos eso". J-R dijo: "¡Si lo tocas, te vas!". Cuando le pregunté qué tenía eso de especial, J-R dijo: "Me comunico de esa manera". Eso me sorprendió por completo –como si tuviera un teléfono entre dos mundos–. Hasta el día de hoy no he tocado ese intercomunicador. Cuando volvimos a re-hacer su habitación, lo dejamos allí. Cuando me mudé, le dije a Prez: "No toquen el intercomunicador".

J-R, en su silla, cambiaba canales con el control remoto mientras yo me sentaba en el sofá. Una vez, en mis días de actuación, le pedí que se detuviera en *The Godfather*, pero él pasó de largo y siguió cambiando canales. Él dijo: "Tienes un televisor en tu habitación, míralo allí". Ahora me he convertido en un cambiador *(zapping)* de canales como él. Solo me di cuenta mucho más tarde que el movimiento rápido era la forma como J-R engañaba la mente. Si su mente se involucraba demasiado en algo, anularía el enfoque de su Alma. Mi teoría es que, al mover el dedo, distraía a la mente para poder mirar lo que necesitaba mirar. Puede parecer que J-R estaba viendo televisión, pero en realidad se había ido. Más tarde comencé a darme cuenta de que yo podía hacer lo mismo. Siempre fui más creativo cuando J-R hablaba, porque la mente daba un vuelco y entraba en la creatividad. Lo mismo pasa ahora cuando John habla. Así que saco la computadora con la intención de crear, no de jugar o distraerme. Ahí es cuando entran las notas y las ideas. Cuando los Viajeros hablan, la puerta se abre a la creatividad. Creo que esa fue una técnica que aproveché, así que ahora estoy moviéndome. De hecho, uso la desastrosa transmisión de noticias de CNN como ruido blanco sonando en la cocina. Mi mente dice: "¡Dios mío, desastre!", pero luego me he ido a algún otro lado, hacia el Espíritu total y la fuente creativa. Es similar a desconectarse en la autopista y perder la rampa de salida, pero resulta más seguro.

P: Quiero agradecerte por tu servicio, Jsu. Me gustaría preguntar sobre el momento en que se terminó la gira de Luz de septiembre de 2014 en Israel y luego quedaron ustedes, J-R y David Sand, y tal vez la enfermera. Tú lo llevabas en la silla a dar vueltas y él estaba medio ido. Soy enfermera y ningún médico en su sano juicio diría que esto está bien.

¿Experiencia o información?

R: Las contribuciones de Laurie Lerner hicieron posible apoyar a J-R a un nivel muy alto en ese viaje. Pudimos convertir su habitación de hotel en un hospital. Teníamos cuatro doctores con nosotros en Israel, comunicándose con los doctores en Los Ángeles. Era realmente crítico mantener abiertas las líneas de suministro, y no hice nada sin la aprobación de J-R. A pesar de cómo se veía, J-R estaba allí. Yo dije: "Oye, Hamas está bombardeando Israel con cohetes. ¿Estamos bien?". Y J-R respondió: "Estamos bien". Cuando llegamos, después de un vuelo de 15 horas sin escalas, J-R entró directamente a la sala de emergencia. Laurie pagó por todo esto y por el pasaje en primera clase para J-R, Nat y para mí. Nunca lo disfrutamos porque nos alternábamos entre cuidar a J-R y dormir. Pero era adecuado para J-R, debido a los asientos aislados, pasillos y baños más grandes. Una vez que aterrizamos, arreglé el envío de todo el equipo, suministros y prescripciones a la habitación del hotel de J-R. Tanques de oxígeno, mascarillas para respirar y otros equipos. Construí un hospital en su habitación del hotel. Para cuidados precisos teníamos dos enfermeras con nosotros las 24 horas del día. Si hubiera sido necesario llevarlo en algún momento a un hospital real, lo habríamos hecho.

P: ¿Las enfermeras fueron a todos los viajes con J-R?

R: Sí, al menos dos a la vez. Trabajaron duro y algunas se agotaron cuando no pudieron dormir al menos 10 horas. Las enfermeras tienen una vida útil. Nat y yo también; para cuando J-R trascendió, estábamos fritos. Fue difícil. J-R solo dormía alrededor de dos horas seguidas, así que Nat y yo nos intercambiábamos. Yo estaba despierto toda la noche y luego dormía durante el día.

Nuestras enfermeras fueron las mejores. Antes de contratarlas, J-R me dijo: "Los ángeles vendrán a estar conmigo ahora". Tenía razón y no podríamos haberlo hecho sin ellas. Nat y yo fuimos educados. Cuando las enfermeras tocaban el timbre, era mejor que prestáramos atención. Esto fue posible gracias al diezmo de ustedes, por cierto. Todas las donaciones realizadas desde 2007 pagaron gran parte de la atención médica y enfermería de J-R. Así que gracias.

Cuando cuidas a alguien, llega un punto en el que debes tener el sentido común para decir: "Está fuera de mi alcance". Aunque parecía, aún no lo estaba. Yo sabía cuál era el límite de J-R; además, teníamos expertos con nosotros. Había médicos que entraban y salían de su habitación y hablaban por teléfono. Las enfermeras fueron mi protección. Yo preguntaba, "¿Cómo estamos?". "Él está bien". "Si no lo está, dímelo. Toca la campana. Eso significa que nos iremos a casa". Regresamos a Mandeville y él todavía estaba bien. Luego, unas semanas más tarde, encontró el tiempo para irse y se fue. Nunca sentí culpa de nada. Creo que el último viaje a Israel fue lo mejor de todo. Creo que batimos un récord con 141 personas. Nos dieron una habitación en el hotel David Citadel que daba a la Puerta de Jaffa, la Torre de David y el Monte de los Olivos. Todas las mañanas J-R se levantaba al amanecer. Miraba por la ventana y decía: "Amo esto". Esto era todo lo que necesitaba. Fue increíble.

Tengo la sensación de que los iniciados y los ministros que estaban allí hicieron algo con J-R y John que traslucirá más tarde, algún tipo de pacto. Después de eso, J-R estaba listo. Vi la situación como si hubiera algo más grande en juego. "¿Qué puedo aportar aquí? ¿Estoy fuera de lugar?". Siempre le preguntaba a J-R. Lo que nunca podíamos hacer con J-R ni con su ser básico era excluirlo mediante reuniones secretas sobre lo que estábamos haciendo. Eso era retener información. Resultaba instantáneamente contraproducente. Así que siempre tenía reuniones con J-R; incluso cuando estaba de viaje su conciencia todavía estaba presente. "¿Qué vamos a hacer?". Él canceló el viaje en enero porque no estaba claro y yo estaba molesto. "Maldición, nunca iremos a Israel de nuevo. Se acabó". Pero luego, en julio, pregunté: "¿Está espiritualmente claro ir a Israel? Y J-R dijo: "Sí". Así que estábamos en camino, Nat estaba allí, mi mano derecha. Fuimos al muro.

¿Experiencia o información?

Fue difícil, pero ahora sé cómo ayudar a las personas por el bien mayor y discernir cuándo es mejor mantenerse espiritualmente alejado y simplemente sostener la Luz para ellos. Alguien más se había enfermado, y supe qué hacer y qué decir. Mi sobrina de 33 años recientemente murió en Miami por una sobredosis de fentanilo y heroína. Fui en piloto automático, volé allí y pagué su cremación. Todos lloraban, pero yo solo hice mi parte y no sentí nada. Ella era una buena chica y había conocido a J-R. Por eso creo que yo estaba bien con todo. Ella conoció a J-R, la iniciación sucedió y espero que ella viaje en el Alma con él.

Una última pregunta.

P: Recuerdo que J-R trabajaba con otro grupo espiritual. Una vez vimos a J-R en Urth Caffé; Hablábamos con un tipo que intentaba vendernos algo y le dijimos: "Ese es nuestro amigo John-Roger. ¿Lo conoces?". Él nos dijo: "Todo el mundo lo conoce". Cuando entramos en el restaurante, le dije a J-R y él dijo: "Bueno, a veces gente que no está en MSIA me conoce. Ellos están con otros grupos espirituales con los que trabajo". "Entonces, ¿quiénes son?". "Son los Silenciosos. Tienen nombres, pero se llaman los Silenciosos". ¿Lo recuerdas?

R: No, pero eso calza con los seminarios que he escuchado donde él trabaja con la Gran Hermandad Blanca.

P: Pero parecía como que estuvieran en cuerpos físicos...

R: Lo creo. Creo que J-R fue el canal. Él era la luz que conectaba todo. Entonces, si te conectas con él, estás trabajando con él, aunque es posible que no te des cuenta. Me parece interesante que el itinerario de Ishwar Puri se parezca exactamente al que siempre hemos tenido con John y J-R cuando viajamos por el mundo. Me preguntaba: "¿Cómo salió este tipo de la nada cuando nunca antes habíamos oído hablar de él?". Cuando J-R pasó al Espíritu, Jan Shepherd encontró en YouTube a Ishwar, quien fue iniciado por Sawan Singh, uno de los viajeros anteriores a J-R. Cuando estaba de visita con Ishwar le pregunté: "¿Dónde quieres comer?" Él dijo: "Me encanta la pizza" y podría jurar que respondió J-R.

Es interesante cómo la energía del Viajero está disponible para todos los grupos. Incluso la Cientología, de alguna manera extraña, porque muchos de mis amigos de Hollywood han formado parte de eso. Parece que, en todas las religiones, siempre hay alguien que está conectado a J-R. Cuando estaba investigando para la película *El Viajero Místico,* escuchaba viejas cintas de audio. Él los conocía a todos: David Spangler, el grupo Findhorn, Werner Erhardt, Tony Robbins cuando comenzaba, todos estaban conectados. Creo que J-R podría ser el único que conozco que los conocía a todos. Ellos iban y venían: J-R rociaba polvo mágico sobre ellos, y luego se iban, haciendo lo suyo. Durante un tiempo seguimos a Benny Hinn, un teleevangelista israelí-cristiano que J-R realmente amaba. Hablaba muy bien y hacía curaciones de fe en las que, cuando tocaba a alguien, esa persona se desplomaba. J-R me dijo que hace mucho tiempo, él era un acomodador de los servicios de curación de Kathryn Kuhlman, y Pauli Sanderson confirmó que J-R iba y trabajaba con ella. Ella era una sanadora de fe muy dramática, como Elizabeth Clare Prophet, a quien J-R también conocía.

Neva del Hunter era fascinante también. Y ver a Robert Waterman ganar el premio del Ministro del Año en la Conferencia fue genial. Cuando aprendes la historia de MSIA te das cuenta de lo conectado que J-R estaba. Sintonizaba con todo, en todos los niveles. Sabía de dónde venían las personas, cuáles eran todas las conexiones, etc. Durante mis primeros años como parte del personal de J-R, veíamos al pastor Gene Scott por TV salelital prácticamente todas las noches, en especial durante la era de Windermere. Realmente no había nada que él no supiera.

A veces uno de tus mayores desafíos será mantener la boca cerrada y dejar que la gente tome sus propias decisiones y recorra su propio camino. Es importante. A veces "sabrás" que puedes ver lo que es mejor para ellos, y será muy tentador exponérselo y decirles de qué se trata. No lo hagas. Deja que tengan sus propias realizaciones y sus propios despertares, en su propio tiempo.

–JOHN-ROGER, D.C.E.

Ama tus visiones y tus sueños, ya que son hijos de tu alma, los planos de tus mejores logros.

–Napoleon Hill

Capítulo 15

Conciencia, salud y oración curativa

ध्रू

Después de obtener una maestría en Psicología Espiritual en la Universidad de Santa Mónica en agosto de 2016, me inscribí en el tercer año del programa de Conciencia, Salud y Curación para el año académico 2017-18. Una de las tareas más poderosas fue crear nuestra propia oración visualizada de sanación, que puede repetirse diariamente para una salud radiante y bienestar. Si esto es algo que te llega, te animo a que escribas tu propia oración de sanación.

Mi oración apareció de manera espontánea, como una descarga del Espíritu, mientras volaba en un avión a mi próximo destino. Después de abordar pedí que la Luz estuviera dentro de mí y que la energía de John-Roger me rodeara y me preparara para este vuelo:

Acaban de cerrar la puerta. El aire en la cabina es muy agradable y el asiento bastante cómodo. Me pongo el cinturón de seguridad. Han bajado las luces y puedo notar por la ventana lo oscuro que está afuera. Escucho el sonido y el zumbido de los motores, que es similar al tono Hu. Suena como huuuuuuu... Los motores aceleran con altas RPM (revoluciones por minuto) que parecen contener todos los tonos sagrados, mis cinco tonos de iniciación y el Hu. La cabina es oscura, con mucha luz púrpura en el techo para iluminar suavemente los pasillos. Ahora el avión señaliza púrpura, lo que significa que está listo para despegar. A medida que el avión o mi Alma o mi cuerpo comienza a despegar con el sonido que viene, empiezo a escuchar, entre otros ruidos, el zumbido de un panal de millones de abejas.

Con eso, tengo la sensación de que la Luz púrpura entra en las áreas de mi mente, todas las áreas que han sido heridas y aquellas que tienen memoria y reacción; todas las partes de mi mente que tienen patrones e interrupciones de patrones se llenan con esta Luz púrpura y también una Luz amarilla que acaba de entrar. Se aclara y luego se llena con el color púrpura del lapislázuli. El panal está compuesto por todas estas pequeñas ranuras, pero continúa infinitamente, tan grande como los universos. No se detiene. Es casi como si pudieras entrar al cono y estar dentro de un átomo que tiene un espacio infinito adentro.

El sonido es muy fuerte mientras estoy elevándome y subiendo más alto. Puedo sentir a través de cada célula de mi cuerpo la Corriente del Sonido que me baña como agua tibia por todo el cuerpo. Está llegando a través del panal de mi mente, luego sigue bajando a las células de mi brazo, mi pecho, mi corazón, mis piernas, mi torso y mis caderas.

Es casi como tener una cirugía láser con algún tipo de espiritualidad material que crea remaches, grietas y costuras en las áreas en deterioro de mi cuerpo. Es como si me imprimieran en 3D en la cadera y área reproductiva, mi espalda superior e inferior, en todas las áreas que duelen. De repente, la Corriente del Sonido ha entrado en otro nivel y golpea todos los nervios en mi cuello y parte posterior de la cabeza. El color es púrpura, perfecto, porque entra en el nervio que está sombreado en azul. Sigo escuchando la palabra "azafrán", que se conecta a la Luz amarilla que apareció antes. Imagino que el azafrán se disuelve en el agua tibia como si fuera un tinte.

Comienza en mi estómago y continúa hasta el final, como tiñendo una camisa blanca al colocársela, luego sumergiendo cada área en diferentes colores. Eso es todo, ahora puedo ver que el púrpura dentro de mí se abre e inunda todo mi cuerpo. Estoy en armonía conmigo mismo y con mi mente, con mi Ser Básico, mi Verdadero Ser y la parte más grande que está dentro de mí.

Baruch Bashan.

Viaje del Alma 2019

*Delicioso amor, conciencia espiritual,
escucho en silencio y en alineamiento a J-R.*

−Jesús García, D.C.E.
Afirmación
Programa Maestría en Ciencia Espiritual, 2003

No estropees lo que tienes, deseando lo que no tienes; recuerda que lo que tienes ahora fue alguna vez algo que solo esperabas.

–Epicurus

Capítulo 16

Manifestar abundancia

धु

Trasmisión del Año Nuevo en mi casa
Santa Mónica, California, 31 de diciembre de 2018

Aprendí mucho de John-Roger acerca de manifestar abundancia a través de siembra, diezmo e imanes de dinero, y quería compartir algo de eso aquí desde mi perspectiva. Gran parte de esta información se incluyó en su libro clásico, *Riqueza y Conciencia Superior* (disponible en la tienda en línea MSIA.org o en Amazon).

Imán de dinero

Te sugiero enfáticamente que comiences por crear un imán de dinero. En el libro *El hombre más rico de Babilonia,* publicado en 1926, el autor George S. Clason relata la parábola de un hombre rico que se dio a sí mismo el 10 por ciento de todo lo que ganó. En su libro, *Riqueza y Conciencia Superior,* J-R llamó a esto un "imán de dinero", y dijo que es importante darte a ti mismo el 10 por ciento de lo que recibas. Tu ser básico necesita saber que obtiene algo de tu arduo trabajo, y que no estás dando todo tu dinero a otros. Una vez que tu ser básico se dé cuenta de que está produciendo dinero, cooperará cada vez más con sus esfuerzos.

Básicamente, funciona así: por cada dólar que ingresa, primero te das 10 centavos. Si tu cheque de pago es de 500 dólares, sacas 50 en efectivo y lo guardas en un lugar escondido en tu hogar. ¿Alguna vez te preguntaste cómo los bancos obtienen constantemente dinero? Al aferrarse al dinero, han creado un imán que atrae más dinero. Por lo tanto, no querrás depositar tu 10 por ciento en un banco o dejarlo en la casa de otra persona, sino mantenerlo muy cerca para magnetizar ese dinero directamente para ti.

Recuerda que este efectivo es para ahorrar, no para gastar. Incluso, si estás en la ruina a final del mes, ¡no lo toques! Ahorrar para una nueva casa o unas vacaciones tampoco es un imán de dinero. Mantenlo seguro o llévalo contigo. La forma no importa: podrían ser billetes, monedas u otros artículos de valor comparable. Algunos seres básicos adoran la sensación de recolectar dólares de plata, monedas de oro o plata y joyas o anillos. Comprar acciones también puede actuar como un imán de dinero; imprime el certificado de las acciones o la documentación de ellas y guárdalo con los otros artículos en tu hogar. La clave es nutrir tu imán de dinero a lo largo del tiempo con energías que admitan grandes cantidades de dinero que fluye hacia ti.

A medida que crece, tu imán de dinero tiene el poder de atraer mágicamente la abundancia en todas sus formas: además de la riqueza financiera, un gran valor en buena salud, comida nutritiva, una relación amorosa, niños, felicidad, seguridad y paz en tu mente. He mantenido un imán de dinero durante mucho tiempo y creo que me ayudó a obtener muchos de mis conocidos roles como actor, junto con la siembra y otro apoyo que J-R proporcionó.

Diezmo y siembra

J-R dijo que diezmar es devolver a Dios en agradecimiento por lo que ya hemos recibido, y sembrar representa nuestro agradecimiento de antemano por lo que queremos crear. Sugirió que diezmáramos y sembráramos a nuestra fuente espiritual, sea cual sea. Por ejemplo, alguien que sea judío daría a su sinagoga; cristianos a su iglesia; musulmanes a su mezquita. Aquellos que estudiamos en MSIA damos nuestro diezmo y siembra a MSIA. Personalmente, siembro para recibir la energía del Viajero a través de J-R y John Morton, y MSIA es la organización que representa esto.

Aunque el diezmo es comúnmente reconocido como un concepto bíblico, en realidad se basa en una ley espiritual universal de abundancia y no está vinculado al judeocristianismo. Diezmar implica dar el 10 por ciento de tu "cosecha" o aumento financiero para reconocer a Dios como tu socio en la cocreación. Si bien algunas personas basan este porcentaje en sus ingresos netos, personalmente diezmo de mis ingresos brutos en plena apreciación de lo que he recibido. También elijo no escribirlo en mi declaración de impuestos como una donación caritativa, porque para mí eso va en contra del espíritu del diezmo, que es un recordatorio de la gracia de Dios. No hay razón para complicar demasiado este proceso; solo mantenlo simple.

La siembra, por otro lado, simboliza la confianza de que recibirás lo que imaginas. En resumen, la idea es sostener una intención clara de lo que deseas crear, energizar esa visión, determinar su valor y "sembrar" el 10 por ciento de esa cantidad como una especie de "pago inicial"; entonces lo dejas ir para que el Espíritu pueda manejarlo hacia el más alto bien. A menudo, al final acabas con una recompensa del Espíritu que es, incluso, mejor que tu visión original. A veces, el valor de lo que siembras se presenta como abundancia y curación, en lugar de un elemento material o dinero. Hay muchos milagros en la vida que Dios nos suministra de varias maneras. Y es importante no tratar a Dios como "el gran botones en el cielo", que es algo que J-R nos dijo a menudo.

Solía sembrar mucho en mi carrera como actor para obtener los papeles que deseaba, pero me llevó un tiempo aprender a sembrar con éxito. Aprendí que era crucial ser lo más específico posible al hacer la siembra. Permíteme ilustrar cómo funciona eso. La primera vez, yo quería estar en una película. J-R me dijo que encontrara el valor proyectado de lo que valdría la película, y luego que sembrara un porcentaje de eso; así que sembré alrededor de 500 dólares. La forma en que lo expresé fue: "Me gustaría estar en esta película". Efectivamente, fui parte del elenco, filmamos, y luego de su lanzamiento, mi parte había sido eliminada. Regresé a J-R, quien dijo: "Bueno, realmente tienes que poner todos los detalles. Dios sabe lo que quieres, pero si la dimensión de lo que pides es limitada, obtendrás exactamente lo que pediste y algo más".

Volví a sembrar y dije: "Me encantaría obtener un papel en una película en la cual mi actuación no sea cortada". Una vez más me eligieron para una película y, esta vez, mi actuación no fue cortada. Sin embargo, la película no resultó ser exitosa. Así es como funciona Hollywood: puedes ser malo en una película popular y seguir trabajando, o puedes ser realmente bueno en una que sea un fracaso y nunca ser visto en absoluto. Los actores quieren ser vistos, hacerlo bien, luego obtener su próximo papel y el siguiente, y así sucesivamente.

Finalmente, después de aprender a través de prueba y error, mi tercera siembra fue una solicitud para ser elegido en una película de gran éxito (según la revista *Variety*, esto significaría una recaudación de cien millones de dólares o más.), en la que mi actuación no fuera cortada en la versión final. Lo siguiente que supe fue que se estaba filmando *Along Came Polly*, coprotagonizada por Jennifer Aniston y Ben Stiller. Mi parte no fue cortada, lo hice muy bien, fue un gran éxito que recaudó 172 millones de dólares, más bonos de lanzamiento. J-R me dijo: "Pon las manos en el aire y solo recibe". Lo hice y ¡guau!, fue una experiencia increíble y estaba volando alto.

Puedes usar el mismo proceso para manifestar casi cualquier cosa. Muchas personas visualizan y energizan sus siembras en un tablero de visión, una escena ideal o un mapa mental. Podrías decir: "Oh, me encantaría una casa". Bueno, es mejor que seas muy claro con lo que quieres exactamente, detalla tu visión lo mejor que puedas y luego entrégasela a Dios. Si solo dices "quiero una casa", podrías terminar en Utah con termitas o con tuberías oxidadas; entonces obtienes más de lo que negociaste y debes pagar las reparaciones. Muchos de nosotros en MSIA escuchamos la advertencia favorita de J-R: "Ten cuidado con lo que pides, porque podrías obtenerlo... y todo lo que ello implica".

En mis sesiones de asesoramiento, a veces las mujeres dicen: "Me encantaría una relación". Pero ¿qué significa eso? Puedes tener una relación con esta cosa o esa persona, y no necesariamente significa una relación romántica. Así que acércate lo más posible a la visión que tienes para esa relación. ¿Cómo se siente por dentro, cómo se ve, qué están haciendo juntos? Cuanto más vívidamente puedas imaginarlo, más poderosa (y precisa) será tu manifestación. Después de hacer la siembra (de un porcentaje basado en el valor que determines), también ayuda pasar el rato en lugares donde podrías encontrarte con el hombre o la mujer de tus sueños. J-R solía decir: "Si deseas conocer a un médico o a un dentista, dirígete hacia donde van los médicos y dentistas: ve a esquiar al Mammoth Mountain o al Big Bear".

Estos son ejemplos de cosas que puedes conseguir en el mundo; no son malas, pero siempre recuerda pedir para el "más alto bien". J-R lo arraigó en mí; no querrías manifestar algo de tu voluntad que podría ser demasiado con qué lidiar kármicamente. Algunas personas no pueden manejar el ser dueñas de una casa o encontrar otras cosas difíciles. A medida que te vuelves más responsable, se te dan más cosas.

Junto con numerosos ministros e iniciados, yo solía sembrar mucho por la salud de J-R, lo que en mi opinión era mágico. Sigo sembrando para el Alma de J-R y más. Mientras estaba en el planeta lo vi obtener una extensión tras otra; siguió viviendo y su salud mejorando, y siempre encontramos nuevos médicos que apoyaron su bienestar. Para mí, como científico espiritual, esto era una prueba: un día que no se sintiera bien, yo sembraba, y al día siguiente estaba bien, o recibíamos la llamada de un médico en otro país con un nuevo tratamiento que le diera algunos años más. Los milagros ocurrieron a diario.

Como dije antes, el diezmo se mencionó por primera vez en el Antiguo Testamento, cuando Abraham le dio el 10 por ciento de su cosecha al sacerdote, Melchizidek. Muy a menudo le doy el diezmo al MSIA, me encanta y me parece genial. Pero ese es un asunto privado con mi fuente: J-R y el Cristo. Las enseñanzas de MSIA sobre el diezmo, a través de J-R y John Morton, lo refieren como una asociación con Dios, lo que siempre ha sido mi experiencia.

A algunas personas les resulta difícil diezmar el 10 por ciento de su aumento o ingreso. Está bien comenzar lentamente, al 1 por ciento o incluso al 0,5 por ciento, luego subir gradualmente al 2 por ciento, 5 por ciento, y así sucesivamente. Algunas personas van en la otra dirección y diezman una doble porción, 20 por ciento. Solo haz lo mejor que puedas; en realidad, no es un juego de números. Es más como un juego de matrimonio, porque estás con la fuente y tienes esta experiencia. Tu actitud es lo más importante. En MSIA hemos hablado de ser un "donante gozoso". Si puedes diezmar con alegría y gratitud en tu corazón por lo que has recibido de Dios, incluso si estás diezmando un centavo, llevarás la delantera en el juego.

En los viejos tiempos, todos hacían un proceso interno de agradecer a Dios y escribían cheques. Todavía puedes hacer esto y enviarlos por correo a MSIA (o a quien sea tu fuente). Pero hoy es mucho más fácil diezmar y sembrar a través de la aplicación móvil de MSIA; todavía hago el mismo proceso interno mientras pongo mi tarjeta y hago clic.

Recientemente, le di un diezmo grande a una persona en mi comunidad espiritual que necesitaba el dinero. A veces, si estoy consciente de que alguien en el Movimiento, que es mayor o pasa por un momento difícil y no tiene suficiente para pagar la comida o las Disertaciones, le diezmaré directamente en lugar de a la iglesia. Si una acción se siente clara dentro de mí, lo hago y asumo toda la responsabilidad. Sé lo que estoy haciendo, porque estoy en contacto con J-R y, en última instancia, es entre Dios y yo. No estoy sugiriendo que hagas algo como esto, pero si lo haces, te animo a que revises interiormente para ver qué está alineado para ti, con el Espíritu.

Así que siembro... diezmo... ambos están enraizados en mí, de manera que los hago como parte de mi rutina habitual. No puedo enfatizar lo suficiente que el imán de dinero es, en realidad, mi herramienta favorita de las tres. Me siento como un niño pequeño: "¡Ooooh, me acabo de dar un dólar!". Puedes comenzar tu imán de dinero con la primera moneda que recibas o con el primer cobro. Y ni siquiera necesita ser moneda; también puede ser una gema, un anillo u otras joyas, o cualquier cosa de valor monetario. Nuevamente, este es un proceso sagrado que no debes compartir con la gente; mantenlo entre tú y la fuente.

Cuando empiezas a comunicarte y ser socio de Dios y te conviertes en un cocreador, comienza a ser bastante increíble. Eventualmente, descubres que puedes manifestar algo de manera instantánea, simplemente pensando en ello, siempre pidiendo el mayor bien. Escuché a J-R decir: "El alma observa y la mente habla". Por eso tengo mucho cuidado con lo que pido, porque lo obtendré y nunca querré terminar con algo que no quiero.

Por lo tanto, la conclusión es que, cuando recibas, primero contribuye con el 10 por ciento a tu imán de dinero. Entonces, si deseas asociarte con tu fuente, diezma. Si hay algo que te gustaría manifestar, siembra. Luego usa el resto para pagar facturas, ahorrar, invertir, comprar comestibles y vivir tu vida.

Manifestar abundancia

Insight IV, Sofia, Bulgaria, 2019

Si tu mente hace preguntas, si lo deseas, puedes usar la ley espiritual de la asunción: asumir ahora mismo que estás en la conciencia del Alma.
En este lugar del alma, tú experimentas amor incondicional por ti y todo a tu alrededor.
Cualquier perturbación se disuelve instantáneamente en esta conciencia y todo se convierte en energía que se te agrega por tu fortaleza y tu propósito.

–John-Roger, D.C.E.

Capítulo 17

Influencia y suposición

Esta es una transcripción editada de una presentación del 29 de octubre de 2018, que fue mi segunda charla en la casa de Kate Ferrick y Richard Klein en Newbury Park, California.

Pregunta: Jsu, te escuché decir que tu vida era extraña antes de conocer a J-R. ¿Qué quieres decir con eso?

Respuesta: Bueno, levanta la mano, ¿tu vida fue extraña antes de conocer a J-R?
Yo sentí como que el mundo era más duro porque tenía una mala actitud y no una buena visión de la vida. Aunque entré en el mundo de la actuación y sabía lo que quería, no estaba realmente concentrado. J-R me dijo que nada se volvió diferente después de conocerlo, excepto mi actitud y mis juicios. Cuando estudié psicología mucho más tarde, me di cuenta de que estaba escapando de

algo en ese momento. Luego conocí a J-R, quien fue la persona más auténtica, sin duda.

Tengo una personalidad muy adictiva, así que pasé de consumir drogas a seleccionar las mejores vitaminas, pesar mi comida e investigar qué tipo de licuadora deberíamos obtener para las bebidas proteicas. Hace años, redefiní mis adicciones.

Mi vida antes era totalmente "no J-R", y ahora, después de 26 años juntos, no puedo vivir sin su influencia permanente. Con mi prometida, Nicole, tenemos el tocadiscos girando constantemente. Dejo caer la aguja y suena J-R. Me da nostalgia, en especial cuando conduzco a algún lugar o escucho música que me recuerda todas las cosas que dijo e hizo. "Oh, siempre solíamos comer en este Denny's en nuestro camino hacia y desde Windermere Ranch en Santa Bárbara. Salíamos por Wendy Drive y pedíamos croquetas de papas, dos huevos no muy cocidos, panqueques y café. Treinta minutos después estábamos de vuelta en el camino". A veces íbamos por hamburguesas a In-and-Out.

J-R decía que "lo ordinario es una condición previa a Dios". Él lo demostró todo el tiempo, porque era muy simple. Tomaba una taza de café con una cucharadita de azúcar y lo revolvía exactamente de la misma manera, todas las mañanas, seguido de dos huevos con papas molidas fritas o guiso de carne. Desde el principio, cuando asumí el cargo de conductor de J-R, esa fue nuestra rutina durante muchos años: desayuno, almuerzo, cena, reuniones, visitas de salud y eventos de MSIA.

En *El Amor de un Maestro* comparto la historia de la primera vez que vi a J-R en persona, mientras asistía a un taller de relaciones con los doctores Ron y Mary Hulnick en el hotel Sheraton Universal, en enero de 1988. En ese momento ya había leído el excelente libro de *Relaciones* de J-R, y trataba de mantener mi matrimonio unido. Un viejo Lincoln marrón de cuatro puertas con las placas abreviadas "Viajero Místico" se detuvo a mi lado; J-R, sentado en el asiento trasero, trabajaba con papeles. Bajó la ventanilla polarizada y le dije: "Hola, soy Jesús, un actor, y estuve recién en *Gotcha*". J-R dijo: "Lo sé, te vi en él". Por supuesto, cuando los actores comienzan, anhelan cualquier tipo de reconocimiento; pero no lo podía creer. "¿Qué? ¿En realidad vio mi película?".

Soy muy competitivo y cuando vi a John conducir, pensé: "Quiero hacer eso". Entonces, cuando me llamaron para compartir con J-R frente al grupo, me puse de pie y le pregunté: "¿Cómo puedo hacer lo que hace John?". J-R me dijo que fuera a hablar con John. En ese momento tenía el pelo largo y era muy arrogante. Si crees que soy arrogante ahora, entonces era superarrogante. Y sabía lo que quería. Junto con esa arrogancia vino la determinación, y nada podía detenerme. Si quería algo, era como un pitbull que clava las mandíbulas en un hueso. Estaba decidido a ser amigo de J-R y el resto es historia.

¿Cómo navegas una vez que pierdes a alguien físicamente así? Habíamos tenido una conexión tan poderosa. Entonces comenzó a aparecer en mis sueños. Cuando estás soñando, es una idea inteligente confirmar si te encuentras con el verdadero J-R y John o con las versiones falsificadas que intentan engañarte y confundirte. Entonces tendría un sueño donde veía a J-R y me emocionaba. "¡Oh, Dios mío, es J-R!". Todos los chicos corrían hacia él, sollozando. Seríamos iniciados, entonces él me echaba. Me dije: "¡Eso no puede ser! ¡No!". Luego me miró y dijo: "Ese no era yo". Le respondí: "Está bien, pero parecía tan real y seguro que se parecía a ti". En mi experiencia, el Maestro interno y externo no se contradicen entre sí, y así es como puedes comenzar a discernir.

Durante muchos años tuve el privilegio de confirmar con J-R directamente cada vez que ocurría una experiencia interna. Después de su fallecimiento me quedé con mi propio proceso de seguimiento, de los programas de maestría y doctorado en Ciencias Espirituales del Seminario Teológico y Escuela de Filosofía Paz. El seguimiento también era una herramienta incluida en las Disertaciones originales, que tenía calendarios en la parte posterior para marcar Ejercicios Espirituales y los altibajos del mes. No hay nada mejor que rastrear, he rastreado durante años como un loco. Después de tener un sueño, intentaba conectar todos los puntos. "Espera un minuto. Si hice esto, luego hablé con ella, e hice aquella otra cosa, y ahora tengo gripe... regresemos. Yo era responsable de ello. ¿Qué hice?". De J-R, aprendí a confirmar externa e internamente. La Universidad de Santa Mónica (USM) también me proporcionó algunos excelentes procesos de seguimiento. La parte más valiosa en USM fue sentarme en el asiento del Observador Neutral durante los tríos, solo observar y escuchar. Esto siempre fue muy difícil para mí.

Cuando me mudé a la casa de J-R, me dio un libro llamado *The Listener*. Le dije: "¿Qué es esto? ¡No leo libros!". En ese momento, a los 20 años, solo había leído tres libros en mi vida: *El Padrino*, *The Once and Future King*, y *The Fountainhead*. Esos tres libros arruinaron e hicieron mi vida. *The Fountainhead*, de Ayn Rand, me cambió. *El Padrino*, de Mario Puzo, me describió las calles. *The Once and Future King*, por T. H. White, era todo sobre Merlín, el rey Arturo, y por debajo de todo, el Viajero. Esos tres libros establecieron el tono para que conociera a J-R. Por supuesto, una vez que estuve en las Disertaciones de la Conciencia del Alma del MSIA, los encontré increíbles, junto con todos los demás libros después de eso. Sin embargo, *The Listener*, de Taylor Caldwell, era simplemente increíble; lo leí nuevamente después de que J-R falleció. De hecho, me convertí en un estudiante desde su transición, participé en los programas de USM y estudié más por mi cuenta.

Antes de su transición, yo era un cuidador, un ayudante, un empacador de equipaje, un conductor, un reparador. Cada vez que algo se rompía tenía la facilidad para arreglarlo. El mayor crimen en la casa de Mandeville era no informar de un artículo roto, por temor a represalias o a ser culpado. Si J-R se enteraba de que uno de nosotros sabía algo que no informábamos, él preguntaba: "¿Hace cuánto tiempo sabías sobre esto?".

Si la persona respondía: "Alrededor de tres meses", J-R diría: "Estás despedido. Llama a PRANA, te mudarás mañana".

Uno de mis compañeros miembros del personal de J-R era conocido por tropezarse y romper cosas. Solíamos reírnos y burlarnos de él; sus historias entretenían a todos. Luego me hice famoso en nuestra casa por localizar cosas perdidas, encontrar artículos rotos y repararlos. Se nos enseñó: si está roto, arréglalo. A J-R no le importaba quién rompía algo, siempre y cuando fuera reparado o reportado de inmediato. Cuando la tubería explotaba o el cajón del refrigerador se rompía, o el asa de la taza de café se rompía, siempre parecía ser yo quien lo descubría, entonces haría todo lo posible por arreglarlo. Con el tiempo, J-R me hizo responsable de todo. Siempre había algo de qué encargarnos entre Nat y yo, como conducir el auto y revisar un neumático bajo. Con J-R, no se trataba de esquivar quién lo hizo, sino de "¿Lo arreglaste?". Decíamos: "Sí, todo listo". Entonces nunca volvía a mencionarlo.

Una de mis historias favoritas en *El Amor de un Maestro* era un poco brutal en ese momento. Durante los viajes PAT IV y los viajes del personal, J-R llevaba una cartera de cuero italiana con miles de dólares en efectivo para emergencias, propinas, taxis y otros gastos de viaje para nuestro grupo. Cerca del final de mi primer viaje PAT IV, J-R me asignó en el personal y organizó mi viaje a otros países con un grupo más pequeño. No tenía idea de cómo sería eso. En el aeropuerto de Ámsterdam me pidió que vigilara su bolso y pensé: "Oh, esto es simple". Fue al mostrador de boletos de KLM para registrar nuestros vuelos a Rusia, y quité mi ojo de la bolsa por un minuto. Regresó y preguntó: "¿Puedes traer mi bolsa?". Pero ya no estaba. Mi estómago cayó al suelo. Me sentí horrible. Había, literalmente, miles de dólares en esa bolsa. J-R simplemente dijo: "Parece que ese tipo lo necesitaba más que yo", y nunca lo mencionó de nuevo. Nunca habló mal de mí por eso ni por ninguna otra cosa. Esa fue una gran lección, pero la entendí. Desde entonces, cuando estoy en el aeropuerto, siempre vigilo la cartera. He hecho viajes con 150 personas y he estado a cargo del equipaje. Observamos a todos a nuestro alrededor y contamos todo el equipaje dos veces. Ahora estoy listo.

P: ¿Puedes compartir sobre el viaje a Israel? Dijiste que tuviste algunas experiencias increíbles, y mi antena se elevó con eso.

R: Me encantaron los viajes que estaba haciendo John. Cuando J-R falleció, lloré y pregunté: "¿Por qué esto tiene que acabarse?". Luego, en el programa de Conciencia, Salud y Sanación de USM, nos asignaron crear escenas ideales en torno a nuestras claras intenciones. Una de mis intenciones fue: "Quiero seguir haciendo lo que ya estaba haciendo antes". ¿Qué era? Viajes grupales. Había liderado varias giras con J-R desde 2007, así que decidí continuar viajando y compartiendo la experiencia de J-R, para aprender a caminar con la presencia de J-R, mi maestro interno. Me di cuenta de que cualquier duda que sentía estaba relacionada con la falta de confianza por los problemas de autoestima. Si alguna vez sientes que no tienes lo que se necesita para hacer algo, es solo tu autoestima, que puedes reconocer y esquivar. Entonces descubres que la disposición a hacer te da la capacidad de hacerlo, como dijo J-R siempre. Así que decidí: "OK, quiero volver a Israel en septiembre de 2017".

De repente, David Sand diseñó una pancarta digital para promocionar el viaje en línea, luego todo comenzó a funcionar. Tuvimos camisetas; nos volvimos creativos. Nicole y yo ya habíamos comprado nuestros boletos, y me lo jugué todo. Necesitábamos alcanzar un mínimo de 15 personas para que el viaje se pagara solo. Como organizador, no tenía la intención de ganar dinero con eso, pero necesitaba al menos ir. Decidí: "¿Sabes qué? No me importa si solo terminamos yendo a Israel solo nosotros dos". Luego Wendy se inscribió, y luego dos más. El ímpetu crecía, pero no quería

Influencia y suposición

volverme arrogante como el atleta olímpico de *snowboard* que dijo: "¡Gané!", justo antes de caer al final de su carrera y perder.

Luego fui a Chile y siete mujeres latinas se inscribieron para la gira por Israel. Me dije: "¡Dios mío, tengo que hacer traducciones!". Entonces, con mi propio dinero subtitulé un par de videos de J-R. Luego, más personas quisieron venir. Una mujer donó dinero, a pesar de que no asistió al viaje, lo cual fue increíble. Debbie decidió venir; teníamos 15 y allí estábamos. Fue un viaje maravilloso. Lo mejor: celebrar el cumpleaños de J-R al atardecer, el 24 de septiembre en el hotel Notre Dame, con vista a la Ciudad Vieja de Jerusalén, a las seis en punto. Todos se veían hermosos y muy bien vestidos. Todos pudimos sentir el amor de J-R ampliamente.

El viaje no hubiera sido lo mismo sin Benji Shavit, nuestro guía turístico en Israel. Él conoció a J-R por más de 30 años. Zahava, su difunta esposa, falleció de cáncer. Nos reunimos en lo que fue su estudio, en la base del Monte Tabor (también conocido como el Monte de la Transfiguración), donde Jesús se transfiguró, y habló con Moisés y Elijah. Hay una magnífica iglesia franciscana cerca. Escuchamos un seminario de J-R llamado "Cómo transformarse", que fue grabado allí. En él, J-R dice: "Hice eso por ti". En el autobús compartimos historias. Se convirtió en una gira de caminar siguiendo los pasos de J-R, que también coincidía con los pasos de Jesús la mayor parte del tiempo. Era como, si después de que Cristo falleciera hace 2.000 años, cuatro de los discípulos hubieran viajado juntos en un carro conducido por bueyes, diciendo: "Aquí a tu izquierda es donde Jesús caminó". Fue muy interesante.

En el Monte de los Olivos hicimos nuestro brindis tradicional. Fue un placer decirles a todos los que no habían estado antes en Israel: "Así era como era en ese entonces". Aunque solo eran 15 y no 150 personas, siempre sentí que J-R estaba sentado al frente, con Michael Hayes trabajando en él enérgicamente. Realmente se sintió maravilloso. Fuimos a Belén y a Jericó, en Palestina. Fue increíble experimentar ambos lados, palestino y judío, así como los barrios armenios y cristianos.

El otro día le dije a John durante el almuerzo: "Voy a hacer como J-R". Todo lo que quiero hacer es estar en ese *Satsang*. He planeado visitas virtuales a Nigeria e Israel para el verano y el otoño de 2019, donde la gente puede viajar conmigo indirectamente a través de un grupo privado de Facebook. Cada vez que nos reunimos, así como hoy, ya sea para reproducir un video antiguo o para hacer una sesión de preguntas y respuestas, me gusta ser el catalizador. Si alguien más quiere ir adelante y hacer eso, me callaré y me sentaré. Pero quiero ser el que diga: "Oye, vamos a mostrar algunos videos".

Recientemente estuvimos en Santa Bárbara para una Maratón de videos, reproduciendo durante 16 horas seguidas videos de J-R. Me gusta celebrar el día que trascendió y su cumpleaños. Es similar a celebrar el nacimiento de Cristo en diciembre y su crucifixión en Semana Santa. Muchos de nosotros conocíamos y conocemos a J-R, otros no, pero hay un sentimiento interno al respecto. Tal vez dijiste que querías comenzar de nuevo y conocer tu camino. Esa es la forma como el Viajero trabaja dentro de ti, incluso si no estás consciente de ello.

P: ¿Puedes hablar sobre la Ley de Asunción?

R: Sí. Recientemente salí con un amigo en Santa Bárbara. Desde las entrevistas que hice para el documental de *El Viajero Místico* me he conectado con los veteranos o Maestros de la Experiencia, como los llamo, como Ted Drake, Rama Fox, Beverly Terrill, Jack Reed, David Allen, Robert Waterman, Phil Danza, Russell Bishop y otros que estuvieron allí al principio con J-R. En este punto, declaro que todos ellos son Maestros por derecho propio; todos somos Maestros también. Cuando elegí el cerebro de una de esas personas, dentro de mí dije: "Muy bien, J-R, quiero saber sobre el inconsciente". Me fascinan las cosas que no sé y, últimamente, me

Influencia y suposición

he vuelto muy proactivo para aprender todo lo que pueda sobre el nivel inconsciente. Me parece muy interesante que sea la puerta de entrada al reino del Alma.

Una faceta de la Ley de Asunción se refiere a cómo tus experiencias están influenciadas por los pensamientos que tienes en tu mente. Recuerdo que J-R solía decir que tengas en mente imágenes de lo que quieres más y que actúes como si ya lo hubieras recibido. Porque aquello en lo que piensas habitualmente, en ello te conviertes.

En el video Momento de Paz, "Cristo: Mi hombre para la eternidad", J-R explica que la mente es el dominio de Lucifer; no es malo, sino algo en lo que elegimos enfocarnos. Existe la Ley y también está la Gracia, y es nuestra elección. La mente puede ser engañosa, y lo he experimentado en las comunicaciones diarias a través de Facebook, mensajes de texto, correos electrónicos, etc. Por ejemplo, mi ego que habla en este momento, está completamente lleno de basura. Es como si estuviera tratando de atravesarla para que salga la energía. Lo engaño diciendo: "Sí, estoy escribiendo un libro, realmente quiero salir y hacer todo esto". Engaño a mi mente mirando CNN y otras cosas para distraerla mientras hago el trabajo espiritual, como hizo J-R.

La mente siempre está escuchando y es fácilmente influenciable por cosas como las noticias. Todos caemos en la reacción que los medios quieren que tengamos. No son tragedias ni terrorismo *per se*, sino el ciclo continuo de oposición y juicio, que es la rueda de poder negativo. No nos lleva a ninguna parte. Cuando se trata de mí, cambio rápidamente mi enfoque en lugar de asumirlo y seguir en esa dirección. Si peleas con un zorrillo, terminas oliendo a zorrillo. Entonces corres. ¿Qué hago? Yo giro.

"Oh, hay algo negativo en este correo electrónico, puedo sentir la vibra". Lo abro de todos modos, y lo lamento; luego estoy desconectado y me juzgo de nuevo. Los jóvenes, en particular, quedan atrapados en esto con los mensajes de texto. Ayudé a un joven de

Los sueños de un Maestro

**Viaje posterior al PAT IV,
en un descanso en Finlandia, 1988**

Influencia y suposición

21 años y también caí en ello. "Hey, ¿qué estás haciendo?". "Nada". "¿Quieres hacer algo esta noche?".

"Sí". "¿Vamos a comer a las 6 p. m.?". Pausa... "¿Hola?". Veinte minutos después... "Oye, ¿estás ahí?". Tres horas después... "Lo siento, amigo, me estaba duchando". Es como un circuito abierto al infinito. No me gusta cuando alguien me deja colgado. Quiero cerrar el ciclo y agregarlo a mi calendario. De lo contrario, preferiría no hablar más con ellos; tendrán que llamarme. Así es como limpio mi acción.

Tengo cuidado con el teatro en el que juega el poder negativo. Claro, tenemos que salir, ganarnos la vida y hacer cosas en el mundo, y gran parte de eso es un proceso analítico del hemisferio izquierdo del cerebro, es como tratar de leer o crear una hoja de cálculo, que tira mi cerebro izquierdo hacia un modo de preservación. En su libro *Leap of Perception*, Penney Peirce argumenta sobre el conocimiento directo que proviene del lado derecho creativo del cerebro. Actividades como pintar, cantar o estar cerca del océano pueden estimular nuestro cerebro derecho. Caminar por los parques o en la playa me ayuda a reiniciarme.

Mientras tanto, el cerebro reptiliano es todo sobre la autoconservación y la supervivencia. "Dios mío, ¿qué vamos a hacer? ¿Cuál es el plan de cinco años, el plan de diez años? Va a ser horrible, ¡no se ve bien!". Se nos olvida que estamos conectados con Dios. Pero la Ley de Asunción se hace cargo y nos convence de que no somos dignos, no somos divinos, estamos en contra de Trump y todo Estados Unidos se va al infierno. Eso está bien para las personas normales, pero está fuera de balance para alguien que es un conductor de energía divina, como un iniciado en el Movimiento del Sendero Interno del Alma y de un ministro ordenado en el sacerdocio de Melquisedec. Podemos descender al nivel astral rápidamente.

P: Hay dos lados de la Ley de Asunción; lo que describes es la parte de la Ley. Hay otra parte que estabas describiendo con Nicole. Y existe la suposición de que todo lo que necesito está aquí y ahora, estoy totalmente cuidado. ¿Puedes hablar de esa Asunción?

R: Bueno, yo diría que es conocimiento directo, no es suposición. Admito que cambié las palabras. J-R dice que simulen el Alma, ¡así que lo hago! Durante el seminario Insight I entramos en nuestro Santuario interior y nos ponemos trajes de habilidad que nos dan el conocimiento y las habilidades para hacer lo que queramos. Lo vemos en la pantalla del televisor.

Antes de la celebración de la vida de J-R, que MSIA celebró cinco semanas después de su fallecimiento, le pedí que me enviara energía. Internamente vi a un superhéroe, con un traje de goma que me golpeó en la cabeza y lo entendí de inmediato. El mensaje era ponerse el traje de superhéroe, que es el traje del Espíritu o el cuerpo espiritual, y listo. No lo asumas, sábelo. Eso es conocimiento directo. Estaba en el Bosque Místico del Castillo de Ashford en Irlanda, cuando los árboles y las plantas comenzaron a hablarme, lo que me puso en un nivel completamente diferente. Eso también me ha sucedido en el pequeño pueblo de Ojai, California. No me gusta tener muchas conversaciones con las plantas, pero si entras en la naturaleza y estás en el conocimiento, estás conectado. La mejor manera de decir eso es que estás en la zona. También puedes llegar allí en cuatro patas y ladrar como un perro o maullar como un gato. En otras palabras, actuar de forma extravagante puede ayudarte a romper lo que te esté volviendo rígido y desconectado.

Cada vez que estoy en contracción voy a un bar de karaoke. Actúo como un tonto y canto canciones estúpidas, porque eso pone fin a la negatividad que me dice que no voy a lograrlo, que no podré pagar mi renta. J-R lo llama un autoataque psíquico, cuando me vuelvo autocrítico y prejuicioso. Cuando percibo que de esa manera me estoy haciendo daño, me doy un minuto y luego, conscientemente, me vuelvo hacia algo más positivo, como el karaoke o los Ejercicios Espirituales.

A veces, mi conversación interna se asemeja a una conferencia en la que doy voz a todos mis diferentes aspectos, con base en el enfoque Gestalt, desarrollado originalmente por el psicoterapeuta Fritz Perls. No solo practicamos esta técnica en USM, sino que fue un método de actuación que aprendí al inicio de mi carrera. J-R también me enseñó que Gestalt era una forma de ver toda la escena de una película o de comprender toda la forma sin desmenuzarla en mi mente. Básicamente, todos tenemos diferentes partes y cada parte tiene su propia agenda; entonces, ¿por qué no convertirla en una reunión de directorio? Tú puedes ser el director general. Comenzaré la reunión: "¿Qué está pasando?". "¡Eres un idiota!". "Cierto... ¿el próximo?". Solo reviso las cosas que son críticas, luego digo: "La reunión de la directiva termina en un minuto". A menudo les doy voz a todas las partes, porque quieren ser escuchadas. A veces solo les digo: "Limpien sus actos, he notado que nos hemos quedado cortos, así que hagámoslo mejor. Los amo a todos, los veré en la próxima reunión". Luego practico el perdón compasivo y sigo adelante.

Si ocasionalmente alguien en la vida real te critica, puedes irte, físicamente por la puerta, o te retiras internamente. Puedes sentarte allí mientras te enfocas detrás de tus ojos y entre tus oídos, y tal vez cantes tu tono o el Ani-Hu. J-R dijo que no debes preocuparte cuando un bebé llora, eso es solo energía. Si alguien quiere hacerme tropezar o me detesta, empiezo a beber eso como un vampiro y lo transmuto en amor. Digo internamente: "Te amo, Dios te bendiga, la paz sea contigo", o canto mi tono o Hu. No está mal perder los estribos; solo necesitas regresar y perdonarte a ti mismo. En la Iglesia Católica lo etiquetan como "pecado" y lo llaman el mal. Escuché a J-R decir que pecar solo significa errar el tiro.

A medida que avanza la vida, es fácil olvidar que podemos restablecer las cosas a través del perdón. Así que seguimos recordando y volviendo a ello de nuevo. Aun cuando intento hacer las cosas bien, fácilmente puedo no lograrlo. Hace unos meses, después de regresar de Israel, nada fluía. Me preguntaba: "¿Qué estoy haciendo mal?". Mi intuición es cuidarme mejor. Entonces pensé, tal vez solo necesito desconectarme. Así que me desconecté y el generador se apagó. No había nadie en casa. No se hizo nada ese día y el siguiente. Después de siete días, todavía no había logrado absolutamente nada. Entonces me di cuenta de que tenía que cuidarme de una manera diferente.

En ese momento entré en conocimiento directo y escuché que necesitaba recargar. ¿Qué significaba eso? Ejercicios Espirituales o caminar, o ambos. Caminamos mucho, al menos cinco millas por día, en Londres, cuando estuvimos allí el mes pasado. El movimiento es una de las mejores formas de sacar la negatividad de tu cuerpo. Entonces, si estás sentado en tu casa y has estado deprimido durante más de media hora, necesitas salir. Ya sea espiritualmente, que es cantar tu tono o Hu/Ani Hu, o físicamente, sal y ve a caminar. De lo contrario puedes terminar por encender el televisor y sumirte en esa negatividad con CNN toda la noche.

En un sueño estaba viendo un videojuego, pero cuando me eché para atrás, vi que en realidad era mi vida. Dije: "¡Oooh, genial! Entonces todo es un juego". Pero cuando el karma golpea, se ve tan real. "¡No, no puedo creer que esté tan endeudado! ¡Es real!". "¡Me acabo de divorciar! ¡Es real!". Hacer tus Ejercicios Espirituales te ayuda a retroceder y darte cuenta de que todo esto son sombras en la pared, nada es real. Esta perspectiva puede ayudarte a ser más desapegado cuando sucedan cosas en tu vida. Como escuché a J-R decir: "Este mundo es Maya (ilusión). Queremos desilusionarnos. Queremos Manna".

Él también habló sobre el triángulo de pensar, sentir y hacer, que deben ser todos congruentes. Cuando pensamos algo y lo sentimos, pero no tomamos la acción asociada, eso lleva a la contracción y a sentirnos atascados. Si piensas: "Voy a hacer ejercicio", pero no

Influencia y suposición

tienes ganas de ponerte los zapatos, tu ser básico registra la falta de acción, no la intención. Entonces, la próxima vez que pienses en hacer ejercicio, tu ser básico dice: "Naaaah..." y el ciclo de la inacción continúa. Para prepararse para el éxito, el triángulo necesita ser: "Voy a hacer ejercicio. Me siento genial por eso, pongámonos los zapatos y salgamos por la puerta". Y luego hazlo.

Solía hacer mucho más con J-R, pero estoy aprendiendo que hay estaciones o ciclos de actividad, en especial como iniciados del Viajero. Podemos ser como una linterna. Está encendida cuando hacemos cosas y apagada cuando no hacemos algo. En esos momentos en que estamos apagados, podemos sentirnos muy distraídos, desmotivados e improductivos sin razón aparente. Eso puede ser porque no estamos realmente aquí, estamos Viajando con el Alma. Aunque siempre estamos aquí y ahora, a menudo en una parte diferente de nuestra conciencia estamos, simultáneamente, en otro lugar en el Espíritu. Aquellos de nosotros que somos iniciados y utilizados por el Viajero podríamos estar aprendiendo en algunas Escuelas de Misterios o Viajes del Alma con John-Roger y John Morton, lo que significa que solo estamos en el 40 o 50 por ciento aquí en el mundo. Una buena manera de medir qué tan presente estás hoy es a través del intuir o hacer la prueba muscular.

El problema es cuando nos juzgamos por no ser más productivos. Una vez le pregunté a J-R: "¿Cuál será mi último problema?" y él respondió: "Tus juicios". Entonces me reí, pero ahora que soy mucho mayor, me doy cuenta de lo que él quería decir. Hablando por mí mismo, el más mínimo juicio puede abrir una caja de Pandora de no ir a ninguna parte. En mis días de actuación solía ser muy crítico. "Ese tipo no es tan bueno como yo".

Nunca llegué a ninguna parte con esa actitud. Solo obtuve roles cuando J-R me "había arreglado". Muchas veces escuchaba a mi agente sobre un papel justo después de tomar un seminario de Insight o un taller de PTS, porque había disuelto mis bloqueos y juicios, al menos temporalmente. Con una actitud positiva, la creatividad se expande y entra la abundancia. J-R solía decir que hay un almacén con todo el dinero y los artículos que alguna vez has deseado y solo tienes que saber cómo traerlos a este nivel.

J-R era espeluznantemente bueno para precipitar abundancia; solo tenía que pensar en algo y la gente se lo daba. Por ejemplo, cuando su teléfono dejó de funcionar, alguien apareció de la nada y le dio un nuevo *iPhone*. En otra ocasión perdió su reloj, y luego recibió uno nuevo como regalo. Cuando no tenía dinero, alguien le daba dinero en efectivo. No sé cómo, pero nunca tuvo que pedir nada. Era increíble; nunca he visto eso antes ni después. J-R no necesitaba nada ni le faltaba nada, porque era un Maestro viviente en contacto con la manifestación divina. Su voto de pobreza significaba que no poseía nada personalmente, pero podía usar las cosas que necesitaba para cuidarse. Aunque J-R tenía todo en el nivel interno, entró y dejó el planeta con cero material en el nivel externo. Lo tenía todo porque lo dio todo.

P: Siempre me ha motivado ver las acciones de las personas versus sus palabras. Hay una gran cantidad de palabras que J-R dijo, pero son las cosas que hizo las que han sido un ejemplo a seguir y hacer para mí. Tú citas mucho a J-R. Entonces, ¿cuáles fueron las acciones que él hizo que te influyeron hacia el futuro, en especial después de que dejó el planeta?

R: ¿Sus acciones? Nada. Fue lo mejor que hizo. Porque él no me dijo: "Aproximadamente dos años después de mi muerte te sentirás horrible y perdido. Aguanta". Aunque sí dijo: "Ahorra tu dinero". No hizo nada allá afuera, pero lo hizo todo aquí, dentro de mí, y nunca habría querido algo externo de él. Al principio, él se aparecería en un sueño. Él sabía, o alguien sabía allí dentro, que yo amaba sus pies. Los pies de J-R eran muy pequeños; durante muchos años me dejó ponerme a sus pies y mirar televisión. En el sueño, me preguntó: "¿No quieres recostarte en mis pies?". Empecé

Influencia y suposición

a llorar. Fue una visita loca. Hizo varias cosas como esa después de pasar a los Reinos del Espíritu.

Recientemente, tuve algunas experiencias de sueño en las que entra John Morton. Lo amo como a un hermano, pero me gustaría que J-R también estuviera allí. Los intérpretes de sueños de la Gestalt suponen que cada persona o elemento de tu sueño representa algún aspecto de ti mismo. Pero desde un punto de vista espiritual, me he preguntado si todos tomaron tiempo de sus vidas para aparecer en mis sueños. Cada vez que sueño con John, es una buena excusa para reunirme con él. Así que lo llamo y digo: "Estabas en mi sueño", y John responde: "Quizás... estuviste en el mío". Luego almorzamos, hablamos y me doy cuenta de que el interior coincide con el exterior, por lo que puedo confirmar que el John que vi en mi sueño no era un Viajero falso. El Viajero auténtico nunca te pedirá que hagas nada en el interior que no haga en el exterior y viceversa. Eso fue genial, porque comencé a usar la misma técnica que aprendí de J-R con John.

El amor de J-R no tenía límites. Lo vi abrir la puerta del auto a las mujeres muchas veces, aun cuando estaba enfermo. Incluso les abría la puerta a sus enfermeras, cosa que yo siempre olvidaba hacer. Eso es amor. A menudo yo juzgaba a algunas de las parejas que venían por un abrazo. "¡Oh vamos!, esa chica me vuelve loco. Este tipo es un tal por cual". Pero él solo los abrazaba, porque a él no le importaba el nivel de la personalidad. Él simplemente amaba a todos. Pensé: "Necesito hacer eso". El que Trump ganara las elecciones cambió mi vida, porque era una señal de que necesitaba entenderlo y comenzar a amar. No tengo que cooperar con él, no tengo que respaldarlo. Pero tengo que amar. No puedo ver las noticias y pensar: "Odio a este tipo", porque entonces me estoy odiando yo. Si vas a lastimar a alguien, realmente te lastimas. Eso es lo que la gente no entiende, y no está bien. No puedo hacer nada, así que solo tengo que dejar que se desarrolle de la forma en que se desarrolló. Si Jesucristo y todos los Viajeros le permitieron estar en el cargo, entonces debe estar sucediendo algo. A muchos de nosotros simplemente no nos gusta. Miro las noticias y cada día aprendo a amar más.

¿Cómo trabajamos eso? ¿Cómo hacemos eso? Cuando las personas se lastiman, ¿cuál es el nivel de nuestra responsabilidad? Cuando ves en las noticias una situación molesta, que te gatilla y le gritas al televisor, podría ser una señal de que estás siendo sobrerresponsable de algo que está fuera de tu control, como señaló J-R. Me analizaba psicológicamente todo el tiempo. Yo decía: "No puedo soportar a ese tipo, ¡es terrible!", y J-R me decía: "Él es como tú. Haces exactamente lo que él hace. ¿Qué no te gusta de él?". "No me gusta esto, esto, esto y esto". Él preguntaba: "¿Lo haces tú mismo?". "Bueno, sí". "¡Entonces no te gustas *tú*!". En esa época era demasiado joven e ignorante para saber qué significaba eso. Pero desde que asistí al programa de Psicología Espiritual de USM y otros cursos, ahora estoy más consciente de cómo funciona la proyección y puedo aconsejarme a través de ella.

P: ¿Puedes hablar más acerca de sentimientos vs. pensamientos?

R: Antes de ir a USM, nunca entendí la diferencia. Le decía a J-R: "No siento que esto sea justo", y él respondía: "Esos son solo sentimientos". "¡Me temo que me vas a dejar!". "¿Tus sentimientos son siempre correctos? No. ¡Entonces déjalos en paz!". "Sí, pero creo que ...". "¿Tus pensamientos son siempre correctos? Tienes que responder honestamente. No, no son correctos".

El ego está hecho de lo que sientes y de lo que piensas. Voy a adivinar que el 40 por ciento de las veces, estás equivocado. Y el 40 por ciento de las veces, yo estoy equivocado. Tal vez un poco más. Pero tenemos que esquivarlo. Y me volví realmente bueno en salirme de los esquemas. El ego dice: "Tengo esto, sé de lo que estoy hablando, lo veo". Si alguien te dice: "Estaba pensando el otro día... siento que no te gusto", eso ni siquiera tiene sentido.

Influencia y suposición

Pero muy a menudo nos identificamos con nuestros pensamientos y sentimientos y les permitimos que nos controlen. Si deseas leer sobre este tema, te recomiendo *Inteligencia emocional* y los títulos relacionados de Daniel Goleman, Travis Bradberry y Jean Greaves.

Cuando te encuentras sobreidentificado con el ego (representado por pensamientos y sentimientos inexactos), puede ser útil tener una conversación escrita en tu diario o una "asesoría interna" con esa parte más joven de ti mismo, como lo denomina la USM. Averigua cuántos años tenías cuando te sentiste así por primera vez; ¿qué estaba pasando?, ¿quién más estaba involucrado? Si surge algo mientras estoy fuera, grabo notas en mi *iPhone* y me las autoenvío por correo electrónico para más tarde escribir en el diario sobre esa situación. Sin embargo, no siempre es algo mío. Tal vez recogí una forma de pensamiento de ese tipo con el que me encontré en el mercado, que me contó algo terrible que sucedió. J-R solía llamarlos "monos en la espalda", que deben ser despejados. Puede tomar un tiempo despejar después de que cuatro o cinco monos saltaron sobre ti cuando alguien te arrojó sus cosas. Los médicos practicantes a los que acudió J-R, como Michael Hayes, Ed Wagner y Bertrand Babinet, junto con muchos otros excelentes médicos practicantes holísticos y energéticos en MSIA, pueden ayudar a despejar ese tipo de cosas.

Una diferencia clave del enfoque de J-R es preguntarse: "¿Cómo puedo cerrar la apertura que creé?". Esto le quita completamente la culpa a la otra persona y te da el 100 por ciento de la responsabilidad de tu propia respuesta, incluso si fue inconsciente. En lugar de decir: "Me atacaron" o "me siento juzgado por esas tres chicas que me miran", puedes hacer la prueba muscular y preguntar: "Me salió 'débil' con esa persona, así que: ¿de qué se trata y cómo cierro esa apertura?". Entonces identificas, "¡Oh! ¡Quería su aprobación! ¡Eso es! Despejar". En el programa de maestría en Ciencias Espirituales del Seminario Teológico y Escuela de Filosofía Paz, se utiliza un proceso de limpieza más profundo.

La forma más rápida de liberar algo a medida que sucede es decir: "Despejar, despejar, despejar" o "Bloquear!". J-R indicó que puedes decir casi cualquier cosa en voz alta, pero dentro de un minuto debes desviarlo antes de que se quede en tu conciencia. Así que los chicos del personal jugaban con eso y decían: "¡Eres un idiota! ¡Bloquear!".

La prueba muscular es una herramienta que puedes usar a favor o en contra de ti. Algunas personas hacen mal uso al manipular sus respuestas para aceptar las elecciones que saben no son de apoyo: "Sí, está claro que puedo comer *pizza*, algo me dice que coma *pizza*". Sería más honesto admitir: "Creo que voy a engordar hoy y me comeré una *pizza*". De lo contrario, estás renunciando a tu responsabilidad. Por eso, no diré que voy a hacer una dieta a menos que lo diga en serio, porque se puede poner difícil durante las vacaciones. Vamos a ir a Israel, donde servirán hummus y pan de pita todos los días. Antes de que te des cuenta, estás en casa y pesas 20 kilos más. Pero luego puedes volver a la normalidad con la limpieza del jugo de apio y liberar esos kilos de más. Ahora trato de no mentirme.

Como dije antes, el ser básico deja de confiar en ti cuando declaras algo y no lo haces. Luego te vuelves rebelde, porque esa parte de ti dice: "No, no voy a hacer eso. Creo que en vez de ello, lo sabotearé". J-R era muy conocido por renegociar sus compromisos. Por ejemplo, si había hecho una cita y necesitaba cancelarla, llamaba y comunicaba esto con anticipación para reprogramarla, en lugar de fallar a último minuto. Recuerdo haber escuchado a J-R decir que cada persona tiene un ojo dominante, derecho o izquierdo. A veces puedes llegar a un acuerdo con tu ojo dominante cuando te sientes fuerte y capaz. Sin embargo, cuando tu ojo no dominante o recesivo toma el control en otro día, te sientes diferente acerca de ese acuerdo. Incluso puedes sentirte más pequeño e incapaz de manejar el compromiso que habías hecho.

Influencia y suposición

En su vida, J-R acudió a innumerables médicos practicantes, kinesiólogos, médicos holísticos y muchos otros sanadores. Necesitaba que otros lo sanaran; no podía hacerlo solo, que es una de las 12 Señales del Viajero expuestas en el libro de MSIA, *El Sendero a la Maestría*. Sin embargo, él era un libro abierto cuando alguien trabajaba en él. A veces le decía al practicante: "Pregúntame qué pienso". John-Roger contenía universos dentro de él. Él era la totalidad de todo, la conciencia del Preceptor, y estaba conectado con Dios; cualquiera que trabajara con él veía todo eso porque permanecía abierto a ellos. Lo vi y lo experimenté yo mismo.

Soñé que J-R me decía que aprendiera una técnica conocida como prueba muscular. Durante mucho tiempo me resistí, pero después de tomar los programas de PTS, la maestría (M.C.E.) y el doctorado en Ciencias Espirituales (D.C.E.), me encanta hacerlo. Enseñan tantas herramientas geniales como esa en el programa D.C.E., que dura cinco años. Para el tercer año tienes la opción de investigar y escribir tu tratado práctico (TP). Animo a cualquiera que esté estudiando en la clase de D.C.E. para que escriba su tratado práctico. Esto va para las personas que pasaron por el programa antes y no se han graduado. Tu TP es lo que finalmente se filtrará y establecerá el curso de tu vida, y tu progreso espiritual sucederá en el momento en que hagas tu TP.

P: A veces me encuentro diciendo: "Me pregunto si J-R le dijo esto a 'Zeus'". No puedo recordar exactamente qué sería eso en este momento, pero estaba viendo un programa de televisión alienígena y pensé: me pregunto si J-R habló con Jsu sobre estos alienígenas o si Pie Grande era real, o qué va a suceder en el futuro. Una vez lo escuché decir que el monstruo del lago Ness era una serpiente prehistórica, me pregunto si alguna vez surgieron otras interrogantes como esos en sus conversaciones.

R: Una cosa que viene a mi mente es que cuando veíamos *Los Archivos X,* J-R diría: "Sí, eso es bastante preciso", sobre cosas que cambian de formas o la niña que come cáncer. Recuerdo que dijo que los mantos invisibles eran reales; la gente puede desaparecer a simple vista. De hecho, J-R lo hizo muchas veces. John Morton y Nat probablemente pueden confirmar esto también. Yo entraba a la sala de estar y no veía a J-R, luego caminaba por toda la casa gritando: "¡J-R!, ¡J-R!". Cuando regresaba a la sala, él estaba sentado allí y preguntaba: "¿Qué quieres?". Estoy seguro que estaba cambiando de forma o poniéndose la capa de invisibilidad para que no pudiéramos verlo.

Por supuesto que hay extraterrestres, pero él siempre bromeaba: "¿Viste eso?". "Sí, lo veo!". "Es un objeto volador no identificado". Como estaba volando, no pudimos identificar el objeto. La mayoría de las personas no podían vivir en esa casa con J-R, por todas las cosas extrañas e invisibles que sucedían a altas horas de la noche. Todo tipo de cosas visitaba a J-R mientras estaba vivo. A veces, Phil y Brooke Danza, que vivían abajo, escuchaban pasos arriba cuando estábamos fuera de la ciudad. Así que me acostumbré a eso durante 26 años, sentía que todos allí buscaban algo en mi habitación, abarrotándome. Todos los seres. Yo decía: "¡Hey amigos! ¿Les importaría?". Luego pedía la Luz, y todos se íban. O veía algo por el rabillo del ojo que no podría ver de frente. J-R dice que solo puedes verlos oblicuamente. A veces también puedes ver la Luz de esa manera: y, por supuesto, la de J-R es púrpura.

Después de que J-R falleció, yo era un manojo de nervios. Él, a menudo, había hablado de poder oler psíquicamente los aromas que no tienen una fuente física. Había un extraño ser psíquico que aparecía en la casa de Mandeville al que llamábamos "El Fumador; Podría jurar que era el mismo personaje de "Cigarette Smoking Man" de la serie de televisión *Los Archivos X.* Como Mandeville Canyon es muy exuberante y verde, de aire limpio y fresco, a Nicole le gustaba dormir con la puerta abierta para tener esa vista. De repente, olimos humo de cigarrillo y Nicole dijo: "El Fumador está aquí de nuevo". En otra ocasión, cuando cerramos la puerta del cuarto en el que íbamos a dormir, esta presencia entró: solo puedo describirlo porque no lo vi. Sentí que la puerta se abría y dije: "¿Quién demonios? ¡Nosotros la cerramos!". Todo lo que podía imaginar era la nave nodriza arriba y los tentáculos extendiéndose...

Nicole: La noche en que J-R murió, a las dos de la mañana, los perros comenzaron a ladrar y luego hubo una sensación de que algo así como un pulpo estaba buscando a J-R para constatar si esto era verdad. ¿Estaba realmente fuera del planeta? Se hallaban en la casa, revisaban todas las habitaciones, y sabíamos que no podíamos salir.

Jsu: Yo no quería salir. No quería ver qué había allí. Era espeluznante y no quería ver espíritus ni nada. Más tarde revisé algunas de las grabaciones de audio, porque podría haber jurado que J-R dijo que los extraterrestres también necesitan Viajeros. También había escuchado eso de otro gurú. Son Viajeros de los universos, así que pude ver esta nave nodriza entrando con los extraterrestres que preguntaban: "¿Dónde está J-R? ¡Oh! ¡Él trascendió!". No necesitaban una explicación, simplemente lo sintieron en la casa. Fue la cosa más extraña. Los perros ladraron como nunca antes habían ladrado a ciervos o personas. Después de eso, la casa nunca fue la misma. Las cosas se fueron y eso fue lo más cerca que estuve de experimentarlo. J-R se guardó mucho de eso para sí mismo. En realidad, nunca nos dijo: "El padre de alguien murió y ellos están aquí ahora".

La gente a menudo le pedía a J-R que revisara a las personas con varios reclamos y fenómenos. Por ejemplo, había un chico ruso que podía diagnosticar una enfermedad simplemente mirando a alguien. No era un sanador, solo identificaba el problema. Él decía: "Hazte esta radiografía, sal, págame". Las pruebas confirmarían que algo había allí. Alguien dijo: "J-R, tienes que ver a este israelí con energía electromagnética saliendo de sus dedos". Entonces lo hizo. Era un terapeuta que había servido en la Fuerza Aérea de Israel, se había encontrado con ovnis y fue bendecido con este regalo curativo. Me acosté con los ojos cerrados, y no era broma, sentí como si la energía electromagnética saliera disparada de sus dedos hacia nuestros músculos, y sonaba como los sables de luz en *La Guerra de las galaxias*. La sensación era como si estuviera pasando por mi cabello un calcetín recién sacado de la secadora cargado con electricidad estática. Abrí los ojos y miré a los lados para ver si tenía una batería. Pero no, él estaba esencialmente calmando mi aura con energía electromagnética que salía de sus manos. Esta energía le había sido otorgada por los extraterrestres, al azar. Quizás, de alguna manera invisible fuimos curados, pero no podría decirlo. Fue una gran experiencia, de todos modos.

P: He estudiado y explorado la sintonización del aura usando el sonido con diapasones. ¿Alguna vez experimentaste la curación a través del sonido o sintonizando el cuerpo a la Corriente del Sonido con J-R?

R: A principios de la década de 2000 adquirimos una máquina Rife Frequency o algo similar, de la oficina del doctor Ed Wagner. Royal Rife, el desarrollador original de esta tecnología, determinó que cada enfermedad tiene su propia frecuencia de curación. J-R siguió el manual que decía cosas como "si tienes problemas de vejiga, ajusta el dial a 350-45", por ejemplo. Luego veríamos la televisión con el sonido "bzzzzzt". ¿Fuimos curados? No lo sé. Pero J-R lo intentó todo, incluso algunas cosas realmente locas.

Otra cosa que aprendí de J-R fue el rango, que es como ver una ubicación remota en tu conciencia. En varios seminarios que J-R dio sobre este tema utilizó la Torre Eiffel como ejemplo. Es una técnica poderosa que no debe usarse para infligir a una persona o invadir su privacidad, a menos que estés invitado. En *El Amor de un Maestro* comparto cómo, mientras practicaba, me encontré sin querer en la casa de mi representante, que abusaba de sustancias. Vi a su familia, porque ella estaba deprimida, y todo. Aunque volví con una comprensión y compasión más profunda por ella, fue demasiado intenso. Así que ya no hago eso.

Según tengo entendido, la empatía es un regalo natural que está presente en nosotros con el propósito de ver lo divino en el otro, no para ver su karma, enfermedad o pesadez. Entonces, si sintonizo con empatía con alguien y veo algo negativo, como enfermedad, adicción o depresión, esto entra en mí, porque fui a un lugar donde se suponía que no debía ir. Luego tendré que ir a ver a un médico o profesional para que me despeje y clarifique.

P: ¿Colocas protecciones a tu alrededor?

R: Eso hago. Espero. Pero la mayoría de la gente no sabe cómo hacerlo. Hay muchas personas sensibles en el mundo. Muchas de las personas más jóvenes, los *millennials,* y los niños índigo o cristal, son tan empáticos que sienten el dolor del universo y quieren suicidarse. Esa no es la forma de hacerlo.

Algo que J-R me enseñó después de tantos años es ser dueño de mi propia basura. Así que me iré a casa con mi basura. Estoy feliz con ello y aprendo a amarlo. Cuando me case, compartiré mi basura con mi esposa y viceversa. Luego los niños llegan con sus propias cosas. ¡Es mucha basura junta! La familia, como una unidad, dice: "Elegimos esto, todos estamos bien. ¡Estamos juntos como familia de basura!". Y nos entendemos. Pero cuando viene tu suegra, por ejemplo, si no tienes cuidado, recoges su basura también. En algún momento tienes que aprender a evitar que te entren las cosas de otras personas.

P: ¡Yo hago eso! Me conecto inmediatamente con otras personas con la intención de ver solo sus partes divinas y maravillosas.

R: Sí, la parte compasiva. Eres tú íntegramente. Tú eres quien lo dirige y dices: "Voy a mirar desde esta altitud. Veré el amor, no su pie roto". Ahora bien, esto también es conocimiento directo. Mi experiencia de J-R es que él podría ver tu karma y decir: "No, no estoy tocando eso". A veces queremos salvar a alguien y arruinamos el karma de una experiencia que se suponía debía tener. Eventualmente, las personas inteligentes obtienen una mayor comprensión de la liberación del karma de la cual no quieren ser parte. Se sientan y miran al salmón nadar río arriba para desovar. "Oh ya veo. Prefiero no involucrarme en eso".

En USM explican la diferencia entre tirar una cuerda a alguien que está atrapado en un agujero o bajar al agujero con ellos. Cuando ambas personas están en la oscuridad, ambas se quedarán estancadas. Entonces, a menos que sea un Viajero, yo no entraría en el agujero en primer lugar. Lo he experimentado muchas veces y sé lo importante que es no arrastrar a la persona que está tratando de ayudarte a entrar en el hoyo contigo. Si estás ayudando, solo diles dónde está el interruptor de la luz y muéstrales la escalera para salir. Entonces puedes irte y convertirte en el creador. Finalmente, cada uno de nosotros llegó a un acuerdo para experimentar su propio karma, como dice Carolyn Myss en su libro *Sacred Contracts*, y como J-R decía a menudo: "Gana quien persevera hasta el final".

Desafortunadamente, a las mujeres se les suelen colocar sobrenombres cuando quieren lograr algo. Pero como dijo Barbra Streisand, "es solo determinación". Cuando un chico dice: "¡No, yo quiero hacer esto!", él es genial. Es triste que cuando una mujer quiere hacer lo mismo, ella sea atacada.

P: ¿Puedes hablar sobre mujeres y hombres? Sé que J-R dijo algunas cosas interesantes sobre el papel femenino.

R: La mejor explicación se puede encontrar en el seminario y libro de J-R, *El Guerrero Espiritual*. Describe los lados izquierdo y derecho de la conciencia, que funcionan como polaridades: el lado izquierdo se carga como negativo/femenino y el derecho como positivo/masculino; eso no significa correcto o incorrecto, sino que se correlaciona con las polaridades de una batería que requiere ambos lados para funcionar. También habló de esto en un seminario del MSIA, "¿Qué es la energía del lado izquierdo y del lado derecho?". En el reino del Alma, lo divino masculino/femenino trasciende la dualidad, que es una trampa puesta en este planeta por el acuerdo luciferino para relacionarse como opuestos, masculinos y femeninos, para la procreación y la recreación. Pero al final del día, no estoy de acuerdo con eso. Claro, mientras estoy en esta existencia necesito una pareja que sea mujer, pero en última instancia, todavía se trata de dos almas. Y, por supuesto, hay muchas personas con identidades de género y preferencias sexuales no duales, que también son almas divinas.

 J-R amaba absolutamente a las mujeres. No atendía a la parte emocional, sino al amor. Sabía cómo abrazar a las mujeres y amarlas. Él adoraba a su madre y a su cuñada Elda. Incluso, tengo una grabación genial de J-R conversando con su madre. Era muy ético y justo, en especial cuando aconsejaba a las parejas. Su regla señalaba que no se podía hablar del cónyuge si no estaba en la habitación. A menudo, la esposa podía acercarse y decir: "¡Bob no me trata bien!". J-R preguntaba: "¿Bob está en la habitación?". "No". "No puedo hablar de él, hablemos de ti". Sin embargo, a lo largo de los años noté que se pondría del lado de las mujeres con más frecuencia que de los hombres. En particular, cuando una pareja se separaba, él le decía a la mujer: "Tienes el mismo acceso a mí que él. Aquí está mi número, llámame". Nunca escuché que J-R rompiera la diferencia por mí.

P: ¿Qué quieres decir?

R: Recuerdo que dijo que la forma como trataba a un hombre era diferente a la de una mujer. Él nunca le gritaría a una mujer como Pauli Sanderson. Para el personal, ella era solo una de nosotros, como si fuéramos uno. Todos en el personal de J-R eramos iguales. Nunca fue: "Las mujeres se sientan en el asiento trasero". Pauli condujo para J-R y ella era tan resistente como cualquiera de nosotros. J-R podía gritarnos a nosotros, los chicos, porque lo merecíamos. Éramos un poco más duros, más rudos y nos resbalaban las cosas. A veces, J-R tenía que apuñalarme figurativamente con un cuchillo caliente solo para que yo lo notara. Sin embargo, una mujer es más sensible, por lo que nunca habría hecho lo mismo con ella para dar la misma lección.

Al investigar para nuestra última película descubrí que, antes de que le dieran las claves de la Conciencia del Viajero Místico, J-R estudió un sistema llamado "Personología", desarrollado originalmente por Robert L. Whiteside, que fue muy popular en los años cincuenta y sesenta. La Personología determina las personalidades de los individuos por sus ojos, cara y otras características físicas. Incorporó este enfoque en los estudios de Luz que hizo en los años sesenta y setenta. J-R eligió a todo el personal de acuerdo con las personalidades. Debido a que la Personología también explica tus fortalezas y limitaciones, nos colocó en roles que correspondían a nuestros talentos innatos. Cada individuo fue elegido por una razón específica para hacer bien ese trabajo. Por ejemplo, una persona tolerante-cercana (orientada al detalle) sería una contadora. Alguien tolerante-amplio (creativo) podría ser un artista o un visionario que sugiriera ideas generales. Debido a que yo solía cambiar entre ambos, tolerante cercano y amplio, J-R decía que yo tenía todo el talento del mundo para hacer cualquier cosa y que yo simplemente no lo hacía.

A menudo me he quedado corto pero pude convertir mis fracasos en peldaños y regalos, lo que demuestra que puedo inspirar y sostener. Ahora, me parece fascinante leer los mismos libros y estudiar los mismos temas que J-R estudió en aquel entonces.

Influencia y suposición

Así, según mi experiencia y mi punto de vista, antes de que J-R siquiera considerara si tú eras un hombre o una mujer, él verificaba el karma, confirmaba que eras un Alma marcada para la iniciación, y luego usaría el método de la Personología. Eso pareció funcionar bastante bien.

*El Viajero solo se comparte con aquellos
que son sus bienamados, aquellos que son los iniciados.
El Viajero no ofrece solo una asociación;
el Viajero ofrece una relación que permanece
en el corazón espiritual, en ningún otro lado.
Es una relación de amor viviente.
Y cuando el Viajero te habla,
él le habla al alma. El Viajero habla amoroso.
Es amor. Te elevará en el amor.*

–John-Roger, D.C.E.

*Nadie puede ponerte en el pináculo de la maestría.
Tú te unges, te coronas, tú te salvas, y te conviertes
en todo para ti. Lo que hará todo lo demás es reflejar
si estás allí o no. Todo se reduce a "ser verdadero
contigo mismo".*

–John-Roger, D.C.E.

Capítulo 18

Superhéroes y trascendencia del Alma

La visión de superhéroe que tuve de J-R, mencionada en el capítulo anterior, me recordó algo que hice recientemente. En mi imaginación, tuve una conversación con mis superhéroes favoritos de la infancia: Batman, Spiderman y Superman. Hablamos sobre sus historias y quería compartirles las observaciones que me surgieron.

Primero escuché compasivamente a Bruce Wayne, quien se convirtió en Batman para vengar el asesinato de sus padres. Con la riqueza heredada adquirió su batimóvil, los disfraces, la tecnología avanzada y todo lo que se esconde en una cueva llena de murciélagos, para poder vestirse, combatir el mal y superar obstáculos. Sin embargo, le tiene miedo a los murciélagos y es un recluso que pasa gran parte de su vida escondido.

Luego escuché de Spiderman, el Hombre Araña, que también se disfraza y oculta su identidad, aunque tiene la capacidad adicional de escalar y columpiarse desde edificios con su red. Originalmente, sin embargo, él era solo Peter Parker, un chico de secundaria en el laboratorio, un tipo común que fue mutado accidentalmente por la picadura de una araña. Debido a que quedó huérfano cuando sus padres murieron en un accidente aéreo, Peter lucha a menudo con sentimientos incontrolables de dolor, pérdida y abandono.

Tanto Batman como Spiderman claramente tienen muchos problemas sin resolver. Sin embargo, cuando le di la voz a Superman y hablé con él, no escuché ningún problema. No tiene antecedentes psicológicos porque no vino de la Tierra. Él no nació aquí; vino de un planeta donde todos tenían superpoderes. Pero aquí, él es simplemente Clark Kent, que oculta sus extraordinarias habilidades y grandeza. Luego, cada vez que ocurre una catástrofe o un crimen, busca una cabina telefónica, se quita las gafas y la ropa, y ya está preparado para volar con su traje de Superman.

Mientras reflexionaba sobre todo esto tenía la conciencia de que nosotros, como humanos (y especialmente aquellos de nosotros iniciados en MSIA), somos bastante similares a Superman. Tampoco pertenecemos aquí, venimos del Alma y este mundo no es nuestro hogar. Hacemos cosas normales en la Tierra, sin embargo, tenemos la habilidad secreta de trascender y volar internamente hacia los reinos superiores en nuestros cuerpos del Alma. Cantamos los nombres de Dios y estamos conectados a la Corriente del Sonido, que es como nuestra cabina telefónica.

En los niveles internos podemos hacer muchas cosas sobrenaturales. Pero aquí, en este planeta, en este cuerpo humano, somos Clark Kent. Los superhéroes en la Base terrestre que comenzaron siendo humanos, como Peter Parker y Bruce Wayne, tienen una psicología con la que se identifican. Hacemos lo mismo; sin embargo, necesitamos recordar que no somos nuestra expresión psicológica. Como el dicho atribuido al filósofo Pierre Teilhard de Chardin: "No somos seres humanos que tienen una experiencia espiritual. Somos seres espirituales inmersos en una experiencia humana".

En cualquier momento podemos entrar a esa cabina telefónica, arrancarnos la ropa y ponernos nuestro atuendo de Superman, o el traje de la habilidad del superhéroe, este último producto del proceso del Santuario enseñado por los Seminarios Insight.

Superman está aquí para servir y nosotros también. En verdad, cada uno de nosotros tiene la capacidad de ser su propio superhéroe.

Los sueños de un Maestro

Rancho "George Lucas" con Yoda y J-R

*Soy la presencia del amar, viviendo en total conciencia
en integridad y discernimiento, amándome
a mí mismo y a los demás.*

–Jesús García, D.C.E.;
Universidad De Santa Mónica,
Programa De Maestría
Afirmación, 2016

Estoy aquí para compartir tu alegría cuando la experimentas. Y estoy aquí para compartir tu tristeza y tu dolor cuando estás experimentando eso. Estoy aquí para darte las claves para soltar el dolor. Estoy aquí para ayudarte cuando te has caído. Estoy aquí para estar contigo. Y por sobre todo, estoy aquí para amarte.

–John-Roger, D.C.E.

Capítulo 19

Fuerzas leales de la oposición

ॐ

Extraído del evento Maratón de Videos de J-R en Santa Bárbara el 23 de marzo de 2019, con material adicional.

Cuando asistes a un seminario en vivo de John Morton en MSIA o a un seminario en video de J-R grabado, puedes quedarte para obtener la información o despegar y dejar tu cuerpo. Es posible utilizar la energía que está presente para lanzarte a los reinos superiores, como muchas personas lo hacen. Esto era muy común cada vez que J-R hablaba; yo, a menudo, viajaba durante sus compartires en los Entrenamientos de Toma de Conciencia de Paz (PAT).

La mayoría de los videos más antiguos que reproduzco durante los eventos de Maratón son de antes de conocer a J-R en esta vida. Cuando comencé, ni siquiera podía creer parte de la información que él compartió en ese entonces. Pensé: "¿Me están tomando el pelo? ¿Viví con ese tipo?". Pero vivir con J-R, el hombre, era muy diferente de J-R, el Viajero Místico, en el escenario. Él no se sentaba a dar seminarios a su personal en casa. Más bien, hacíamos payasadas, bromeábamos, comíamos, veíamos televisión, era muy normal. Encendía "El Viajero" durante los seminarios, y luego lo apagaba camino a casa. Por supuesto, él seguía siendo el Viajero, pero lo atenuaba. Luego le dio las llaves a John, quien ahora lleva las enseñanzas a todo el mundo.

Las dos razones principales por las que también he estado viajando y compartiendo a J-R en los últimos años son: 1) "Porque donde dos o más están reunidos en mi nombre, allí estoy yo en medio de ellos". Comenzamos juntos. Los participantes del seminario me aportan mucho sentados en *Satsang*, compartiendo sus experiencias de J-R y escuchando las mías, incluso si solo me reúno con una persona. 2) "Tú también puedes hacer lo que yo hago, y aún más, porque voy al Padre".

Puedo tener el día más difícil, llegar a casa y escuchar un Seminario de las enseñanzas de la Trascendencia del Alma (SAT), o a menudo la Meditación Luxor. Reproducir la voz de J-R en toda la casa, sea cual sea la grabación, me tranquiliza al instante. ¿Por qué? No sé si esto es exacto, pero estoy convencido de que su voz es como una onda portadora de la Corriente del Sonido. ¿Has notado que algunas de las grabaciones más tempranas de J-R suenan como de un tipo completamente diferente? Es casi como si redujeran la velocidad y profundizaran su voz. Al principio me preguntaba, incluso, si era él, pero ahora digo: "Por favor, dame más de eso".

P: ¿Qué tienes que decir sobre el amor que recibiste de J-R, y la forma en que se amaban?

R: Durante los últimos seis u ocho meses de la vida de J-R, lo miraba por la puerta de la cocina y me preguntaba: "¿Por qué no puedo amar a otras personas de la manera en que lo amo?". Y la razón era porque no soportaba a la mitad de las personas con las que me encontraba. Pero me di cuenta de que si él los ama a todos, eso significa que yo también tengo eso dentro de mí. De alguna manera necesitaba aumentar la energía amorosa para conmigo y para los demás.

Después que J-R falleció sentí que mi conciencia estaba cayendo. Parecía que ya no viajaba en el Espíritu durante los EEs, lo que me desanimó. Es como si hubiese dicho: "Está bien, los he entrenado, ahora todos pueden recuperar sus propias cosas y manejarlas por su cuenta". Y todo cambió. Se podía sentir que físicamente dejó el planeta. Pero su forma radiante todavía sigue aquí, diciendo: "Puedes hacerlo, porque te entrené para hacerlo". ¿Cómo nos entrenó? A través de los Ejercicios Espirituales.

Sin embargo, me llevó mucho tiempo resolver esto por mí mismo. Siempre tienes la opción de moverte en ambos sentidos en cualquier momento. Puedes sentir la oscuridad, lo que solo significa que te has alejado de lo que sabes; ese no eres tú. Por lo que otros ministros e iniciados me han dicho, no fui el único que perdió el rumbo temporalmente en esos primeros años después de la transición de J-R.

Nunca fui parte del personal de MSIA; yo fui parte del personal de John-Roger. Entonces, cuando lo perdí, perdí mi trabajo también. Salir de la casa de Mandeville tres años después, sin saber dónde viviría, fue la última de una serie de pérdidas devastadoras. Hoy sé que todo fue perfecto para mí, pero en ese momento, como no podía quedarme allí, entré completamente en la actitud de víctima.

Sin J-R en el planeta, el poder de Kal entraba en mi cabeza, diciendo cosas como: "¡Qué mierda! A ellos no les importas en absoluto. ¿Por qué te molestas en aparecer? El Movimiento ya no es lo mismo que solía ser". Así es como el poder de Kal nos influye con su negatividad de cuando en cuando. Es persistente e insidioso.

Un día de 2017, después de mudarme de Mandeville, Nicole estaba fuera del país con su padre enfermo y su familia en Australia, así que estaba solo. Recuerdo estar acostado en el piso de mi casa con una fuerte fiebre por la gripe; apenas podía moverme, mucho menos salir del departamento, e incluso podría haber estado alucinando. Con mucha pena por mí mismo, dije: "J-R, he terminado. Voy a morir aquí".

Me quedé allí, escuchando uno de mis seminarios favoritos de J-R, "Radiación nuclear desde la Zona Cero". Tomé dos Tylenols y todo desapareció de inmediato. En estado febril salí de mi cuerpo, vi la Luz y flotaba en un lugar alto en los reinos del Espíritu. Pensé: "Oh, esto debe ser como el seminario de las enseñanzas de la Trascendencia del Alma cuando J-R habló sobre los ovnis". Me llevaron a una embarcación, donde los extraterrestres tenían un evento así como una reunión de la Junta Kármica. Me dieron un boleto dorado o muy brillante y regresé a mi cuerpo, conocido también como la Tierra. Allí había una escalera mecánica que no pude subir por alguna razón, lo que me desconcertó.

Me desperté sintiéndome ciento por ciento mejor físicamente, con la conciencia de que no puedo ser dueño de lo que amo si, a la vez, estoy en oposición. El amor no puede entrar en un espacio que tiene negatividad y contrariedad. Tampoco puede el Viajero. Si hay alguna oposición dentro de mí hacia alguien o cualquier situación, no estoy siendo amoroso y no podré trascender durante mis Ejercicios Espirituales (la metáfora de la escalera mecánica). El perdón es clave para salir de la oposición.

Entonces comencé a experimentar el amor a todos, de la misma manera que amaba a J-R. J-R solía decir que a veces no es una buena experiencia conocer a una estrella de cine que alguna vez admiraste y viste muchas veces en la pantalla, sintiendo como si las conocieras, porque arruinaría la imagen que tienes de ella en tu interior. Así que sostengo excelentes imágenes de todos los que conozco en el interior, junto con excelentes imágenes de John y J-R. Mantengo mi templo limpio para que el Cristo entre, porque amar es Cristo.

J-R me enseñó que las "fuerzas leales de la oposición" (el poder de Kal) pueden ser muy astutas respecto de cómo entrar en nuestra conciencia de cualquier manera, incluso a través de comunicaciones escritas como el correo electrónico. En un sueño reciente, J-R me mostró que me mantuviera alejado de los correos electrónicos. No mucho después, en Bogotá, Colombia, estaba leyendo correos electrónicos. En el nivel físico escuché la voz de J-R en mi mente que decía: "No toques ese correo electrónico". J-R entró, me llevó más arriba de la mente, y vi el poder de Kal invadiendo las letras del correo electrónico y en el botón Enviar. Estaba justo ahí, como un dispositivo de audio en la mente.

También aprendí a ser muy consciente de lo que digo en voz alta, para evitar ser testeado por las fuerzas leales. Por ejemplo, una vez después de llevar a J-R al doctor Ed Wagner o a Michael Hayes para armonizarse, le preguntamos: "¿Cómo te sientes?" Pero J-R solo dijo: "Bien". Esto se debía a que, tan pronto como dijera "me siento genial", sería probado y lo golpearían con alguna enfermedad o negatividad extrema. Pensamos que si eso le sucede al Viajero y al Preceptor, pues también nosotros debemos vigilar lo que decimos. Vi de primera mano con qué frecuencia J-R tomó el karma de sus iniciados y me pregunté si el resto de nosotros tendríamos, incluso, una oportunidad. Entonces me di cuenta de que sí; porque él fue capaz de tomarlo todo, y ahora en el Movimiento siento que todos lo estamos tomando y nos mantenemos firmes.

Te animo a releer tus Disertaciones de la Conciencia del Alma, según nos dijo J-R. Son nuestra conexión directa con lo que él hizo como Viajero. Pero no te obsesiones con las palabras, sintonízate con la energía detrás de ellas. Como J-R dijo muchas veces, y lo parafrasearé aquí, incluso si él solo escribiera "jamón y huevos" una y otra vez, el verdadero valor de las Disertaciones y los seminarios es usar la energía espiritual como trampolín hacia los reinos superiores. Si tienes desafíos con el Simran, o los Ejercicios Espirituales, ve y hazlos cuando estés en el mundo, como pre-cantar, de modo que cuando vuelvas a casa, estés listo. Estás cebando la bomba, es como tomar una ducha antes de saltar a la piscina. A veces, cuando no puedo concentrarme, mientras almuerzo con un amigo canto, lo que me mueve al papel de observador para escuchar lo que dice, en lugar de mi charla mental. Eso también me prepara para hacer mis Ejercicios Espirituales más tarde.

Antes de conocer a J-R y cuando era nuevo en Disertaciones, fui a un seminario en casa, donde el anfitrión dijo: "J-R quiere que hagamos Ejercicios Espirituales arrodillados, como en un banco de la iglesia. Dice que es la mejor manera". Mucho más tarde, cuando me mudé a Mandeville para comenzar a trabajar con él, J-R se acostó con Cheerio, el gato, y Gort y Annie, los rottweilers de alta seguridad de J-R, y comenzó a hacer Ejercicios Espirituales. Le pregunté: "¿No necesitamos hacerlo de rodillas como en oración?" Él dijo: "No, solo siéntate o recuéstate, estará bien. Inténtalo... no hay una manera incorrecta, excepto no hacerlo".

Durante esos 26 años conduciendo el automóvil para J-R, la mayoría de las veces él estaría fuera de su cuerpo en el asiento del pasajero. Mi ego quería atención y una conversación, pero él estaba afuera, roncando. Esa era la vida con el Maestro. Sin embargo, era parte de su disciplina. J-R usaría cualquier momento que pudiera para viajar. En Disertaciones y SAT, he escuchado a J-R decir que te coloques lo suficientemente cómodo como para dejar el cuerpo cuando lo desees. Me pregunté: "¿Por qué?". Me di cuenta de que no hay mejor manera de volver a la armonía después de una situación perturbadora, por ejemplo, una discusión con tu cónyuge, un guardafango doblado en tu automóvil o una reunión negativa. Hacer Ejercicios Espirituales y Viajar en el Alma es un proceso de convergencia y de transformación de la conciencia. Cuando regreses, podrás decir: "Dios, simplemente los amo a todos".

Otro concepto que aprendí de J-R fue: "¡Lo siguiente!". Se trata de dejar ir el disturbio y pasar sin apego a lo siguiente. Tuve un desacuerdo con un amigo cercano que no terminó bien. Al día siguiente le dije: "Hola amigo, ¿podríamos seguir adelante?". Él dijo: "No, tenemos que hablar sobre lo que sucedió". Yo respondí: "no, no necesitamos hacerlo; ya volteamos la página". Así funcionaba con J-R. A menos que puedas procesar el problema en completa neutralidad, cuando lo traes más tarde, puede ser que traigas de vuelta el karma. Si una persona todavía se aferra al dolor y la ira, eso puede ser contraproducente. En la Universidad de Santa Mónica (USM), les advierten a los estudiantes que no eviten los problemas y las emociones sin resolver, sino que las procesen y las sanen. Y recuerdo que J-R recomendaba nunca irse a la cama enojado. Es importante manejar eso y evitar crear un nuevo karma. Porque en la mañana, después de viajar, todo es nuevo otra vez. En cualquier relación se requiere disciplina de ambos, pareja, compañeros o colegas para poder decir: "Seamos amorosos; eso ya pasó". Pero si sigues trayendo cosas una semana después, son solo la mente y el ego, bajo la influencia del poder de Kal.

Una vez que le dije a J-R: "Estoy molesto debido a la persona X"; él respondió: "¿Y?". Le dije: "Se trata de tal y tal". Me preguntó: "¿Hace cuánto tiempo sucedió eso?". "Era 1987". Él dijo: "Eres un tonto, es tu karma ahora. No puedo hacer nada. ¿Te has aferrado a eso por todo ese tiempo?". Era cierto, estaba fuera de balance por mantener mi posición durante años, con la esperanza de usarla para algún tipo de venganza. Ese tipo de cosas solo te morderá en la parte trasera. Puede aparecer como una enfermedad grave o un accidente. Entonces, cuanto más rápido puedas soltar, más rápido podrás volver al amor. Si te encuentras en las mismas circunstancias, solo perdónate. ¡Déjalo ir!

Si quieres trascender puedes progresar a través de los niveles astral, causal, mental y etérico, y serás probado hasta el final. Pero puedes evitar ese camino si tienes amor y detienes la oposición dentro de ti. En la colección de libros *Cumpliendo la Promesa Espiritual*, J-R dice que todo lo que no sea del Espíritu será arrancado de ti, como con las garras de un águila. Describió este proceso durante una charla que dio el 14 de febrero de 2000, en el almuerzo de las damas *Valentine*:

"La gente va a tener misiones especiales aquí, será llevada a lugares altos, rocas altas, picos altos, pináculos altos, a lugares altos, y será abandonada a las fuerzas de la negatividad. Las fuerzas de la negatividad entran como pájaros chirriantes rasgando con sus garras, pero la persona que está allí no puede ser lastimada porque no hay nada que le haga daño. Pero lo que haces es comenzar a liberar todos los miedos, las impurezas, y simplemente desaparecen y entras en el ser de 'Oh, está bien, esto es lo que está pasando', y es muy natural y muy normal de nuevo".

He tenido experiencias como estas, y se siente horrible. Pero a medida que trasciendes, todas esas cosas serán arrancadas de ti porque a medida que subes, esas cosas no pueden estar allí. Son mutuamente excluyentes; es una ley natural. De modo que esa niña o niño de 16 años que se lastimó y continúa influyéndote será eliminada (o) a través del proceso de la trascendencia del Alma. Ahí es donde entra USM y puede ayudarte a sanar esos recuerdos de todas las edades y a hacerlos madurar. Luego esas partes pueden cooperar en la trascendencia mientras vivimos la última vida.

Cuando entras en el nivel del Alma y los superiores a este, todo aquello en lo que creemos y con lo cual nos identificamos, desaparece. Nos convertimos en la esencia amorosa del Alma, y es hermosa. Sin embargo, todavía podemos movernos en la conciencia. En un correo electrónico reciente de "Amando Cada Día" (que envía citas diarias), J-R dijo: "Es bueno saber que hay un Reino de los Cielos, pero si tienes que morir para encontrarlo y conocerlo como tu hogar, es demasiado tarde". ¡Puedes fallar y entrar por la puerta equivocada! Nuestro objetivo en el Movimiento del Sendero Interno del Alma es descubrir ese Reino, tanto dentro como fuera de nosotros mismos y conocerlo como nuestro hogar mientras todavía vivimos aquí en el cuerpo físico". También escuché a J-R decir que puedes disolver cosas en los niveles inferiores llevándolas hacia el Alma.

Fuerzas leales de la oposición

Tour de El Amor de un Maestro;
Port Harcourt, Nigeria, 2019

En otras palabras, practica ahora hacer tus Ejercicios Espirituales y experimenta la Trascendencia del Alma ahora, para que cuando mueras puedas atravesar por la puerta correcta. Se trata de mantenerse despierto, de modo que cuando lo necesites, puedas reconocer el viaje. "Oh, ya he visto eso, he pasado por allí, vámonos". Dicho esto, J-R nos guía porque somos sus iniciados, así que no debemos preocuparnos por pasar por la puerta equivocada.

Especialmente, en los últimos cinco años me ha impresionado la fusión de lo que llamo el amor de J-R y el amor humano. He aprendido que el amor de J-R es incondicional e impersonal, profundo y permanente. Así que, ahora, animo a mis clientes de asesoramiento espiritual a conocer gente con un amor como el de J-R; no traigas el amor condicional y limitado que se parece a algo así: "Tienes que hacer esto por mí; rasca mi espalda y yo rascaré la tuya". Cuando estábamos con J-R, él diría: "Rasca mi espalda", y decíamos: "Está bien". Y no esperábamos nada a cambio, ya fuera aprobación, validación o una compensación.

Imagina acercarte a tu relación de la misma manera, donde amas a J-R por J-R, y él te ama por ti. Tú y tu pareja pueden amarse por lo que son, sin ninguna expectativa. No hay cuenta bancaria emocional. Tú retiras, yo deposito. Tú hiciste eso, yo hice esto para equilibrar las cosas. Cuando me casé tenía poco más de 20 años, amé con amor condicional porque no sabía cómo era el amor verdadero. Todavía quiero saber más del amor, porque lo experimenté con J-R y todavía tengo más por recorrer. Cuidar de J-R cerca del final fue un amor verdadero para mí. No podía creerlo, y me encantó. A veces todavía puedo conectarme a ello. Pero me gustaría poder conectar eso con todos.

Eso es amor verdadero. Eso es lo que J-R tenía para todos nosotros. Él solo te miraba y te amaba; esa mirada, el Twaji, podía curar toneladas de cosas al instante. Entonces ve allí.

*Los sueños deben ser atendidos y aceptados.
Porque muchos de ellos se hacen realidad.*

–Paracelsus

En este país los peregrinos se bañan en las aguas del Ganges y piensan que al hacerlo sus pecados son lavados. El agua del río puede limpiar el cuerpo pero no la mente. No saben que el néctar que lava los pecados está dentro de ellos mismos y que el lugar real de peregrinación también está dentro de sí mismos. Si ellos entraran y conectaran sus almas con la Corriente del Sonido, sus pecados serían lavados.

–Maharaj Sawan Singh Ji. *Cartas*

Capítulo 20

Premoniciones

ॡ

Gran parte de mi experiencia personal en el programa del doctorado en Ciencias Espirituales incluyó el seguimiento de varias intenciones y procesos. Para el propósito de este libro encontré dos excelentes ejemplos, que proporcionan evidencia de premoniciones en el estado de sueño, que tuvieron lugar antes del paso de John-Roger al Espíritu.

En enero de 2019, el director espiritual de MSIA, John Morton, compartió por correo electrónico con Nathaniel Sharrat, Rick Ojeda, con su esposa Leigh Taylor-Young Morton y conmigo, el recuerdo de este sueño (y que ocurrió menos de dos meses antes de la transición de J-R). Él me dio permiso por escrito para incorporarlo aquí al pie de la letra, con su comentario introductorio:

11/1/2019 Correo electrónico. Yo estaba buscando una foto de cuando celebramos los 50 años/25 años de Viajeros, donde yo estaba bailando con Brad Pie y los Black Eyed Peas en el escenario durante la Conferencia de MSIA en 2013 y encontré este relato de mi sueño con J-R en agosto de 2014, justo antes del viaje a Israel.

31/08/2014 Correo electrónico. Asunto: Mi sueño con J-R. Esto fue justo antes de que me despertara esta mañana.

Estábamos en un complejo hotelero poco descriptivo, similar a un *resort*, en el primer *tee* del campo de golf del *resort*. Jsu, Nat, yo y tal vez Rick, estábamos a punto de jugar cerca de otras personas del MSIA que nos estaban mirando junto con algunos huéspedes del hotel. Seguimos esperando y me preguntaba por qué la demora. Luego, una mujer encantadora, que estaba sola, nos adelantó y dio el golpe inicial mientras todavía esperábamos y supe que habíamos perdido nuestro primer turno para empezar a jugar. Luego volvimos al hotel, una especie de complejo moderno de habitaciones que eran como cajas pequeñas, ensambladas y conectadas en una configuración geométrica de arriba/abajo, izquierda/derecha, como algo que podrías encontrar en Nuevo México. El hotel estaba lleno de personas del MSIA que se habían reunido para uno de nuestros viajes, además de otros huéspedes del hotel. Fui a mi habitación compartida con Leigh, que era como una pequeña habitación de nicho, de pequeñas ventanas sin una vista real hacia afuera, con acceso similar al aspecto exterior del hotel, arriba/abajo, izquierda/derecha, algo difícil de localizar o llegar. Empacábamos para irnos con el grupo y yo tenía un fuerte deseo de ir a ver a J-R. Llegar a su habitación era lo mismo: arriba/abajo, izquierda/derecha y no era fácil de ubicar ya que los pasillos parecían un laberinto. Cuando llegué afuera de su gruesa puerta de madera arqueada, pude escuchar conversaciones en voz alta dentro y la voz de Jsu se destacaba. Toqué con nuestra habitual forma secreta. No hubo respuesta y la conversación en

Premoniciones

voz alta continuó, así que golpeé más fuerte y Jsu abrió la puerta y me dejó entrar en la habitación. No recuerdo quiénes eran los otros 4 o 5 que estaban parados alrededor, ya que yo me enfocaba en J-R acostado en la cama de lino completamente blanca, en la esquina derecha de una pequeña habitación de nicho como la nuestra. Cuando entré, J-R se veía como se ve hoy; estaba acostado sobre su costado derecho, al lado derecho de la cama. No se movió, pero me saludó calurosamente con un "Hola, John". Me acerqué a él para acostarme a su lado con mi cabeza boca abajo junto a su pecho y él me rodeó con su brazo. Mi amor por él comenzó a vibrar poderosamente dentro de mí. Después me desperté.

Voy a llamarte hoy para ver cómo están e ir a ver a J-R.

John.

Dos meses antes, el 27 de junio de 2014, mi prometida Nicole tuvo el siguiente sueño vívido sobre J-R, que grabó al despertar. Esto fue antes de que empezáramos nuestra relación, que surgió durante el último viaje de J-R a Israel, en septiembre de 2014:

Soñé que estaba llorando profundamente, porque tenía conciencia de lo mucho que extrañaba a John-Roger. Había una visión de una colina cubierta de hierba y él estaba en una silla de ruedas. Me di cuenta que necesitaba ir a Israel porque podría ser la última vez que lo viera. Tenía la sensación de que después, él probablemente se iría. No sé si la estaba inventando esa mañana, pero la explicación que escuché adentro fue que ir a Israel y Oriente Medio podía tomar mucha de su Luz, y después de eso podría tener que abandonar el planeta. Yo estaba consciente de que había algo alrededor que decía: "Falta poco", y estaba llorando, llorándolo profundamente. E incluso hoy, siento que he estado llorando muy profundamente; me siento un poco sensible.

"En otra parte del sueño, sabía que J-R no quería quedarse por lo que estaba sucediendo con la tierra; estamos llenando de basura la tierra con nuestra conciencia. Una de las peores cosas que iba a suceder era envenenar el océano, y los delfines, más hacia el final de la destrucción del mundo, estaban tratando de salvar las cosas porque estaban tratando de limpiar. Entonces, esta mañana cuando me desperté, recordé el desastre de Fukushima".

Nicole y Jsu en la Universidad de Santa Mónica, graduación, 2016

Quienquiera que seas, sospecho con temor que caminas por los senderos de los sueños,

Temo que estas realidades ilusorias se desvanezcan bajo tus pies y entre tus manos,

Desde ahora tus facciones, alegrías, lenguaje, casa, negocio, modales, molestias, locuras, traje, crímenes, se separan de ti,

se me aparecen tu Alma y Cuerpo verdaderos.

—Walt Whitman, "A ti" (Hojas de hierba)

Capítulo 21
Mis necesidades están cubiertas

हूं

En los cinco años transcurridos desde que J-R falleció, reconozco que mi mente a veces trata de conducirme a lugares de duda y juicio. Por ejemplo, mientras aún estaba en el mundo de la actuación podía autoflagelarme por el tiempo perdido, la preocupación, la ansiedad y la decepción, cuando J-R me apoyaba para manifestar papeles en el cine. Hubo muchas insatisfacciones durante ese tiempo: a menudo me rechazaban para un rol que yo quería e incluso cuando me contrataban, a veces cortaban mi parte en la edición final de la película.

Mirando hacia atrás puedo ver que, en última instancia, esas experiencias negativas me hicieron tremendamente fuerte. No me permito entrar en juicios, y ni siquiera estoy adolorido o resentido, solo me siento fuerte por dentro. Realmente, nunca pienso en esa parte de mi vida, porque de alguna manera el karma de la actuación cambió para mí. Ahora hago otra cosa que me siento muy motivado a hacer: compartir a J-R en todo el mundo.

Recientemente, un amigo me puso el sobrenombre del Predicador itinerante, lo que parece bastante exacto. En un abrir y cerrar de ojos arrojo un montón de libros en el auto o en mi equipaje, ¡y me voy! Me reúno en comunión y *Satsang* con otros ministros e iniciados, diciendo mi verdad sobre nuestro Maestro, John-Roger. En particular, recuerdo que J-R me dijo lo poderoso que es dirigir tu mente hacia un objetivo positivo y permitir que entre, sin dejar que los pensamientos negativos se interpongan en el camino. La siembra es una gran parte de ese proceso. Recientemente sembré por mi intención de tener conciencia interna de una conexión más fuerte con J-R.

Estar en el verdadero lugar de manifestación, en la abundancia, va mucho más allá del pensamiento: es más alto y más rápido que un pensamiento. Una vez cae en la mente, necesitas disciplina para mantener un enfoque positivo. En cambio, enfócate en la parte intuitiva, el conocimiento directo, lo divino desconocido y sabe que donde sea que pongas tus ojos, lo puedes obtener, siempre que sea más del 50 por ciento realista y creíble. La mayoría de nosotros no querríamos decir: "Quiero ser astronauta" y lograrlo.

Aprendí de J-R que el instrumento para la manifestación es muy fuerte en mí. En ese momento usábamos lo que más me interesaba: películas, programas de televisión, conseguir el papel, volverme famoso (por el atractivo de la fama y la fortuna). Ese era mi karma entonces, y en muchos sentidos, fue increíble. Incluso cuando me fustigaban, aprendía y seguía ajustando mi enfoque. En estos días simplemente he movido el objetivo. En lugar de obtener un papel en una película y ser adorado por millones, mi visión ahora es viajar por el mundo, compartir estas cosas hermosas en grupo y trabajar con las personas de manera individual.

Aunque ambos objetivos pueden parecer impulsados por el ego, ya que se trata de ser visto por otros, descansan de manera diferente dentro de mí. Hoy quiero que me conozcan por compartir las enseñanzas y el amor de J-R, en lugar de ponerme por encima de las personas para ser adorado como una famosa celebridad de

Hollywood. Esto lo siento mucho más inclusivo. La industria del cine no tiene nada de malo, todavía amo a mis amigos del negocio, a los otros actores e ir a ver películas, pero ya no es una trampa para mi ego. Cuando salía en busca de un papel en una película, J-R solía decirme que "siguiera el dinero", porque me mantendría enfocado en eso y lejos de buscar fama. Nunca fue un asunto de dinero para mí; era un asunto de fama, el constante atractivo y la tentación de ser famoso. Seguir el dinero significaba ir de un trabajo a otro, trabajando como un buen actor.

En aquel entonces, cada vez que iba a una fiesta de Hollywood o a un restaurante de moda, me preguntaba: "¿Qué estoy haciendo aquí? ¿Cuál es mi propósito? ¿Qué quiero?". Era como preguntar: "¿Cuál es mi intención en esta escena?", como un actor. A menudo, después de eso, me alejaba muchísimo de las fiestas, porque con toda la negatividad a mí alrededor, no quería ser atacado por entidades u otras influencias inferiores. Por ejemplo, me preguntaría: "¿Por qué necesito ir a ese restaurante al que es tan difícil entrar?".

"Bueno, podría encontrarme con el director de reparto tal y tal". En el pasado, a menudo llevaba mi rollo de cintas de demostración conmigo para entregar en persona. Ahora, con toda la tecnología que tenemos, eso parece muy extraño.

Pero así es como aprendí a promocionarme al principio; averiguar quién estaría en esa fiesta e irritarlos lo suficiente como para darme una oportunidad. Incluso lo aprendí de J-R, que me animó a acercarme a Angela Lansbury cuando almorzábamos un día en el restaurante Souplantation. Me dijo que fuera y le pidiera un trabajo, y lo hice. En realidad, fui elegido para dos papeles diferentes en su serie *Murder She Wrote*. Una vez más, J-R demostró el punto: "No recibes porque no pides".

De esta manera, si piensas en lo que quieres y dejas que esa parte superior de tu conciencia lo mire, entonces Dios lo proveerá. Encontrarás una manera de manifestarlo. Eso puede aplicarse a cosas negativas también, así que asegúrate de mantener tu mente despejada.

David Allen, autor y desarrollador del sistema Getting Things Done, propone tener una "mente como el agua", que describe como "un estado mental y emocional en el que tu cabeza es clara, capaz de crear y responder sin reservas, libre de cargas y distracciones de enfoque dividido". Siguiendo esta guía y las enseñanzas de J-R a lo largo de los años, puedo experimentar la mente como el agua y colocar solo las cosas que necesito en mi mente... y esas necesidades se satisfacen, de manera simple y grácil.

El resultado final y el tema de este libro es la evidencia, cada vez más, de que mis sueños internos y externos coinciden y se hacen realidad, gracias a la guía continua de mi maestro, John-Roger. De hecho, son los *Sueños de un Maestro*. Deseo lo mismo para todos los que se inspiran en las palabras de estas páginas.

Parece excepcional que después de muchos meses de escribir y editar, el 5 de octubre de 2019, el día anterior a mi cumpleaños 56, John-Roger determinara la finalización de este libro entregándome las copias en el estado de sueño. Él solía hacer eso físicamente cuando terminábamos las películas que producíamos juntos, así que interpreté este sueño como diciendo: "Ya hemos terminado".

Agradezco a Dios, agradezco al Señor, y agradezco a J-R por todos los regalos.

El viento sopla de donde quiere, y oyes su sonido pero no sabes ni de dónde viene ni a dónde va. Así es todo aquel que ha nacido del Espíritu.

– Juan 3:8 (Reina Valera Actualizada 2015)

P: He tenido muchos malos sueños por la noche. Cuando me despierto, estoy realmente asustado y me puede llevar horas recuperar el equilibrio y volver a dormir. ¿Puedes sugerir algo?

R: Tus sueños pueden ser todo tipo de cosas: equilibrando acciones pasadas, trabajando miedos o bloqueos a través del inconsciente o subconsciente etc., particularmente cuando la Conciencia del Viajero está trabajando contigo. Lo que sea que son, no les des mucho poder. Si te despiertas después de un mal sueño, solo trabaja contigo mismo. Canta tu tono o el Hu o el Ani-hu. Rodéate con la Luz. Pídele al Viajero que te ayude a liberar la experiencia del sueño. Mantén un poco de agua junto a tu cama. y bebe un poco para ayudar a romper la intensidad de la experiencia del sueño y para ayudarte a volver en el cuerpo.

También hay un tono "i" que puedes cantar, que te ayudará a regresar al enfoque físico. Tú solo di "IIIIIIIIIIIIIIII", un sonido largo y prolongado. Empiezas el sonido bajo y lo imaginas abajo, a tus pies. Luego lo llevas tan alto como puedes y lo imaginas en la parte superior de la cabeza. Luego regrésalo hacia abajo, tan abajo como puedas, de vuelta a los pies. Eso ayudará a devolverte sólidamente dentro del nivel físico de manera equilibrada. El ejercicio también puede romper el sentimiento desequilibrado de "malos sueños", por lo que podrías hacer cualquier tipo de ejercicio que funcione para ti. Hacer unas pocas sentadillas, bailar con un poco de música o caminar son algunas posibilidades. Solo haz algo para recuperar la energía del cuerpo en movimiento y para ayudar a cambiar tu enfoque.

—John-Roger, D.C.E. *Viajes Durante los Sueños*

Epílogo:
Operación Embellecer Mandeville

घु

19 de septiembre de 2019

Ayer, cinco años después de la trascendencia de John-Roger a los Reinos del Espíritu, la casa ubicada en 3375 Mandeville Canyon (llamada "Mandeville" por el personal), donde viví durante 29 años en total, incluidos 26 con J-R, fue vendida a otro propietario.

Estoy agradecido de haber mantenido mi ecuanimidad durante el proceso de venta y cooperado con gracia en la preparación que demandó. Unas semanas antes de que apareciera en el mercado, muchos de los artículos utilizados personalmente por J-R se vendieron o subastaron durante la Conferencia del Bien Mayor del MSIA en Santa Mónica, California. Una solicitud de la historia detrás de un artículo particular de la subasta me inspiró a compartir algunos recuerdos aleatorios sobre la casa en este capítulo final.

A finales de la década de 1980, John Morton se había convertido en el Viajero y se había casado. Se mudó de la casa de Mandeville y vivió calle abajo con su esposa Laura y luego con su pequeña hija, Claire. En ese momento, estaba encantado de unirme al personal de J-R y convertirme en la persona que conduciría el auto para él. Otros que vivieron en Mandeville, incluido Jason Laskay, nuestro carpintero residente; Liz Potts, quien cuidó mucho a los perros, y Phil y Brooke Danza, abajo; Phil también dirigió la sede de NOW Productions en Mandeville. En esos días, NOW estaba en auge con un personal completo, incluidos Nancy Carter, Cheryl Mathieu, Arissa Bright y muchos otros empleados, con actividades diarias sin detención y un flujo de trabajo eficiente. J-R bajaría las escaleras para grabar una nueva meditación y otros materiales. Al finalizar los medios producidos, Phil los traería rápidamente a J-R para que él pudiera cargarlo todo con la energía del Viajero Místico y el Preceptor.

La sinuosa carretera del cañón desde Sunset Boulevard hasta nuestro camino de entrada tenía casi cuatro millas de distancia. A veces parecía que llevaba una eternidad conducir a casa, en especial a altas horas de la noche, cuando estaba bastante oscuro. Como chofer de J-R, en los primeros días, conduje principalmente el Lincoln Continental "Mystical Traveler" marrón. También había un Lincoln azul con dos tanques de combustible, y con los años, tuvimos una sucesión de vehículos, entre ellos un Cadillac, un Range Rover, un Lexus 1990 marrón y, finalmente, el Lexus azul que conduzco actualmente.

J-R prefería que condujera lentamente mientras él meditaba, por lo que sería muy cuidadoso en ese largo viaje de 3,8 millas por el cañón de Mandeville. A veces permitía que la llanta izquierda se montara sobre el divisor de doble línea del carril amarillo, lenta y suavemente para evitar los baches. Sin importar lo que sucediera en la ciudad o el mundo, era muy importante no llevar esa energía a Mandeville. Por lo tanto, mi objetivo durante esas cuatro millas no era transportar a J-R a casa rápidamente, sino desconectar y permitir que cualquier negatividad se dispersara. En mi imaginación visualizaba dejarlo todo, y para cuando llegaba a la entrada de la casa de J-R, yo estaba despejado.

Me encantaba entrar a Mandeville y mirar su techo alto y abovedado. Jason, carpintero a cargo de mantenimiento, fue nuestro Miguel Ángel, que descubrió y renovó la bella y antigua carpintería en el techo original de Mandeville, que los propietarios anteriores habían enyesado. Me enamoré de eso entonces; hoy, el apartamento de Nicole y mío en un segundo piso en Santa Mónica también tiene un techo alto que me recuerda al de Mandeville.

Había muchas plantas verdes alrededor de la casa, que a veces era difícil mantener con vida cuando viajábamos con tanta frecuencia, hasta seis meses al año, en el apogeo de los días de viaje de J-R. Afortunadamente, personas como Jason, Gene Kaprelian, Paul Davidson y Liz Potts se quedarían allí durante nuestros viajes para administrar la casa.

Años antes de que me mudara hubo varios incendios graves y terroríficos deslizamientos de lodo. J-R tuvo la genial inspiración para instalar un sistema de rociadores en la parte superior de la casa y el garaje, con dos bombas que arrojaban mangueras a la piscina y aspiraban el agua para mantener los techos húmedos en caso de incendio. Entonces, cada año, durante el peor calor en julio y agosto, regaríamos y mantendríamos todo mojado para reducir el peligro de incendio. J-R también cubrió parte de la colina de atrás de la casa con una zanja de concreto y cemento para drenar el agua durante la temporada de lluvias y reducir la posibilidad de deslizamientos de tierra desde el huerto superior. Como resultado de estas mejoras, aunque tuvimos algunos incendios y deslizamientos de tierra en el área, la casa nunca más fue amenazada como lo había sido en los años setenta.

Al otro lado de la propiedad había una cancha de voleibol descuidada y después de mudarme a Mandeville la llamé "cancha de nada". Finalmente, a instancias de Phil, J-R la convirtió en una cancha de baloncesto, donde el grupo de muchachos, en su mayoría Phil, Mark Harradine, Erik Raleigh, Nat Sharratt, Rick Ojeda y yo, jugaríamos todos los sábados y, a menudo, durante la semana. En los últimos 10 años, los jugadores se hicieron más jóvenes y mejores: Tim, Zane, Jeff, Gabe, Marcus y muchos otros. Debido a que J-R hacía un trabajo increíble en el mundo, en casa todos necesitábamos una forma de relajarnos y jugar. También tuvimos una mesa de pimpón y una máquina de karaoke en la sala de estar gigante. Laurie Lerner nos dio un enorme televisor led que J-R había instalado detrás de la pared de la cocina para maximizar el espacio; Jason ayudó con la configuración desde un punto de vista arquitectónico.

Cuando los hijos de los Morton, Zane y Claire, aún eran jóvenes, Paulina Haddad les ayudaba a cocinar y a cuidarlos. Durante las visitas familiares a la casa pasaban el rato en la parte de atrás con los chicos. La sala de estar era tan espaciosa, que a veces al mismo tiempo que J-R recibía un masaje o un masaje de pies en su silla en el frente, los demás jugábamos pimpón, karaoke o mirábamos televisión. Podríamos estar viendo las series de televisión *24* o *Alias* en DVD, mientras Paulina preparaba la cena en la cocina. Siempre había deliciosa comida y helados en abundancia. Esos fueron buenos momentos, con horas locas, que incluían sesiones nocturnas de Michael Hayes y visitas a Ed Wagner en medio de todos los viajes.

John-Roger siempre pensaba anticipadamente para prever cualquier circunstancia. Por ejemplo, al principio había adquirido un generador de última generación, con un panel de control instalado al lado de su asiento en el rincón del desayuno de la cocina. Como resultado, muchas veces a lo largo de los años, cada vez que perdíamos la electricidad de la ciudad, todos podíamos continuar nuestro trabajo sin interrupciones.

Finalmente, a medida que J-R envejeció y sus actividades disminuyeron, nos concentramos más en la propiedad, ya que él pasaba más tiempo allí. Todo comenzó con un sueño que tuve sobre una

Epílogo: Operación Embellecer Mandeville

farola. Durante años, al terminar el camino de la entrada había una vieja farola de luz tenue, con una señal de dirección desgastada que no era visible para los invitados cuando conducían en la oscuridad. Soñé que Mandeville estaba superoscuro hasta que apareció una farola brillante, que iluminaba la noche con luz difusa a través del vidrio esmerilado. Al despertar, le comenté a J-R y así comencé la "Operación Embellecer Mandeville". Instalamos una farola como la de mi sueño, que era como un faro para las almas perdidas, y también compré un letrero eléctrico iluminado desde atrás con números brillantes: 3375.

Como uno de los administradores de la propiedad de Mandeville, arreglé todo lo que se me informaba y supervisé todas las mejoras, junto con nuestro equipo de mantenimiento, Raúl y Rudy. También necesitábamos mantener el paisaje y hacer que la propiedad luciera hermosa. No me gustaba la jardinería en el pasado, pero la Operación Embellecer Mandeville fue placentera y fácil. Un día, mientras le contaba a J-R sobre nuestros proyectos diarios, dijo que una vez en el pasado yo había sido un gran propietario, amado por muchas personas. Lamentablemente, esa vida mía fue truncada. J-R me ayudó a completar el karma de esa vida pasada, que fue una experiencia fantástica.

En nuestros recientes viajes a Francia e Italia, los majestuosos cipreses que vimos en varios lugares me causaron una fuerte impresión. Mi visión era colocar a la entrada de la casa de J-R una fila de 12 cipreses, recordando a los discípulos. Cuando un conductor se acercara a la propiedad, los cipreses evocarían a Toscana, una región italiana que J-R disfrutaba. A lo largo del lado derecho del camino de entrada estaba la artemisa natural que cubría el cañón. Estos arbustos se secan si no se riegan regularmente, lo que representa un peligro de incendio, y el sistema de rociadores existente era ineficiente. Para evitar el desperdicio de agua y mantener todo mojado, instalamos líneas de goteo tanto para la maleza como para los cipreses, inspirados en los métodos de cultivo israelíes.

Los sueños de un Maestro

Mandeville, entrada principal, 2019

Epílogo: Operación Embellecer Mandeville

Mandeville, vista ojo de pájaro, 2019

Al mismo tiempo, reemplazamos las tuberías de PVC agrietadas por los rociadores sobre la casa y el garaje con tuberías de cobre de larga duración, y colocamos nuevas tejas en el techo, lo que debe hacerse cada 30 años.

J-R siempre se refería al mantenimiento, por lo que nos aseguramos de probar rutinariamente las dos bombas de agua. Eran bombas de mortero anticuadas, con un motor de combustión interna que requería encendido de arranque, como una cortadora de césped o el de una lancha. Teníamos que colocar suficiente gas en el área del combustible para que pudiera encenderse y arrancar el motor. Una vez en reposo, la manguera podía aspirar cientos de galones de agua de la piscina para mojar el techo de la casa y el garaje. Fue un gran invento de J-R. Cada vez que digo que creé cosas, generalmente estaba conectado a J-R; solo estar cerca de él me daba ideas. Pensaba erróneamente que estaba creando algo, cuando por lo regular estaba captando sus ideas. Rápidamente me di cuenta: "Oh, esta idea es de J-R, no mía".

La Operación Embellecer Mandeville continuó con mejoras adicionales a la propiedad. Quería atraer más pájaros salvajes y colibríes a la casa, así como la bandada de docenas de loros del vecindario que volaban a las 10 u 11 de la mañana. Quitamos la vieja fuente de dos pisos en el frente e instalamos una nueva fuente de bronce, con una estatua de tres delfines escupidores. Esta elección tenía un significado especial porque el identificador del radiotransmisor de J-R siempre fue *Green Dolphin* (el de John Morton era *16-Ton*[2]), incluso después de que la tecnología se actualizara a *iPhones* y otros sistemas de comunicación.

En la base de la fuente colocamos una gran bañera de bronce para un estanque koi con rocas de color esmeralda. Los pocos koi japoneses con los que comenzamos finalmente se aparearon y había casi 40 de estos hermosos peces gigantes para cuando

---

2   NT: "Delfín Amarillo" y "16 Toneladas" en español.

Epílogo: Operación Embellecer Mandeville

J-R falleció. El ambiente del estanque koi es muy sensible; en un momento, lamentablemente, perdimos alrededor de 20 peces por falta de oxígeno cuando la bomba se rompió. Siempre me encantó lo mágica que se veía la fuente de delfines y el estanque koi, tanto al sol como por la noche, cuando las rocas esmeralda brillaban con una iluminación especial. Durante muchos años Jason alimentó a esos peces y cuidó de los perros y otros animales de J-R.

Instalamos un columpio en el patio delantero cerca de la fuente y el estanque koi. Debido a la larga y severa sequía de California, demasiadas cosas morían, así que decidí usar un paisaje seco. Plantamos tres hermosos olivos para simbolizar la paz donde estaba la hierba sin cortar. La cancha de baloncesto se veía genial. También estaba el granero: cuatro grandes cobertizos de almacenamiento adyacentes en la parte posterior que J-R hizo que el personal construyera, algún tiempo antes, para contener todo lo que él ya no quería en la casa o en la oficina de NOW Productions. Cuando surgieron problemas de fosas sépticas, Raúl y Rudy ayudaron a agregar una losa de concreto con drenaje incorporado en el lado suroeste de la propiedad, en la colina junto a la puerta de NOW, para eliminar la acumulación de lodo y suciedad en esa área.

A medida que los problemas de salud de J-R se hicieron más evidentes, necesitábamos una forma más rápida de sacarlo de la casa que a través de la cocina y llevarlo al médico (que quedaba a unos once kilómetros de distancia). Así que construimos una salida trasera fuera del ventanal de corredera de la habitación de J-R, junto al *spa*, a la que denominamos "la escalera de emergencia de J-R". Se construyó una escalera de cemento sobre una colina de tierra de modo que pudiera soportar el peso de las personas y las sillas de ruedas; esto nos permitiría salir hacia el pequeño callejón de NOW Productions, para luego subir al auto y ponernos en marcha. Era tranquilizador tener tres o cuatro salidas si alguna vez había un problema, como un incendio forestal o un deslizamiento de tierra, que ocurre a menudo en las áreas del cañón.

Durante nuestros numerosos viajes a Tierra Santa, a J-R siempre le habían gustado las hermosas baldosas de cerámica israelíes. Cada participante en su cumpleaños 80, en la Gira a Israel de 2014 recibió una de estas cerámicas. Sin embargo, envié un juego a Mandeville un año antes. Mientras embellecía el lado de NOW Productions de la propiedad, instalamos los azulejos israelíes con pastina entre los adoquines españoles en el patio oeste para honrar su cumpleaños.

A medida que avanzaba el embellecimiento de Mandeville, se convirtió en un lugar increíble donde estar. Las abejas melíferas se sintieron atraídas por el estanque koi, había muchos loros, colibríes, cuervos y ocasionalmente halcones, y por la noche, incluso teníamos varios búhos cerca. Me encantaba discernir entre los diferentes sonidos que hacían los pájaros, en especial de noche. A veces, muy tarde, yo era el único que estaba despierto y se respiraba una tranquilidad absoluta. Podía escuchar a los búhos ulular suavemente cuando descansaban; durante sus cacerías nocturnas se comunicaban con fuertes chillidos. Por alguna razón, esos sonidos me arrullaban hacia mi sueño nocturno.

Hace muchos años, antes de que J-R reconfigurara el primer piso, se podía ver desde la sala de estar a través de la cocina hasta el patio trasero, donde había una hermosa fuente. Una noche, en los años noventa, vimos una enorme lechuza de una envergadura de casi dos metros aterrizar allí y beber agua de la fuente. Creo que este mismo búho y su pareja pueden haber tenido crías en los años siguientes.

Dado que el estanque del patio trasero estaba perdiendo agua, hicimos que Raúl y Rudy lo reconstruyeran de acuerdo a su diseño original. El área de la piscina siempre ha permanecido igual, aparte de reemplazar la tubería de PVC por un sistema de rociadores mejorado para que el césped no se secara. He visto muchas fotos con J-R acostado en una pequeña hamaca allí atrás, donde está el *spa* ahora.

Epílogo: Operación Embellecer Mandeville

La Operación Embellecer Mandeville continuó con la remodelación del baño de J-R para mejorar la funcionalidad. A medida que su salud disminuía necesitábamos más espacio para maniobrar mientras lo ayudábamos en el baño y la ducha, ya fuera yo, Nathaniel o las enfermeras. Con la aprobación de J-R, le pedimos a Jason que diseñara una gran área de ducha tipo *spa*, con una amplia entrada a ras del piso y mucho espacio para rodar en una silla de ruedas. Había grifos dobles, asientos de madera de teca impermeables a los lados, similares a un sauna, para que pudiéramos sentarnos mientras lo limpiábamos, y un lavabo estilo salón que tenía su propio cabezal de ducha pequeño para poder lavarle el cabello. Se instalaron rieles de seguridad alrededor de la ducha y todo el perímetro del baño.

Todos los ancianos deberían tener un baño como este, si pueden hacerlo. De hecho, una de nuestras enfermeras, que también se preocupaba por una celebridad muy acaudalada, nos dijo: "Todos deberían copiar la forma en que diseñó este baño. Ustedes cuidan de J-R mejor que nadie que yo haya visto".

Raúl y Rudy hicieron la mayor parte del trabajo de construcción, y fueron brillantes al sugerir mejoras a muchas de nuestras ideas. Si bien los planes oficiales para esta remodelación de vanguardia fueron elaborados por un arquitecto recomendado por Mark Lurie, Jason fue el diseñador original, y Nat y yo agregamos algunas campanas y silbatos. Jason, que pasó al Espíritu durante la edición de este libro en agosto de 2019, vio de primera mano lo que enfrentamos en Mandeville y entendió cómo podríamos ayudar mejor a cuidar de J-R en esta situación. Quiero expresar mi agradecimiento por el gran trabajo que hizo durante muchos años en Mandeville, así como también en Miracielo, en Santa Bárbara.

En los últimos meses, con la aprobación de J-R y el apoyo de la Presidencia (Prez), redecoramos la sala de estar. Sentí que la estética era muy importante para nuestra tranquilidad, para mantener el ambiente positivo y proporcionar un lugar reconfortante para que J-R se relajara. De modo que transformamos visualmente la sala al ocultar todo el equipo médico y los frascos de pastillas para evitar que la vista de objetos externos desencadenara cualquier pensamiento negativo para la curación de J-R. Cada vez que las enfermeras necesitaban darle medicamentos o revisar sus signos vitales, tenían acceso a esos suministros que estaban en un cajón o traían una máquina desde la otra habitación. Los escondimos para que todo lo visible fuera estéticamente agradable para J-R y para nosotros, como los hermosos muebles, las fotos atesoradas y las obras de arte del MSIA, que datan de los años setenta y que rescaté del granero y conservé con enmarcación de museo.

Afortunadamente, J-R tenía un solo piso donde moverse, aparte de los tres o cuatro escalones en la puerta lateral de la cocina, que conducían al automóvil. Desde su mala caída por la escalera trasera en medio de la noche, no me gustaba la idea de las escaleras. Para evitarlas, hicimos que Raúl y Rudy pusieran una rampa en zigzag, lo suficientemente ancha como para una silla de ruedas, con una inclinación suave, pasamanos e iluminación.

Ahora que se vendió 3375 Mandeville Canyon Road, a partir del 18 de septiembre de 2019, espero que el comprador disfrute de estas historias y aprecie todo el amor y el cuidado que se le dio a la casa debido a su bienamado ocupante. La Operación Embellecer Mandeville siempre tuvo la intención de crear un santuario pacífico para que J-R pudiera encontrar paz cada vez que lo llevamos a casa después de ese viaje de 3,8 millas cuesta arriba. Animo a cualquiera que lea esto a encontrar formas de embellecer su propio hogar y entorno para que pueda disfrutar estéticamente su vida de la misma manera.

Epílogo: Operación Embellecer Mandeville

Sala de estar de J-R

Mandeville, la fuente reconstruida

*Créate un desafío,
y deja que ese desafío se manifieste
todo el tiempo,
que a partir de este momento,
en este momento de existencia...*

*Encontraré
felicidad y tranquilidad en mí.
Invocaré el nombre de Dios
mañana, tarde y noche.
Y me dedicaré, devota y totalmente
a la elevación de cada conciencia
que venga a mí.*

*Por lo tanto...
Sonreiré interior y exteriormente.
No me avergonzaré de mi amor.
Demostraré mi amor completamente.
Solo estaré allí y permitiré a todos los demás
el mismo espacio para revelarse.*

–JOHN-ROGER, D.C.E.

Hay otro nivel de conciencia llamado ser básico, que reside un poco más profundo que la mente subconsciente.
El ser básico puede separarse de la conciencia física y proyectarse hacia el futuro.
Puede trascender las barreras del tiempo y del espacio y avanzar para echar un vistazo a la próxima semana, el próximo mes o dentro de un año.

–John-Roger, D.C.E., *Viajes Durante los Sueños*

Apéndice A
Diario de viaje

घु

Después del lanzamiento de mi primer libro, *El Amor de un Maestro*, me embarqué en una gira por varias comunidades de MSIA dentro de Estados Unidos y en todo el mundo. Como se describe en estas páginas, sentarme en *Satsang* con otros ministros e iniciados de John-Roger es el llamado de mi Alma y el ministerio de mi corazón. La mayoría de mis viajes han sido documentados en una serie de artículos escritos para el *Nuevo Amanecer*, el blog en línea de MSIA, que se reproducen aquí con actualizaciones y edición menores, junto a otros registros del diario no publicados antes.

10 de octubre de 2017
Desde Rusia (y Londres) con amor

"¿Qué diablos estoy haciendo aquí en Siberia?". Son las 5 a. m. del sábado 30 de septiembre. Mi avión Aeroflot acaba de aterrizar en el aeropuerto de Barnaul.

Está lejos de ser la primera vez que me hago esa pregunta. De hecho, se ha convertido en una reacción común en los momentos en que mi ego cae y me siento pequeño. Lleno de dudas, le pregunto a la galería dentro de mí: "¿Por qué diablos estoy… [*Llena el espacio en blanco*]?"

Por lo general, no tengo respuesta. He aprendido a sentarme y observar hasta que cambie. A lo largo de los años observé la conciencia cambiante de John-Roger, que acordaba hacer algo un lunes para luego cancelarlo un viernes porque ya no estaba alineado. Y nunca se cuestionó a sí mismo ni sus decisiones. Para mí, eso fue una demostración de confianza, discernimiento y fe.

Mi viaje comenzó dos días antes en Moscú, donde fui recibido en el aeropuerto por Radislav y Katarina, que serían mis intérpretes "adscritos".

Moscú era una gran luz. La noche de mi llegada proyecté la película *El Viajero Místico* para siete almas en la oficina de un periodista con unos pocos asientos y un proyector. Después de presentar la película y hablar sobre J-R, tomé una siesta en la habitación de atrás. Cuando medio me desperté, Radi gritó: "¡Tomemos un descanso!". Cuando terminó el descanso, el grupo quería que hablara. Así que espontáneamente tuve mi primera "Noche con Jsu García" en Moscú, donde comenzó el *Satsang* de mis viajes. Hice mi propia versión de un (Seminario de Preguntas y Respuestas) P&R, compartiendo sobre J-R y mi reciente autobiografía en *El Amor de un Maestro*. Fue sincero y muy curativo para algunos. Básicamente, me hice a un lado y dejé que LMA (Los muchachos de arriba), SAG (La Sociedad de Ángeles Guardianes) y J-R lo manejaran.

Pasé mi último día en Moscú en la Plaza Roja, tomando café en el Kremlin y mirando la tumba de Lenin, preguntándome si él quería salir. La gente de la plaza parecía muy feliz. Recordé la primera vez que estuve allí, con J-R y el grupo de PAT IV en 1988. Mientras plantaba columnas de Luz sentí la energía de J-R y que

Diario de viaje

las columnas que él había plantado en ese entonces todavía estaban muy presentes.

Moscú fue un momento de contraste para mí, con la histórica tumba a un lado y el enorme Centro Comercial Gum, con la tienda más cercana que vende relojes Cartier, directamente al otro lado. ¡Interesante! Estoy consciente del trabajo en el que participó J-R. La luz y la alta vibración están muy presentes en la Plaza Roja y Rusia. Luz y amor a nuestros países compartiendo el bien común a todos a quienes concierne.

Catorce horas después, en la ciudad de Barnaul, entregaba el premio a la Voluntaria del Año para esta Conferencia anual de MSIA en julio, a Lubov Zhikhareva. Esta mujer es la potencia energética que supervisa el esfuerzo de traducir las Disertaciones de la Conciencia del Alma al ruso. Lubov es uno de los muchos ministros con los que he tenido el placer de colaborar en el Movimiento, que se han convertido en un cimiento del muro de las obras y enseñanzas de John-Roger.

La sala de eventos en el piso superior de mi hotel estaba llena con más de dos docenas de almas radiantes, que irradiaban luz energizada de sus caras después de un día ininterrumpido y completo de actividades espirituales. Comenzamos a las 11 a. m. con un bautizo espectacular de 25 participantes, seguido de plantar columnas de Luz en un parque del centro de la ciudad, y finalmente la proyección del estreno de la película *El Viajero Místico* en Barnaul.

Llegué tarde al estreno, presenté y comencé la película mientras terminaba siete iniciaciones y dos ordenaciones programadas para esa noche. Fue un día completo de Luz, Amor, película y tiempo. Ninguno de los presentes hablaba o entendía inglés, excepto dos personas. Gracias a Dios que apareció un ángel llamado Sofía que venía de Omsk, una ciudad ubicada en el centro-sur de Siberia y hablaba un inglés perfecto; sirvió generosamente como mi traductora todo el tiempo.

Sorprendentemente, las damas de Omsk, incluida Sofía, habían tomado un viaje en tren de 13 horas a Barnaul para estar en esta energía. Después de la proyección y la entrega del premio, ¡todos volvieron a la estación de tren para regresar a casa por otras 13 horas!

"Donde dos o más se reúnen, él está allí", dijo John-Roger. La atracción del Sonido y la Luz en esa habitación era difícil de resistir. Solo quería acostarme y volar. Fue un servicio desde el corazón, sin mucho que hablar al respecto, solo hacerlo. Y estoy muy agradecido de que ahora puedo caminar hasta 2101 Wilshire Blvd. para eventos en Santa Mónica.

Quiero agradecer a personas como Marjorie Eaton, Betsy Alexander, Laren Bright, Paul Kaye, Angel Harper y John Morton, que han apoyado a la comunidad rusa y la han mantenido. Sé que Terry Tillman, Cleora Daily, Nathalie Franks, Leigh Taylor-Young Morton y muchos otros atendieron el llamado amoroso, plantando y sembrando las obras de John-Roger en esta región. Es genial experimentar el trabajo espiritual y también verlo.

Entre Barnaul y Moscú, más de 15 personas se llevaron a casa los DVD de *El Viajero Místico*.

El 1 de octubre volé de regreso a Londres para preparar el lanzamiento y firma del Libro *El Amor de un Maestro* en el Old Columbia Hotel, donde J-R y John realizaron muchos eventos a lo largo de los años. El evento tendría lugar cinco días después de mi cumpleaños 54. Aprecié enormemente la ayuda de Nathalie Franks para configurar todo y el apoyo que me brindó durante el lanzamiento.

La firma del libro el 6 de octubre resultó ser un evento dulce y exitoso, con 16 hermosos invitados, incluidos varios queridos amigos. Sentí a J-R en la sala con otra reunión de "dos o más". Simple y natural. Me sentí amado y apoyado en mi ministerio.

Gracias, U.K. Gracias, J-R.

❋ ❋ ❋

24 de noviembre de 2017
Diario de viajes de Jsu. Otoño de 2017

Mi gira de libros durante el otoño en Europa implicó aparecer personalmente para hacer mi ministerio, compartir más sobre J-R y distribuir los libros de *El Amor de un Maestro* a amigos y familiares.

Comencé por entregar dos copias a David y Kathryn Allen en Ámsterdam. No sabía qué sacaría de nuestras reuniones, pero tenía que visitarlos. También fue un recuerdo del tiempo que estuve con J-R en Ámsterdam en un vuelo nocturno de KLM antes de dirigirme a Rusia después del PAT IV en 1988. El punto de referencia que tenía de viajar con John-Roger en 1988 con el de ahora es impactante: estaba asombrado por esta ciudad.

El trabajo de Luz que J-R hizo en Europa se exhibe en todas partes. Me dijeron que los Países Bajos tienen el mismo estatus. Sí, de seguro se preocupan por su gente. Los ciclistas son los reyes; los autos son los últimos en esta cadena alimentaria. Resulta más probable que un ciclista te mate, que un automóvil o un disparo. Gracias, David y Kathryn, por su amoroso apoyo.

Volé a Ginebra para visitar a Veronique y Babadandan Ji y una vez más me mostraron las partes principales de la ciudad. En Ginebra y otras partes de Suiza hay numerosos restos de los primeros refugiados y asentamientos protestantes. Visitamos una iglesia con muchos símbolos en sus paredes; uno en particular era un águila bicéfala, similar al diseño que J-R había impreso por protección en sus camisetas hace mucho tiempo. Después de nuestra visita, Veronique fue mi agente de reservas para trenes ICE (Inter City Express, Expreso entre ciudades) de alta velocidad para viajar de Ginebra a Essen, Alemania.

En Alemania, la primera película que filmé en 1984 es un clásico de culto: *A Nightmare on Elm Street*. La convención de la Casa de los Horrores de tres días en Oberhausen me invitó a un espectáculo de autógrafos. Hice nuevos amigos allí, y ellos ahora saben todo sobre J-R. Luego abordé otro tren de alta velocidad ICE para visitar a Arno Triebskorn, en Karlsruhe, Alemania, cerca de Heidelberg, un gran hombre que irradia Luz alrededor. Me recogió en Mannheim y nos dirigimos en auto a Karlsruhe; visitamos todos los grandes lugares: la catedral de Speyer, el castillo de Heidelberg, el puente y el castillo de Karlsruhe. Karlsruhe traduce "El sueño de Karl".

Un poco de historia: en 1988, antes del viaje a Rusia, J-R nos guió a un grupo de nosotros a través de Alemania para ver Heidelberg y otras ciudades, en especial Berlín oriental, donde J-R plantó el famoso "gusano de luz en el muro". Fue algo increíble de ver. Yo no necesitaba saber cómo J-R trabajaba con la Luz, solo sabía que podía hacer que actuara. Un año después, el infame Muro de Berlín fue finalmente demolido el 9 de noviembre de 1989.

Arno organizó una proyección de la película *El Viajero Místico* y un minialmuerzo de preguntas y respuestas en un espacio amigable e íntimo. El evento del libro *El Amor de un Maestro* fue bueno, con Christine y Samaneh, quienes nos visitaron desde Estrasburgo. Donde dos o más se reúnen, allí está J-R y él estaba, incluso con solo cuatro de nosotros. Qué corto pero dulce y mágico tiempo tuvimos compartiendo en el espíritu del amor. Gracias Arno y amigos.

Siguiendo al Espíritu y a J-R, me fui en avión a Málaga, España, y tomé un tren de alta velocidad a Barcelona. Han pasado 10 años desde la última vez que pisé Barcelona con J-R en la gira de la película *Guerreros Espirituales* en 2007. Todas las noches tuve sueños con J-R y con el Espíritu. Se me ocurrió llamar a mi amiga Anne en Cannes y sorprenderla con copias de *El Amor de un Maestro*. Primero, un tren de alta velocidad a Marsella, luego trenes locales a Cannes, Francia. ¡Ja! Cuando llegué a la medianoche, me di cuenta de que la película *El Viajero Místico* finalmente había llegado a Cannes, Francia.

Me quedé al otro lado de la calle desde donde tiene lugar el festival. Como era temporada baja, literalmente no costaba nada quedarse allí. Estaba vacío. Recordé cuando J-R me llevó a Mónaco en 1990 para cenar frente al casino de Monte Carlo. Al día siguiente alquilé un automóvil, un Citroën 2008 de última generación. Hombre, no sabía cómo conducir esta nave espacial. ¡Básicamente conduce por ti!

Anne y yo nos dirigimos a almorzar donde J-R me llevó en 1990. Fue genial verla. La Luz estaba con nosotros haciendo nuestros ministerios. Nos encontramos con amigos y el almuerzo se convirtió en cena. Conocimos a los amigos de Anne que viven en Mónaco e insistieron en que cenáramos juntos. Era una noche de cenas y de estar juntos, con almas de ideas afines, una verdadera bendición. Gracias, Anne. ¡Qué obsequio ser espontáneo y estar en el camino con el Espíritu!

✻ ✻ ✻

15 de febrero de 2018

El Amor de un Maestro, Gira Suroeste en 2018

Después del Año Nuevo me di cuenta de que tendría dos semanas libres ese mes para hacer un viaje por el suroeste de Estados Unidos. Con el apoyo de mi publicista, Teri Breier, el plan se concretó rápidamente con gracia y facilidad. ¡A último minuto, de forma espontánea! Puse algunas cajas de libros en el asiento trasero, le pedí a Amazon que imprimiera y enviara copias de *El Amor de un Maestro* a Boulder, Colorado, y me fui.

La gira por el suroeste comenzó en Tucson, Arizona, el viernes 19 de enero. Después de un viaje de nueve horas, en el que parecía que yo conducía a J-R, me reuní con Don y Donna Cook, quienes me hospedaron en su hermosa casa. No solo me alojaron varias noches en la habitación de invitados, sino que también celebramos los eventos allí. El sábado, los ministros e iniciados locales se presentaron en camaradería, algunos desde una gran distancia, incluidas personas como Samuel Flagler y muchas otras almas maravillosas. Nos sentamos juntos en *Satsang*, y comencé una charla sobre el libro *El Amor de un Maestro*, en el que detallaba mis experiencias con J-R: luego mostré un videoclip de 23 minutos de la película *El Viajero Místico*, centrado en las partes gnósticas: el canto de los tonos, una exposición de los diversos reinos, quién es el Viajero Místico y el Preceptor. Al día siguiente pasamos siete horas viendo una Maratón de Seminarios de J-R y proyectando la película *El Viajero Místico*.

En un momento tuve el destello de un recuerdo de la infancia, cuando mi madre se separó de mi padrastro y se fue corriendo a Tucson desde Orlando, Florida. Mis recuerdos de vivir allí cuando era muy joven me trajeron remembranzas de un tiempo maravilloso.

Luego me fui a Phoenix, donde Judi Goldfader y Angie y Mike "el Coronel" Nicolucci organizaron un evento nocturno. Soy el padrino de Ella, la hija de Judi, quien me permitió desempeñar un papel de padre temporal. Compartimos una experiencia, comiendo helado en "Dairy Queen", que ella llamó "deliciosa tranquilidad". Fue un dulce y hermoso momento de paz con mi hija espiritual.

En Prescott, Arizona, Frankie Cardamone, su amigo y yo nos reunimos en *Satsang*, por siete horas, viendo una Maratón de Seminarios de J-R y la proyección de la película *El Viajero Místico*. Nuestro tiempo sagrado juntos fue completado por Frankie haciendo malabarismos en el Espíritu. En este viaje parecía que estaba visitando mi pasado. En 1986 yo había servido como voluntario para Frankie y Rinaldo Porcile en el Departamento de Productos de PRANA. Recordamos con alegría las fiestas de *pizza*, los despachos de Disertaciones y nuestro compañerismo en el amor, sirviendo a los Viajeros.

En mi camino a Santa Fe, Nuevo México, pasé varios días con Robert Waterman y Karey Thorne. Si nunca has visitado o trabajado con Robert y Karey, date la oportunidad de tener esa experiencia. Mientras permanecía en su casa, el Espiritu me reveló el panorama completo, la Gestalt, un conocimiento interno de que existe una ilusión impulsada por el poder negativo de que J-R se ha ido. Por ejemplo, mi apego sentimental a lugares en Los Ángeles, como PRANA, Mandeville y el edificio de USM, como recordatorios de John-Roger, crea una apertura para la percepción distorsionada de "ya no es lo mismo", "la energía es diferente", y así sucesivamente. Es un proceso reactivo del cerebro reptiliano, de "luchar o huir", en el que el poder negativo entra en juego; la mente maneja esta percepción errónea. Sigo mi intuición, viajo por todo el mundo, no para escapar sino para sentarme en *Satsang* con los iniciados y ministros, lo que luego activa el *Satsang* dentro de mí con John-Roger.

Esta profunda comprensión y desarrollo de fortaleza dentro de mí sucedió lejos de la influencia de L.A. J-R solía decir que se necesitan dos años para ver con claridad cualquier relación, negocio o algo nuevo; para que te des cuenta si es para ti o no. Los últimos tres años, desde su transición, me han dado una perspectiva nueva porque no tengo ningún conjunto de formas de pensamiento, patrones u objetos internos que envíen un giro negativo a mi cerebro reptiliano. Cuando estoy al tanto de nuevas ubicaciones y conozco gente nueva, es Dios quien me saluda con un nuevo nacimiento.

Una tarde Rebecca Skeele organizó un maravilloso evento de firma de libros de *El Amor de un Maestro* en un hotel local. Al día siguiente, en su hermosa casa, seguimos con una Maratón de Seminarios de J-R y una proyección de la película *El Viajero Místico*. Tuvimos una participación fantástica en ambos eventos.

Continuando con el tema de volver a visitar mi pasado, disfruté al recordar a Rebecca cuando facilitaba algunos de mis entrenamientos PAT en Lake Arrowhead.

Tenía unos días libres, así que pasé un tiempo con mis amigos sijs en el rancho Yogi Bhajan en Española, Nuevo México, conocido como la hacienda del Guru Ram Das Ashram. Durante un recorrido por su centro de retiro se me hizo presente la ausencia de J-R. Vi cómo mantienen reverencia por su gurú y cómo nosotros también mostramos reverencia a nuestro Guía Espiritual, John-Roger. Me di cuenta de que veía a otro grupo que sufre y extraña a su maestro, de la misma manera que nosotros. Me encantó escuchar lo modesto y "ordinario" que era Yogi Bhajan. Vivió sus últimos días en la propiedad de Española. Dios lo bendiga, era un buen hombre. Me trajo muchos recuerdos, como cuando Yogi Bhajan insistió en que toda su congregación leyera el libro de John-Roger, *Un Pensamiento Positivo: El Lujo que Puedes darte*. Recordé que él, John-Roger y yo estábamos en Rusia en 1990 para asistir a algún foro religioso. Fue bastante impresionante.

Terminando la gira de libros del suroeste, me dirigí a la casa del rancho de Catherine Corona en Boulder, Colorado, el primer fin de semana de febrero. Fue un viaje espectacular. La última vez que estuve en Boulder fue hace unos 20 años, con John-Roger. Madonna y Tom Smyth apoyaron esta parte del viaje; fue increíble verlos, así como a Bertrand Babinet y a Tom Boyer; más recuerdos de los primeros días. Mi lectora de la Clase de USM de 2016, Julie Klingel, también se presentó al evento del libro *El Amor de un Maestro*, en el que terminé por vender más de 25 libros. ¡Qué bien! Al día siguiente hicimos una Maratón de Seminarios de J-R y proyectamos la película *El Viajero Místico*. Mary Ann Downs me invitó a la reunión de ministros y al almuerzo del domingo. Fue sorprendente experimentar una vez más la energía de "donde dos o más están reunidos", está el Cristo... está J-R... está el Viajero y el Preceptor...

Diario de viaje

En mi camino a casa en Los Ángeles me detuve en Helper, Utah, a unas dos millas de donde nació John-Roger. Alquilé un *Airbnb* y compartí algunas comidas con su hermano y su cuñada, Delile y Elda Hinkins. Me encontré con Louise y Charlie Hamilton, que habían ayudado con la película *The Wayshower*, y con Willie Ellington, un muy buen amigo y una institución local. Fue genial ver que esta ciudad está en auge económico desde que filmamos la película allí en 2010.

Próxima parada en la gira de libros de 2018 de *El Amor de un Maestro*: Australia. Gracias Nicole y John-Roger. ¡Los amo!

✺ ✺ ✺

21 de marzo de 2018

Gira en Australia. ***El Amor de un Maestro***

Cuando mi vuelo ANA Boeing 787 Dreamliner aterrizó en Australia, instantáneamente recordé mi última vez allí con John-Roger, el 3 de febrero de 2002.

Un día o dos después de nuestra llegada, J-R y yo estábamos sentados en una cafetería en Sídney y yo estaba triste. Cuando me preguntó si me gustaba estar allí, le dije que no se sentía tan bien. Además, había una audición que no me quería perder. J-R sabía que siempre le diría las cosas como son. La forma en que me devolvió la mirada indicaba que él tampoco se sentía tan bien. Entonces dijo que llamara a Brooke Danza para reservar nuestros vuelos de regreso a Los Ángeles al día siguiente. Como John Morton era el Viajero para ese entonces y dirigía el viaje australiano con el *staff*, no era un gran problema si nos íbamos.

Recordé que J-R era una increíble persona en ese sentido, se preocupaba por cómo me sentía y siempre me apoyaba en lo que fuera que estuviera involucrado, ya fuera actuar, cantar u otra cosa.

Mi reciente visita a Australia fue organizada y apoyada por la comunidad local de MSIA, en particular por el asombroso Andrew Urbanski, así como por Susan Skelton y Ruth Commisso. Más de 50 copias de los libros de *El Amor de un Maestro* fueron adquiridas por ministros, familiares y otros en nuestros tres eventos.

La tarde del domingo 25 de febrero celebramos una firma de libros en Greenwich. John Hayson organizó una proyección de la película *El Viajero Místico* y la Maratón de Seminarios de J-R en su casa en el norte de Sídney, todo el día martes 27 de febrero. Después de la reunión de ministros compartí sobre J-R y las experiencias de trabajar con él, que componen algunas de mis historias en *El Amor de un Maestro*.

La familia de Nicole, los Campbell, así como muchos ministros del MSIA, viven en un pequeño y pintoresco pueblo llamado Woy Woy, a una hora al norte de Sídney, rodeado de agua; es un lugar mágico donde las escuelas de patos cruzan la calle y el tráfico debe detenerse para dejarlos pasar. El sábado 3 de marzo por la tarde tuvimos una maravillosa firma de libros y un evento de Preguntas y Respuestas en una hermosa y espiritual tienda de la Nueva Era llamada Gnostic Forest; incluso, reprodujimos un poco de la película *El Viajero Místico*.

Espiritualmente, se está trabajando con todos nosotros, incluso si no somos conscientes de ello. Casualmente o no, una mujer entró, notó nuestro evento y decidió echarle un vistazo. ¡Resultó que ella había participado en Insight hacía 25 años! Una vez que vio la portada del libro con la cara de J-R hizo la conexión y se unió a la audiencia de aproximadamente 15 invitados. ¡Resultó increíble cómo fue guiada hasta allí, justo en ese momento!

Muchas gracias a Mary, la dueña, y a todos los grandes ministros que vinieron: Chris Hat, Wendy Bennett, Dawn White, Irene

Chlopicki, Judith, Peter y muchos más. ¡Fue maravilloso verlos a todos! Han pasado años desde la última vez que estuve en Australia, y espero volver pronto para compartir sobre J-R a través del ministerio de Jesús García.

El 2 de marzo, Nicole y yo alquilamos un auto. Primero fuimos a visitar el sitio del Retiro Jamberoo en Kangaroo Valley, un lugar potente donde J-R realizó un entrenamiento de Viviendo en la Gracia hace unos 19 años. Luego, siguiendo un sueño que tuve en Woy Woy, con un mensaje de que debía conectarme con John Morton en Bowral, Australia (donde MSIA estaba llevando a cabo el PAT 8), nos dirigimos allí y nos encontramos con John y Leigh en el tiempo perfecto.

En el camino de regreso a Los Ángeles me encontré con Bodhi Kenyon para desayunar en el Tokyo Palace Hotel durante mi escala de siete horas en Japón. Fue realmente bueno tomar un tren a Tokio y disfrutar de la ciudad, aunque fuera de manera breve. Esto me trajo recuerdos de la gira de 2016 en Japón, dirigida por John. He tenido experiencias internas en las que quiero estar en esa área y participar para ayudar a desarrollar la región asiática desde China hasta la India, incluidos Singapur y Malasia. Date un tiempo para ver los muchos Momentos de Paz de J-R, en los que habla de lo increíble que será China (y se ha vuelto hasta ahora). Hay muchas señales de los niveles internos acerca de estar en China y llevar la Luz allí. Así que me estoy inclinando hacia esto, siguiendo mi ministerio e iré a China en abril.

¡Gracias, John-Roger!

✸ ✸ ✸

30 de mayo de 2018
Diario de viajes de Jsu: China, 2018

En 1988, cuando la gira por Rusia llegaba a su fin, le pregunté a John-Roger si podía mudarme a Mandeville para trabajar con él. Él dijo: "Claro, termina tu película en Nueva York y luego dirígete a Mandeville". Agregó que primero tenía que ir con John Morton a los Juegos Olímpicos de Verano en Seúl, Corea, del 17 de septiembre al 2 de octubre. Así que comencé a trabajar con J-R después del 6 de octubre de 1988. Ahora, 30 años después, el trabajo que John-Roger y John Morton hicieron en Corea se ha manifestado en otras olimpiadas, esta vez las Olimpiadas de Invierno en PyeongChang, del 9 al 25 de febrero de 2018.

A mediados de abril fui invitado a China para ayudar a un amigo y no podía creer lo que veía en televisión mientras estaba allí: la cumbre intercoreana del 27 de abril. El líder norcoreano Kim Jong Un cruzó la línea que divide la zona desmilitarizada (DMZ) para reunirse con el presidente surcoreano Moon Jae-in, que se describió como una cumbre histórica. La energía estaba cargada de paz y posibilidades.

Esta fue mi tercera vez en China. La primera fue con J-R en una gira grupal en el año 2000. En 2017, Nicole y yo fuimos invitados por mi buen amigo Ribal Al-Assad de IMAN International Club para apoyar el liderazgo mundial por la paz a través de la Iniciativa Belt and Road (BRI), una estrategia de desarrollo global adoptada por el gobierno chino, que involucra desarrollo de infraestructura e inversiones en 152 países y organizaciones internacionales en Asia, Europa, África, Oriente Medio y las Américas. Un año después volví solo para ayudar a IMAN de nuevo. Esto fue perfecto para mí, porque recuerdo que J-R dijo que China algún día sería un gran líder de la paz mundial. Me sentí totalmente solo en ese país y, sin embargo, me encantó. Más de mil millones de personas y nadie sabía quién era yo.

Diario de viaje

Me encontré con Sheldon Dorenfest allí por segunda vez en dos años. Es increíble conectarse con un compañero ministro e iniciado en una tierra tan vasta de extraños, o al menos eso parece. David Clegg me presentó a Amy, maestra de chino para extranjeros, una persona increíble que me enseñó algunos conceptos básicos del idioma. En agradecimiento, le di la traducción al chino del libro de John-Roger, *Amor Viviente del Corazón Espiritual* y ella terminó por traducir *El Amor de un Maestro* al chino.

¡Cuando cruces la calle en China, será mejor que estés consciente! Tiene un gran flujo. Contraté varios taxis de tres ruedas para navegar por el tráfico, y se logró. Tienen una conciencia grupal armoniosa. ¡Asombroso! Puse la Luz adelante nuestro, confié y fluí a través del tráfico como si fuéramos parte de un banco gigante de peces.

Después de 18 años, finalmente completé la Ciudad Prohibida al llegar a la cima del Parque Jingshan. Recordé que J-R y yo tomamos una foto en la plaza Tiananmen. Qué viaje, volver después de tanto tiempo. Me sentí seguro allí, experimentando ser cuidado y protegido.

El 22 de abril transmití la película *El Viajero Místico* con subtítulos en chino y cinco Momentos de Paz (MOP) sobre China, de J-R y John. Mi favorito es el llamado "Paz con el pueblo chino", donde J-R dice: "El karma de China estaba vinculado a Shambala, que está sobre el desierto de Gobi. Su karma ahora es fluir para que pueda convertirse en una potencia mundial. Chinos, japoneses, mongoles, vietnamitas tendrán un papel importante en la liberación de mucha negatividad del planeta".

Es sorprendente lo que J-R predijo entonces (también estaba yo presente en 1988 cuando él plantó un "gusano de luz" en el Muro de Berlín oriental y un año después se derrumbó). Para escuchar mis extractos favoritos directamente, los invito a ver los cinco Momentos de Paz de China (véase Apéndice C, Recursos para enlaces).

China tiene una energía fresca y un sentido de progreso colectivo. Sin tomar partido político, es importante estar abierto a compartir el Amor y la Luz. Sentí fuertemente la presencia de

J-R conmigo. Es algo que invoco todos los días: la energía de John-Roger, el Preceptor y el Cristo.

Como otro viajero, el profeta Mahoma dijo una vez: "Busca el conocimiento, incluso hasta en China".

Gracias siempre a John-Roger.

❋ ❋ ❋

17 de julio de 2018
Diario de viajes de Jsu: América Latina, 2018

Tan pronto como mi libro *El Amor de un Maestro* se tradujo al español, programé la gira ministerial de Jesús García 2018 para *El Amor de un Maestro* en América del Sur y México, que tomó lugar durante el mes de junio.

Empecé en Bogotá, Colombia, y pasé el mejor momento trabajando con Alberto Arango. Él y Diego Forero me ayudaron a organizar la Maratón de Seminarios de J-R y el evento de mi libro que también fue genial. Hice sesiones de asesoramiento allí y fue realmente bueno ver que el trabajo de J-R continúa en Bogotá.

Luego fui a Chile y fue increíble. Me propuse quedarme en las casas de personas que querían alojarme. ¡Resultó increíble estar cara a cara con algunos de estos ministros e iniciados de siempre! Mayores pero no envejecidos, todavía son muy jóvenes de corazón. Están llenos de mucho poder a través de la autoridad ministerial al ser iniciados de J-R y John. Fue inspirador sentarse en *Satsang* con estas personas.

Ya sea que se trate de una Maratón de Videos J-R, la proyección de la película *El Viajero Místico* o la firma de libros de *The Love of a Master/El Amor de un Maestro*, el formato realmente no importa. Todos estos eventos son solo una excusa para reunirse, porque donde dos o más se reúnen, ahí está el Espíritu. Ahí es cuando aparece J-R.

Mis experiencias fueron muy, muy claras en lo interno y en lo externo. En particular, mientras viajo, cada vez que salgo de Los Ángeles, empiezo a darme cuenta de que John-Roger está a mi lado y lidera el camino, como siempre. No llevo nada especial, *todos* lo hacemos. Entonces, cuando nos reunimos, comienza el *Satsang*, la reunión de la verdad.

En un viaje nocturno volé a través de los Andes desde Chile hasta Mendoza, Argentina, donde fui alojado por Eduardo Vera. Las experiencias que sentí allí fueron más allá de las palabras. Eduardo pudo reunir a muchos para la maratón de J-R. John había aprobado algunas iniciaciones, y fue increíble estar con el fuego de Mendoza. Los iniciados y ministros de allí le dan a esa comunidad una energía intensa de John-Roger que atrae a la gente; están interesados en el MSIA y en lo que hacemos.

Regresaré a Argentina, esta vez a Buenos Aires, en noviembre. En 2013, Nat, J-R y un pequeño equipo participaron en el festival de cine de Mar del Plata con la película *El Viajero Místico*, apoyada por Graciella Borges, Juan Cruz y Kate Kirby. Espero verlos y trabajar con ellos nuevamente.

De vuelta a Chile fui recibido por Reymi y pasé tiempo con ella, con Verónica, Pilar y tantas personas en Chile a quienes amo tanto. Recuerdo haber ido a Chile en 1986 para hacer una película y después regresé muchas veces con John-Roger. Creo que en nuestra última visita vi por última vez a Alex Padilla, pues estábamos en el mismo hotel.

Desde allí me dirigí a Ciudad de México, donde Graciela me recibió y Marcos fue el anfitrión de las maratones de J-R, la película *El Viajero Místico* y el evento del libro *El Amor de un Maestro*. Pasé bastante tiempo allí, y fue bueno conectarme con ese lugar. Caminé por los muchos distritos y conocí muy bien Ciudad de México.

En un grupo con Graciela, Claudia, Marta Soto y algunos amigos fuimos a la Pirámide del Sol. Dirigidos por Claudia, subimos a la pirámide, invocamos la Luz e hicimos una meditación temprano en la mañana, lo que marcó la pauta para lo que estaba por venir. Sentí a J-R muy presente en Ciudad de México. Solo trato de seguir el camino del Maestro.

Si miras la película *El Viajero Místico*, hay una escena en la que obviamente miramos a través del ojo de una cámara, y la persona que está filmando es John Morton, quien dice: "Y aquí está la Pirámide del Sol". Entonces puedes ver a John-Roger dirigiéndose a la Pirámide del Sol con Edgar Veytia. Es muy inspirador.

Cuando llegué a casa, mi madre no se sentía bien, así que volé a visitarla a Homestead, Florida. Resultó que ese era simplemente el catalizador para llevarme allí. Mi madre se sintió mejor de inmediato; por supuesto, J-R la recuperó. Ella estaba fuera del hospital, se sentía genial y pudimos pasar un par de días juntos.

Quiero tomarme un momento para reconocer a mi madre, Nicia Ferrer, por todas las grandes cosas que ha hecho a lo largo de los años. Nunca supe qué hizo exactamente por MSIA cuando trabajó allí. Pero ahora, por donde sea que viaje en América Latina o Miami, la gente me detiene regularmente y me pregunta: "¿Cómo está tu mamá?". "¿Cómo está Nicia?". "Dile que la amamos". Y estoy impresionado por el impacto que tuvo en tan poco tiempo y lo importante que es, como latino, estar en Estados Unidos en PRANA, representando a nuestra comunidad en MSIA. Mi madre fue esa persona por un tiempo y ayudó a mucha gente de la comunidad latina. La vi ir a trabajar, pero ahora he experimentado el tremendo efecto de ello.

Mientras estaba en Miami fui alojado por muchas personas del MSIA. Asistí al seminario en casa de Luis Mario y a una fantástica meditación al estilo MSIA. Fue increíble, ¡la energía estaba enardecida! Recientemente, Skyler Patton y Debbie Roth habían viajado allí para apoyar a la comunidad. Noté que los asistentes eran principalmente latinos, lo cual resultaba muy diferente de lo que recuerdo de la década de 1980. Terilee Wunderman y algunos otros también estaban allí. Salí muy impresionado por la forma en que Luis, Teri y otros mantienen a la comunidad de Miami. Quiero decir en voz alta: ¡me encanta Miami!

Amo a mis comunidades de MSIA, y estoy aquí para encender, promover y compartir a John-Roger dentro de todos nosotros. Una de mis tareas principales en mi ministerio es viajar a lugares y realizar iniciaciones y ordenaciones en nombre de John-Roger o John. Incluso, si es solo una persona en un área aislada, como cuando estando en Europa, recientemente, hice un viaje de cuatro horas a Grecia. En general, viajo por mi cuenta; a veces la gente me patrocina para hacer eso, y estoy abierto a recibir lo más posible. ¡Es fantástico y me encanta!

Finalmente, llegué a la Conferencia del Cielo en la Tierra, probablemente una de las mejores conferencias desde que J-R trascendió. [Al momento de escribir esto] soy un graduado de USM en el programa de Consciencia, Salud y Curación, y pronto obtendré mi Certificado de Finalización de 10 meses después del laboratorio, en el mes de agosto. Fue genial tener a Ron y Mary Hulnick facilitando el taller y escuchar a John Morton compartir.

El sábado del taller de dos días, levanté la mano y tuve un momento catártico. Hace 30 años, en enero de 1988, en un taller de relaciones en el Sheraton Universal, había compartido con John-Roger. Antes, se había acercado a mí para preguntarme: "¿Cómo te llamas?". Le respondí: "Jesús García" e insistió: "No, ¿cuál es tu otro nombre?". "Oh, Nick Corri, soy actor", y él dijo: "Ese es. Ellos te conocen como Corri", y yo dije: "¿Quién es 'ellos'?". J-R dijo: "Los registros kármicos".

Era solo un pescador de hombres. A partir de ese momento, fui marcado. Y al compartir ese día, dije que quería trabajar con él. Le pregunté: "¿Puedo actuar y seguir siendo espiritual? ¿Puedo trabajar contigo y hacer lo que hace John?". Esto es antes de que

John Morton fuera un Viajero. Estaba sentado en la parte de atrás. J-R dijo: "Bueno, ve a hablar con John sobre eso" y lo hice. Para hacer la historia corta, 30 años después, 26 años con John-Roger, fue increíble.

La Conferencia del Cielo en la Tierra fue extraordinaria. Todo estaba en llamas, sobre todo, dentro de mí. Navegar después de la trascendencia de J-R no ha sido fácil para mí. Claro, es un desafío para muchos de sus ministros e iniciados. Pero, en particular, para mí sigue siendo abrumador. Es difícil. Es una locura. Pero cuando viajo puedo conectarme con él internamente y vivir en eso. Y es muy gratificante, en especial si tengo experiencias internas de la Corriente del Sonido con John-Roger. Cuando lo escucho hablar, llevo 26 años de la voz de John-Roger en mi cabeza, y es como una máquina de discos. Con cada movimiento que hago escucho el consejo. Y continuo así.

Que la Luz vaya adelante de mis próximos viajes a Europa y también cuando lidere un viaje a Israel por primera vez desde que J-R falleció, para celebrar el cumpleaños número 84 de John-Roger. Dios nos bendiga.

※ ※ ※

19 de octubre de 2018

Diario de viajes de Jsu. 2018:

Gira de *El Amor de un Maestro* a Israel y Europa

En agosto, Nicole y yo viajamos a Europa unas semanas antes de comenzar la gira *El Amor de un Maestro* a Israel. Hice el viaje del año pasado solo, porque Nicole estaba ayudando a cuidar a su padre, Owen Campbell, en Australia, hasta su trascendencia en diciembre. Dios bendiga su Alma. Así que esta vez era realmente agradable tener a Nicole a mi lado en la carretera nuevamente para experimentar todos los milagros y fenómenos, al igual que en los viajes de J-R.

Nuestros viajes comenzaron en Ámsterdam con David y Kathryn Allen. Aprecié la comunión y el *Satsang*. Siempre es bueno hablar con ellos sobre los viejos tiempos con J-R. Luego visitamos a Claudie y Guillaume Botté en Toulouse, Francia, donde el calor era abrasador. Nos impresionó la arquitectura que distingue a esta región, más similar a España que el resto de Francia, con su proximidad a la cordillera de los Pirineos. Mientras nos quedamos con los Botté, ellos estaban haciendo el programa de Liderazgo Trascendente, por lo que la energía en su hogar era realmente poderosa y nos encantó estar allí.

Luego, fuimos a otras partes de Francia para realizar unas fabulosas giras privadas con Véronique Sandoz, hasta que viajamos a Sofía, Bulgaria. Fue una experiencia maravillosa estar en comunión con Hristina Kirimidchieva, Georgi Markov y muchos de los ministros de MSIA allí. "Donde dos o más se reúnen...". Hicimos una firma de libros, compartimos, organizamos una Maratón de Videos de J-R y proyectamos la película *El Viajero Místico* con subtítulos en búlgaro. Y hablé mucho sobre mis experiencias de vivir y trabajar con John-Roger.

Luego, Hristina y Georgi nos llevaron a Nicole y a mí en su increíble versión de una gira búlgara y nos mimaron todo el camino. Fuimos a pequeños pueblos donde hacen el auténtico yogur búlgaro, natural y mundialmente famoso (que llaman "leche agria") con su probiótico *Lactobacillus bulgaricus* cultivado de forma nativa. También probamos la miel fresca de las abejas, recogimos nuestras bayas silvestres y compramos el exclusivo aceite de rosa, que tiene muchas propiedades curativas.

Esto estaba cerca de la región de los Siete Lagos, donde Peter Deunov fundó la Hermandad Blanca Universal, un movimiento religioso de la Nueva Era, a principios del siglo XX. Cada uno de los Siete Lagos es una metáfora o símbolo diferente, el último representa el ALMA. Cuando visitamos cada lago en la secuencia, se sintió similar a nuestro proceso de caminar por el laberinto o elevarse a través del sistema de chakra. Lo experimenté como una energía muy similar al lago Titicaca en los Andes de América del Sur.

Realicé una iniciación en Suiza, luego John Morton aprobó una ordenación e iniciación para un compañero de MSIA en Grecia. ¡Hristina no dudó en llevarnos a otro país! Nos encontramos en Larissa, Grecia, cerca de Olympiaki Akti u Olympic Beach. Esto realmente nos dio todo el sabor europeo, como una gran olla con una variedad de alimentos. En la playa había griegos, búlgaros y rusos... todo tipo de personas de diferentes países, todos mezclados, bañándose juntos en una playa hermosa. Nos bautizamos unos a otros en el mar Egeo. Era la primera vez para mí.

Y luego nos fuimos a una experiencia que no había tenido desde que J-R estaba vivo todavía, en nuestro último viaje en septiembre de 2014, cuando un grupo de nosotros celebró su cumpleaños en Israel, Jerusalén y Palestina. Codirigí este viaje de 12 días a Israel con Benji Shavit, de Regina Tours. Era un grupo pequeño e íntimo de solo 15 personas, en su mayoría mujeres; la mitad ciudadanos estadounidenses y casi la mitad latinoamericanos y un australiano. Mantuvimos el costo lo más accesible posible para los participantes. La noche en la que aterrizamos en Tel Aviv el 17 de septiembre, celebramos una sesión de bienvenida grupal donde nos conocimos, revisamos el itinerario, repartimos camisetas, credenciales y etiquetas de equipaje. Realmente se sentía como si J-R estuviera presente, como en los viejos tiempos.

La gira comenzó oficialmente el 18 de septiembre, que resultó ser el día sagrado judío de Yom Kippur (el Gran Perdón) dedicado al arrepentimiento, a la expiación y al perdón; luego comienza el Año Nuevo Judío. Empezamos con bautismos en el río Jordán para limpiarnos y alinearnos con el Espíritu y nuestros Maestros

Internos. En viajes anteriores, John Morton siempre fue el instructor que demostró cómo actuar y participar en el proceso del bautismo, por lo que extrañé que estuviera allí. ¡Pero esta vez me encontré asumiendo ese papel!

El bautismo al estilo MSIA es para la remisión de los pecados en esta vida y en otras vidas, y el Espíritu te asigna un ángel guardián. Recuerdo que J-R oficiaba al ángel guardián, lo que no pude hacer, pero simplemente lo asumimos. Es como "simular" el reino del Alma, y lo obtienes. Fue una experiencia increíble. En el Momento de Paz llamado Ángeles Guardianes y el mar de Galilea, J-R explica esto en sus palabras.

Desde una sinagoga local observamos el Yom Kippur esa noche, luego en Kfar Kisch, un pequeño pueblo en la base del monte Tabor realizamos un retiro de meditación de tres días, cerca de la región de Galilea. Los participantes iban y venían de sus diferentes viviendas de *Airbnb* en la aldea, y todos nuestros desayunos y almuerzos fueron preparados orgánicamente por Benji, su hijo Gilad, su nuera Mia, junto con una mujer llamada Karen. Nos trataron como a la realeza en su viñedo y realizamos excursiones al monte de las Bienaventuranzas y finalmente al monte de la Transfiguración. El taller fue hermoso, incluida la meditación diaria de Luxor y los videos de J-R; fue una experiencia increíble sentirlo a él en todo momento.

Luego fuimos a Jerusalén por tres días y comenzamos con la tradicional bendición del monte de los Olivos. Fuimos al monte del Templo, el Muro de los Lamentos, y visitamos los diferentes barrios de la Ciudad Vieja: armenios, judíos, musulmanes y cristianos. Hicimos un viaje colateral a la iglesia de la Natividad en Belén. El 24 de septiembre, el grupo y algunos invitados especiales disfrutaron una cena de celebración del cumpleaños 84 de John-Roger en el restaurante *Notre Dame Rooftop Cheese and Wine*, con vista a la Ciudad Vieja.

Vinieron a la cena también una de mis compañeras de clase de USM que es israelí, Helena Shoshana, y Barbara Schwarck, de Pennsylvania. Llegamos a tiempo para ver la puesta de sol sobre la Ciudad Vieja. Fue hermoso. Así que agradezco a J-R por todo. Gracias.

Después de nuestro asombroso tiempo en Jerusalén pasamos dos días en el área del mar Muerto. Debido a que no se nos permitió subir a pie a Masada, tomamos los tranvías aéreos hasta la cima. Parecía que J-R caminaba con nosotros y estaba al frente del autobús conmigo y con Benji. También recorrimos las cuevas de Qumran, donde se descubrieron los famosos Rollos del Mar Muerto en 1946/47, y muchos de nuestro grupo hicieron paquetes de lodo que flotaron en el mar Muerto altamente alcalino, que a su vez, se considera el lugar más bajo de la Tierra.

Benji fue increíble todo el tiempo... ¡incluso tradujo en inglés y español! Conocimos a Shraga y terminamos con una pequeña cena de bendiciones cerca de la calle Ben Yehuda, cerca de la puerta de Jaffa, afuera de la Ciudad Vieja. Fue muy agradable estar de vuelta en la silla de montar conduciendo un viaje. Así que tengo en mente que habrá otro viaje para mí. Estoy tratando de conectar a J-R dentro de mí para ver lo que está claro en términos del próximo destino, fue una experiencia increíble. Manténganse al tanto.

Luego volé a Londres con Nicole para hacer más iniciaciones para John, y celebré mi cumpleaños 55 con un evento de firma de libros de *El Amor de un Maestro* en Borde Hill, una Maratón de Videos de J-R, organizada por A.J. y Eleni Clarke y Nathalie Franks. Nat Sharratt vino por un día desde Francia, ya que tuvo un desfile de moda para su negocio. Nos reunimos en Carlton Towers con nuestra familia y amigos de MSIA en Londres para reavivar los recuerdos de los tiempos que estuvimos allí con J-R, Delile y Elda Hinkins, y los grupos. Muchas personas del MSIA vinieron a la maratón de J-R, fue increíble. Gracias a todos ustedes por complacerme en mi ministerio, estar en *Satsang* con la energía de J-R y compartir nuestras experiencias con J-R.

Nicole y yo teníamos que hacer un trabajo espiritual en Escocia, donde pasamos una noche y dos días. Ella se dirigió a Roslyn Chapel para plantar más columnas de luz, mientras yo hacía una iniciación para John Morton. Recuerdo haber celebrado el cumpleaños de J-R en 2011, cuando John llevó a algunas personas a Roslyn Chapel, que es genial. No está lejos de Edimburgo, a unos 30 minutos, y luego tomamos un tren de regreso a Londres. Disfruté compartir con Nicole los viajes que hicimos con J-R. Es hermoso tener a alguien para esos momentos juntos, como hice con J-R.

Y otras noticias: ¡estoy emocionado de compartir que el libro *El Amor de un Maestro* ha sido traducido al chino! Pronto me voy a hacer otra gira de *El Amor de un Maestro* en México, Colombia, Chile, Argentina y Brasil.

¡Dios los bendiga a todos!

❋ ❋ ❋

10 de enero de 2019

Gira de *El Amor de un Maestro*

América Latina & Asilomar, otoño de 2018

A finales de octubre regresé a América Latina con la traducción al español de mi libro *El Amor de un Maestro,* y volví a visitar muchos de los lugares a los que viajé el verano pasado. Esta vez comencé en Ciudad de México y me quedé nuevamente en la casa de Graciela, uno de mis lugares favoritos.

Un nuevo presidente había sido elegido recientemente, y vi mucha construcción en el aeropuerto. Cerraron todo el sistema de agua de Ciudad de México, por lo que mucha gente se fue. Algunas residencias, como la de Graciela, tenían acceso al agua, pero muchas no. Esta fue una buena oportunidad para pasar con los ministros y disfrutar de México.

Martha Soto y Marcos también estuvieron conmigo cuando presentamos una Maratón de Videos de John-Roger y mi nuevo taller *El Amor del Maestro:* una inmersión de un día en videos y compartir de J-R, basado en mi libro y experiencias. Creo que se presentaron seis o diez personas porque estábamos sosteniendo la Luz.

Mi siguiente parada fue en Colombia. Me detuve en Bogotá el tiempo suficiente para conectarme con Ilse y Alberto Arango y Juliana y Diego Forero. Luego viajé con ellos a La Calera, un hermoso pueblo en la montaña, a unos 18 kilómetros de distancia. A casi 9.000 pies (2.718 metros) de altura, tuve dificultad para respirar, ya que soy propenso al mal de altura.

Gracias a Pablo Lipnizky, quien trabaja en la Escuela de Educación Ekirayá Montessori, pudimos instalarnos en un gran salón de clases en el campus. Fue una experiencia fantástica. Mostramos algunos videos geniales de J-R que los lugareños no habían visto, porque recientemente habían sido subtitulados en español; también subtitulé *Viaje al Este*. Los participantes disfrutaron de un par de días muy completos en el formato de un taller viendo videos de J-R y compartiendo.

Melba Alhonte, desde Nueva York, nos había enviado a varias personas nuevas, que recibieron una gran dosis del amor que había en la habitación. Una dama nueva compartió que los videos y la información sobre John-Roger eran geniales, pero lo que realmente la impulsó fue el amor que sentía en la habitación por J-R. Supongo que J-R hizo su trabajo desde el otro lado, porque todos en la sala compartieron sobre J-R, su Maestro e instructor, así como John Morton, que es lo que la gente nueva quería escuchar. Fue una muy buena retroalimentación para aprender lo importante que es hablar y compartir, junto con los videos de J-R, porque cuando dos o más se reúnen de esa manera, la energía se pone en marcha.

Y luego nos fuimos a realizar iniciaciones en varios lugares, ¡comenzando con Chile! Me quedé en casa de Rémy Eurex en Santiago. Vania Grimalt voló desde Los Ángeles, e Isabella y Pedro también ayudaron. Todos fuimos a la costa, pasamos tiempo con Ana María y unas 10 personas nuevas que estaban interesadas en el Movimiento del Sendero Interno del Alma. Como de costumbre, hicimos una Maratón de Videos J-R y vendimos copias de mi libro. Y realmente se convirtió en un escenario fantástico para hacer *Satsang*, compartir sobre J-R y hablar de este maestro. Es casi como un sueño, como si estuviéramos hablando de otra vida, pero presentándolo en este momento, no como un recuerdo sino ahora mismo, y poder disfrutar de esa energía.

Fuimos a Viña del Mar, que es un casino al que J-R me llevó a fines de los noventa... Creo que John también estaba en ese viaje. Fue una gran experiencia caminar y reavivarse por la energía de las columnas de Luz que J-R dejó allí. Después visitamos la casa de Nora Valenzuela en Viña del Mar, que es realmente hermosa.

Luego, en el itinerario se encontraba Mendoza con Eduardo Vera, quien realiza seminarios de MSIA tres veces por semana. ¡Fue increíble saltar a esa estructura y disciplina! Compartimos dos noches fantásticas. Creo que hicimos un trabajo de tres horas, realmente genial. Unas personas eran nuevas, otras estaban en el Movimiento, algunas eran suscriptoras de las Disertaciones del Conocimiento del Alma. También hicimos varias iniciaciones allí para John. Mucha luz y amor para todos ellos.

Alojarme en los hogares de las personas me da más y más la sensación de que J-R está en todas partes y en todos. Y es tan hermoso. El Viajero trabaja de maneras misteriosas. John había completado recientemente su viaje a Sudamérica, así que tuve la oportunidad de visitar varias comunidades poco después de que John se fuera y había *mucha* energía.

Los sueños de un Maestro

Cuando llegué a Buenos Aires la Cumbre del G-20 había comenzado, con líderes mundiales como Putin, Trump y el presidente Xi de China. Fue el momento perfecto para mí. Aunque no vino mucha gente a la maratón de J-R o al taller, pude pasar el rato con Diana Fungai, como también con Vania e Isabel, que vinieron a apoyarme desde Santiago. Así que allí estábamos en Buenos Aires sosteniendo la Luz para el G-20. Incomparable, me encantó.

Una noche me invitaron a pasar el rato con la comunidad Insight, que es grande. Estar allí me recordó la ocasión en que estuvimos en Buenos Aires con J-R y trajimos la película *El Viajero Místico* al Festival de Cine de Mar del Plata, en 2013.

Antes de eso, en 1997 más o menos, fue la última vez que vi a Alex Padilla, facilitador de Insight y traductor al español durante mucho tiempo para los seminarios de J-R de MSIA. Cuando las luces se encendieron en la audiencia, J-R les dijo a los participantes: "Todos despídanse de Alex", mientras Alex se iba. Poco después, Alex hizo su transición inesperadamente.

Y luego fui a São Paulo, Brasil, donde me encontré con Wagner, quien me había hospedado en 2007. Esta vez me quedé en la casa de Agi, que era realmente hermosa, y vendí 48 libros de *El Amor de un Maestro* en portugués. Un gran agradecimiento a Agi, ¡muchas gracias! También pude iniciar a alguien allí para John.

Realmente disfruté mi tiempo en Sudamérica, sobre todo por el clima maravilloso. A medida que el hemisferio norte se dirigía hacia el invierno, aquí abajo explosionaba la primavera. Nunca había visto a Santiago de Chile tan hermoso, o Mendoza, o Buenos Aires, ese nombre es perfecto para la ciudad. Era "Buen Aire". Y, por supuesto, todos esos representantes de MSIA, buenos amigos de J-R y John Morton, que fueron simplemente fantásticos y me trataron muy bien.

Desde mi punto de vista, el estado de MSIA funciona muy bien en todo el mundo. El Viajero está conectado en todas partes: no hay frontera y no hay límite, excepto lo que está en la mente y lo que la gente quiere creer. Pero en mi experiencia, el Viajero como J-R es poderoso en todas partes, y esta línea tiene continuidad con John, el Viajero actual, que trabaja en todas partes. Él es amado y lo apoyo a él y al MSIA, y estoy muy contento de poder ver a J-R en todas partes.

Ese ha sido mi ministerio también. Después de 26 años con J-R, ha resultado muy importante para mí buscarlo afuera y aprender otro idioma, similar a aprender griego. Es como un lenguaje interno completamente diferente, un lenguaje espiritual de conexión con ese ser querido, en particular mi maestro, mi instructor, mi Viajero John-Roger. ¿Y cóm hago esto? Canto mi tono.

Cuando se reúnen dos o más, él está allí, y puedo ver y sentir su presencia como lo hice cuando finalmente volé de regreso a LAX el 9 de diciembre. Dormí bien en casa, empaqué y salí a la carretera al día siguiente para unirme al inicio del retiro "El Camino Real" en Asilomar, para estar de servicio a John Morton y Sheri Wylie. Cuatro años antes, en diciembre de 2014, habíamos esparcido las cenizas de J-R desde un bote en el océano en la playa de Asilomar, lo que puedes ver cuando miras desde la sala de conferencias donde hacemos los procesos PAT.

El final de 2018 marcó 30 años desde que levanté la mano en el Sheraton Universal Hotel, durante el taller de relaciones con los doctores Ron y Mary Hulnick. Fue el día en el que levanté la mano y dije que quería ser como John y servir a J-R, y fui bendecido al haber conseguido ese deseo.

Quiero seguir teniendo otros 30 años si J-R me los da, y estoy aquí para buscar a mi maestro, para buscar el reino de los cielos. Recuerdo que J-R me citó el versículo bíblico: "Busca el reino de los cielos y todo lo demás vendrá a ti". Y luego agregó su comentario: "No dice que tienes que encontrarlo, solo sigue buscando".

Baruch Bashan y las Bendiciones del Año Nuevo

❋ ❋ ❋

7 de marzo de 2019

Gira de *El Amor de un Maestro*: U.S., invierno de 2019

Este viaje comenzó a mediados de enero con un recorrido en automóvil desde Los Ángeles hasta Tucson, Arizona, uno de mis lugares favoritos para pasar el tiempo. Una vez más me quedé en la casa de Donna y Don Cook, donde organizaron una hermosa sesión de preguntas y respuestas sobre *El Amor de un Maestro*, y dimos algunos seminarios de John-Roger. Al día siguiente resultó ser una reunión local de ministros; fue muy agradable pasar tiempo con la gente de Tucson, incluidos Barbara Wieland, Joyce Evans, Samuel Flagler y otros.

Continuando con mi gira de "predicador itinerante" por *El Amor de un Maestro*, la siguiente parada fue Phoenix, donde vi a Judi Goldfader y su hija, y me quedé con Angie y Mike Nicolucci. Tuvimos una maratón VIP privada, con videos de J-R y dos nuevos invitados: un suscriptor de las Disertaciones y alguien que me conoce de Facebook. Volé a Denver para una iniciación, regresé y pasé la noche en Las Vegas, Nevada. En memoria del trágico tiroteo masivo de octubre de 2017, alguien me alojó en el hotel Mandalay Bay, donde aproveché la oportunidad para plantar columnas de Luz. Una maratón de J-R trajo a los lugareños David Wilkinson, Elaine Baran y Will Porter. Esto evocó vívidos recuerdos de mi tercer Balance de aura en Las Vegas en la casa de Lucrecia 30 años atrás, cuando J-R tocó las puntas de mis pies. A partir de ese momento estaba enganchado y participaría en el primero de mis muchos viajes de PAT IV en 1988.

Hice una visita rápida a Helper, Utah, para pasar la noche con el hermano y la cuñada de J-R, Delile y Elda Hinkins, y también vi a su sobrino, Dave Hinkins. Disfruté verlos a todos. Utah estaba bastante frío, pero hermoso. Mi itinerario me llevó a Robert Waterman y Karey Thorne en Santa Fe, Nuevo México, por cuatro días, incluido su taller de fin de semana al que asistieron mis

Diario de viaje

amigos Robert Zack, Denise Lumiere, Wendy Kunkel, Doreen Dietsche y David Sand. Todos conseguimos un Airbnb juntos. Fue genial trabajar en el camino, aprender y tomar un curso de Robert Waterman, quien comenzó su trabajo con J-R en 1966, convirtiéndolo en uno de los "padres fundadores" del Movimiento. Mi conclusión es que en realidad no importa lo que hagamos, sino solo que los iniciados y ministros de J-R se unan en *Satsang*. La forma en que creamos esta magia es sorprendente, y aprecio experimentar esto una y otra vez durante mis viajes.

Después de un rápido regreso a casa en Los Ángeles, volví a empacar y partí a la costa este el 31 de enero para mis charlas de *El Amor de un Maestro* y maratones de J-R. Había una enorme tormenta de nieve en el noreste cuando llegué, por lo que estaba helado, con un frío escalofriante. Sin embargo, disfruté mi tiempo en *Satsang* con Kathy Kienke, Paula Beldengreen, Caryn Kanzer, Bill Blanding, David Clegg, Jim y Christine Lynch, y mis latinos, Melba y Marc Alhonte.

Tomé el tren a Filadelfia, donde Stephanie Kozak me acogió deliciosamente. Su asistente R.C. y yo fuimos invitados a asistir a la reunión de ministros locales, donde vimos a Lou y Lenny Tenaglia, Peter Bort y muchos otros, personas realmente buenas. Me encantó. Sentí el amor y la forma en que todos cuidan de los demás.

Luego volé a Miami para visitar a mi madre, Nicia, que está recuperándose de un cancer. Estaba agradecido de poder apoyar a mi madre, en su vida y en su viaje de curación. De camino a casa me llegaron interesantes pensamientos y sentimientos sobre cómo todos estamos en alguna etapa del envejecimiento y preparándonos para trascender y ver al Señor.

En mi vuelo a Nueva York tuve una experiencia fantástica donde me caí del avión. Entré directamente a la Corriente del Sonido y luego regresé. Cuando abrí los ojos, sentí que no tenía idea de adónde fui, pero fue un hecho increíble que me recordó una experiencia similar que tuve con J-R. Toda mi vida con J-R fueron aviones, trenes, hoteles, automóviles. Y en un vuelo en particular, recuerdo haber estado bastante irritado. Tenía el asiento de la ventana, y J-R me dijo que me apoyara en la ventana y cantara mi tono, lo cual hice. Entonces comencé a caer por el fuselaje del avión y me atrapé. Me desperté de golpe, estaba muerto de miedo. J-R me miró y dijo: "¿Te gusta eso, eh?".

La mitad de mi vida ha incluido ese tipo de experiencias con J-R. Ahora, de alguna manera son aún más tangibles y sólidas. Aunque no lo tenía físicamente allí en ese vuelo a Nueva York, era consciente de la forma radiante a mi lado, de la energía de él. Esta vez me abandoné a ello y me dejé caer en otra dimensión a través del avión, y estaba volando. Cuando regresé, las cosas eran diferentes y, desde entonces, han sido diferentes. Todo estaba perfectamente establecido para mí, para mis viajes a Nueva York, Filadelfia y Miami.

Ahora, de regreso en Los Ángeles, me preparo para los eventos de Pascua de Resurrección en el edificio de Wilshire 2101. Envío mi amor y Luz a todos los participantes del MSIA en todas partes. Luz para el mundo, para la recuperación de mi madre, para Nicole y para todos nuestros amigos y familiares.

❊ ❊ ❊

1 de julio de 2019

Viajes de Primavera en Estados Unidos y España

Todo lo que hago en mis viajes y giras de *El Amor de un Maestro*, maratones de video de J-R, seminarios, Preguntas y Respuestas en las comunidades de todo el mundo, está bajo mi ministerio, que es compartir las enseñanzas de J-R y MSIA. Aprendo tanto que siento que soy un estudiante otra vez.

Diario de viaje

Volver a visitar a todos los ministros e iniciados de J-R y John en MSIA cumple el Nuevo Testamento para mí; cuando dos o más se reúnen en su nombre, es realmente increíble.

En abril, Grace Meyer me invitó a Austin, Texas, donde Candy Spitzer y Rosie von Zurmuehlen me acogieron gentilmente. Mi última visita allí había sido en los años noventa con John-Roger y John Morton. Recuerdo que estaba bastante húmedo. Nos quedamos cerca del centro y conduje a J-R a lo largo del río. Conocimos por primera vez el bife frito de pollo, que a J-R le encantó. Nada de pollo, es solo un filete de carne en rodajas finas, rebozado y frito, generalmente servido con puré de papas y col rizada. Por la mañana, desayunamos una buena sémola casera preparada a la antigua.

El sábado 27 de abril, en la Academia de Integridad en Casa de Luz, muchos atesorados amigos se presentaron a la Maratón de Videos J-R de siete horas, la charla del libro *El Amor de un Maestro* y las Preguntas y Respuestas. Fue maravilloso ver a Richard Powell, Liesl Schott, Jennifer Halet y otros que vinieron a apoyarme y a hacer *Satsang* juntos. Para mí, *Satsang* es estar sentado, hablando de nuestro maestro espiritual, J-R. Compartí mis experiencias de vivir y trabajar con él, participar en los programas de maestría y doctorado en Ciencias Espirituales, y mis tres años en la Universidad de Santa Mónica, incluida la clase de Conciencia, Salud y Curación.

Se trata de conectarnos y compartir desde ese lugar al que todos tenemos acceso. Mi experiencia de estar con J-R es que dos Almas son mejores que una; necesitas a otra persona que pueda reflejarte en una conversación, en el ser. Como J-R ha dicho: "Todos somos Viajeros, y John tiene la llave de la puerta".

Ya de regreso en Los Ángeles, pronto me invitaron a la casa de Denise Lumiere en Santa Bárbara (la llamo "Norte por Noroeste PRANA") el 11 de mayo. Fue genial sentarse en *Satsang* allí y pasar una Maratón de Videos de J-R en su casa con ministros como Beverly Terrill, Rama Fox, Connie Stomper, Jack Reed, Karen Avalon, Ellie Gantt y Connemara. Fue en Santa Bárbara donde todo comenzó. Tuve muchas experiencias con J-R en Windermere Ranch y Miracielo: parrilladas, fiestas en la piscina, eventos para recaudar fondos y celebraciones de cumpleaños de J-R.

La cena anual de fundadores, iniciada por Jan Shepherd, también tuvo lugar en Miracielo. Jason Laskay construyó las grandes mesas redondas (inspiradas en la leyenda de los caballeros del rey Arturo), donde docenas se reunían y escuchaban a John-Roger compartir durante horas, a veces hasta la madrugada. Muchos amigos participaron en la preparación de la comida, el servicio para estacionar los automóviles y en el proveer entretenimiento durante el evento, siempre muy divertido.

En *El Amor de un Maestro* escribí sobre cuando al evacuar Miracielo por un incendio, accidentalmente encerré las llaves en el maletero del Lincoln Continental mientras empacaba nuestras cosas. El fuego avanzaba colina arriba desde el océano, mientras J-R controlaba su progreso mediante el *walkie talkie* y un escáner policial. J-R permaneció tranquilo y relajado mientras todos los demás corrían en pánico. Le dije: "Encerré las llaves en el maletero" y dijo: "Está bien, no hay problema. Ve con Jack Espey y ve si puedes abrir el baúl desde la guantera. En el momento en que hicimos eso y obtuvimos las llaves, J-R dijo: "No hay necesidad de irse, los vientos han cambiado". Ese fue un momento mágico con J-R. La belleza de esos recuerdos nunca desaparece y lo mejor está aún por venir. Mi próxima aventura fue regresar a la ciudad de Nueva York a principios de junio, viaje organizado por los buenos amigos Kathy Kienke Paula Beldengreen, Melba y Marc Alhonte y Janet Ellis. Nos divertimos e hicimos buen trabajo en la comunidad. Recuerdo que J-R dijo una vez que hacer ministerio es un charlar y conectar, así que esto lo trato de hacer en mi vida hoy. No es convencional, pero está bien, me encanta. Cuando veo a otro ministro es fantástico. Tuvimos un seminario donde Michael Weinberger el martes, donde Kathy el miércoles, y tambien vi clientes. Melba y yo visitamos a Maxine y Howard White, Joan

Witkowski y Bill Blanding. Hicimos nuestra maratón de J-R y *Satsang* de *El Amor de un Maestro* en la casa de Paula. Luego trabajamos con Sheila Steckel, quien abrió su departamento para el primer evento y, gracias a ella, se encendió algo en la comunidad. Desde que J-R falleció, la navegación ha sido difícil para muchas personas, en especial para mí y quizás para aquellos que trabajaron cara a cara con él. Pero les puedo asegurar que cuando nos reunimos es como si J-R estuviera allí, porque él todavía está presente en todos nosotros.

¡Entonces me fui a España! Un cliente me invitó y tuve la oportunidad de mezclar aspectos personales y espirituales. Resultó que había trabajo que hacer allí para MSIA, y me reuní con varios ministros en Marbella, como Katja Rusanen, George Monday y Cecilie Beck Kronborg. Algo que he experimentado es que una cosa es enviar correos electrónicos a las personas y otra enviarles mensajes de texto y obtener una respuesta inmediata. Además de eso, con la aplicación móvil llamada WhatsApp puedes agrupar personas en conversaciones; las mías se llaman "J-R Marathon" y "Mystical Traveler Movie". Eso cambió y se convirtió en una especie de árbol telefónico ministerial, que J-R comenzó años atrás, antes del internet. La idea es que cuando alguien necesita ayuda le dice al administrador del árbol de teléfonos, quien luego llama a diez personas, y estas luego llaman a otras diez, y en poco tiempo podrían ser cientos de personas que escuchen: "Tal y tal está en el hospital; por favor pónganla en la Luz". Se convirtió en un hermoso proceso para diferentes comunidades, en diversos países. Facebook es otro formato donde las personas pueden compartir entre sí al instante y solicitar oraciones.

Creo que es muy importante, desde mi experiencia, que todos compartamos unos con otros, incluso si están aislados. Hay algo llamado karma, por lo que puede ser que esa persona no quiera ningún contacto. J-R me dijo que a veces lo mejor que puedes hacer por alguien es dejarlo solo. Así que tienes que usar la prudencia y verificar dentro para ver intuitivamente, no como una cosa del ego donde debes salvar a alguien, sino algo como "Oye, ¿cómo estás? Solo estoy contactándome contigo". Ese tipo de conexión ayuda a tu comunidad. Me encantan los correos electrónicos Heartreach de Skyler acerca de quién necesita la Luz, o quién necesita servicio. ¡Eso es genial! No soy socialista, pero mis padres dejaron un país comunista.

Por otra parte, creo que de alguna manera podemos hacerlo en forma privada a través de amigos, a través de recursos, fuera de MSIA. "No tienes dinero para las Disertaciones, no hay problema. Hay un fondo para ayudarte con tus Disertaciones". Sé que mi madre no podía pagar las SAT y un buen amigo suyo la está ayudando a renovarlas por el resto de su vida. Con este tipo de actividades las personas pueden ayudarse mutuamente. Eso me encanta. Siempre siento que necesito hacer más. Me divierto y disfruto sirviendo de alguna manera, en mis términos. Trabajar estrechamente con J-R significa que nunca olvidaré la parte interna de obedecer al Espíritu, de hacer lo que sigue. Podría ser ir a un cierto lugar que inicialmente estaba claro espiritualmente, pero que dentro de una semana se cancela, porque soy obediente a eso.

Todos tienen su propia conexión con J-R, y yo estoy muy consciente de eso. El Viajero está más allá de la comprensión de la mente. Así que estoy muy agradecido de que la gente me acoja, de que pueda participar en el mundo y promocionarme junto con la comunidad. Como dijo J-R, y una de nuestras reglas básicas fundamentales en MSIA: "Cuídate a ti mismo primero, para que puedas ayudar a cuidar a los demás". Hay otra cita más reciente de J-R que también se aplica, que los ministros de MSIA reconocerán: "Estamos para ir al mundo haciendo ministerio a todos, independientemente de la raza, el credo, el color, la situación, las circunstancias o el medio ambiente".

Desde España regresé directamente a la "Conferencia del Bien Mayor". Fue una maravilla y disfruté que se hiciera en el edificio de Wilshire 2101. Vivo a 18 cuadras de distancia, así fui hasta allá en escúter. Asistí al taller y fui el maestro de ceremonia (MC) el sábado por la noche. La banda, llamada "Anthem Road Band" y liderada Valerie Ojeda, nos entretuvo hasta altas horas de la noche. El domingo acompañé a mi madre a las reuniones de ministros e iniciados. Me sentí como si estuviera en la década de 1980 cuando los seminarios Insight parecían llevarse a cabo en todas las habitaciones. El Centro Baraka, una vez dirigido por Marcy Goldstein, estaba abierto para un chequeo de salud, y la tienda Insight/MSIA, en el *lobby*, vendía camisetas y cassettes por 10 dólares. John-Roger pasó muchos años en ese edificio, en su oficina y en todos los salones de seminarios. Su energía está anclada en todo 2101. Vamos a bañarnos en ella; todos los que trabajaron en la conferencia hicieron un buen trabajo. Mi Amor a Nancy Carter, quien se retiró de NOW Productions.

Los amo a todos. Dios los bendiga.

[Nota Ed.: Marcy Goldstein trascendió al Espíritu en Jacksonville, FL, el 23 de octubre de 2019. Dios bendiga su Alma.]

❋ ❋ ❋

18 al 27 de agosto de 2019

Mi primera visita a Nigeria

Durante mis Ejercicios Espirituales, una mañana en el retiro PAT 8 de diciembre de 2018 en Asilomar Conference Grounds, recibí un mensaje interno, claro como el día, de que tenía que ir a servir y ver a nuestra familia espiritual nigeriana con mis propios ojos.

Ocho meses después, en agosto de 2019, pagué mi viaje y volé a Nigeria con una maleta llena de libros de John-Roger. Realicé una proyección de la película *El Viajero Místico* y una Maratón de Videos de J-R en Lagos, luego presenté el taller *El Amor de un Maestro* en Port Harcourt. Tuve la experiencia más increíble de protección llena de gracia. Cuando viajo, puedo sentir a J-R conmigo cada vez, que me guía y me sostiene.

Me sentí totalmente apoyado y animado por el Espíritu para hacer este trabajo. En mis Ejercicios Espirituales vi a cientos de nigerianos que se me acercaban y me miraban a la cara; entonces escuché a J-R decir: "Son hijos de Dios".

El día que volé a Europa, el Gran Reverendo Madus T. Weleonu pasó al Espíritu; Dios bendiga su Alma. Justo la noche anterior había sido parte del grupo de jefes que me convirtió en un jefe honorario de la tribu Igbo. Me llamó Owah de África, que significa: "La gran luna de África".

Los nigerianos son verdaderamente hijos de Dios, y soy bendecido pues se me permitió compartir Luz, Amor y a J-R con ellos.

Diario de viaje

Jesús García, John-Roger, y John Morton

Los que se sientan muy callados en el silencio que ruge el nombre de la Luz y hacen los trabajos más mundanos en amor y devoción, están realizando un hermoso servicio. Dios, de hecho, lo ve como algo muy grande.

–John-Roger, D.C.E.

Apéndice B

Glosario de términos

*M*ientras muchos de los siguientes términos se usaron tanto en *El Amor de un Maestro* como en *Los Sueños de un Maestro,* otras frases no mencionadas específicamente han sido incluidas como referencias comunes de John-Roger o utilizadas a menudo dentro de la comunidad MSIA. La mayoría de estas definiciones son extraídas del set de tres libros, *Cumpliendo la Promesa Espiritual* de John-Roger, D.C.E. Otras definiciones de términos fueron tomadas de *Gemas Espirituales* del Gran Maestro Hazur Baba Sawan Singh.

Afirmación. Frase positiva que se repite para generar una mentalidad elevada y resultados positivos.

Alma. La extensión de Dios individualizada dentro de cada ser humano. El elemento básico de la existencia humana, conectado para siempre con Dios. El Cristo interior, el Dios interior.

Ani-Hu. Un canto o tono espiritual, usado en MSIA. "Hu" es un antiguo nombre sánscrito para Dios, y "Ani" agrega la calidad de empatía y unidad. Ver también *Ejercicios Espirituales* y *tono*.

Aura. Campo de energía electromagnética que rodea el cuerpo humano. Tiene color y movimiento.

Balance de Aura. Un servicio ofrecido por miembros del personal de MSIA especialmente capacitados, que ayuda a equilibrar el aura y disipar la negatividad mediante un péndulo de cristal.

Baruch Bashan. Palabras en hebreo que significan "las bendiciones ya existen". Las bendiciones del Espíritu están presentes aquí y ahora.

Bienamado. El Alma; el Dios interior.

Chakra de la coronilla. Centro psíquico ubicado en la parte superior de la cabeza.

Conciencia del Viajero Místico. Una energía de la fuente más alta de Luz y Sonido cuya directriz espiritual en la Tierra está despertando a las personas a la conciencia del Alma. Esta conciencia siempre existe en el planeta a través de una forma física.

Consciencia del Alma. Estado positivo de ser. Una vez que una persona se establece en la conciencia del Alma, él o ella ya no necesitan estar atados o influenciados por los niveles inferiores de Luz.

Consciencia Preceptora. Una energía espiritual de la fuente más alta que existe fuera de la creación. Se ha manifestado en el planeta en una encarnación física (como John-Roger) una vez cada 25.000 a 28.000 años.

Glosario de términos

Consejo Kármico. Grupo de maestros espirituales no físicos, que se reúnen con un ser antes de la encarnación para ayudarle a planificar la jornada espiritual en la Tierra. El *Viajero Místico* cumple una función en este grupo.

Corriente del Sonido. La energía audible que fluye de Dios a través de todos los reinos. La energía espiritual sobre la cual una persona cabalga para regresar al corazón de Dios, también conocida como Shabd o Shabda. Ver también *Shabd* y *Ejercicios Espirituales*.

Cristo, Oficialía del. El Cristo es un cargo espiritual, parecido al del presidente de Estados Unidos. Muchas personas han desempeñado ese cargo y Jesús El Cristo es quien lo ha ejercido más plenamente. Uno de los cargos más altos en los planos de la Luz.

Devas. Seres no físicos del reino dévico que sirven a la humanidad, cuidando los componentes de la naturaleza. Se preocupan de que todas las cosas naturales del planeta funcionen de manera adecuada.

Diezmo. La práctica espiritual de dar el 10 por ciento del aumento que uno recibe a Dios, al darlo a la fuente de tus enseñanzas espirituales.

Disertaciones. Ver *Disertaciones del Conocimiento del Alma*.

Disertaciones del Conocimiento del Alma. Libritos que los estudiantes de MSIA leen como su estudio espiritual mensualmente. Solo para uso privado y personal. Son una parte importante de las enseñanzas del Viajero a nivel físico.

Doctor en Ciencias Espirituales (D.C.E.). Un programa de grado de Seminario Teológico y Colegio de Filosofía Paz.

EEs Ver *Ejercicios Espirituales*.

Ejercicios Espirituales (EEs). La práctica activa de la Corriente del Sonido; la unión del Alma con Shabd, aplicando la corriente de conciencia para escuchar el sonido interno; uniendo la mente y la atención a la Corriente del Sonido mediante el canto de un tono espiritual como "Hu", "Ani-Hu" o el tono de iniciación de uno. Asiste a una persona para romper las ilusiones de los niveles inferiores y, con el tiempo, pasar a la conciencia del Alma. Ver también *Tono de iniciación*, *Shabd*, *Simran* y *Corriente del sonido*.

Entrenamientos de Toma de Conciencia de Paz (PAT). Una serie de retiros espirituales de una semana ofrecidos por el *Seminario Teológico y Colegio de Filosofía Paz* en varios lugares del mundo.

Escuelas de Misterio. Escuelas en el Espíritu, en las cuales los iniciados reciben entrenamiento e instrucción. Los iniciados de la Conciencia del Viajero estudian en escuelas de misterio que están bajo los auspicios del Viajero.

Espejo Cósmico. Espejo en la parte superior del vacío, entre la parte más alta del plano etérico y justo por debajo del reino del Alma. Todo lo que no ha sido despejado en los niveles físico, astral, causal y mental se proyecta en el espejo cósmico.

Espíritu. La esencia de la creación. Infinito y eterno.

Espíritu Santo. Energía positiva de la Luz y el Sonido que emana del Dios Supremo. Fuerza de vida que lo sustenta todo, en toda la creación. Suele usar la Luz magnética para trabajar en los planos psíquico-materiales. Funciona solo a favor del bien mayor. Es el tercer componente de la Trinidad o del Altísimo.

Fundación John-Roger. Organización que estableció un Día de Integridad Global anual el 24 de septiembre. Entregó Premios Internacionales de Integridad a luminarias como la Madre Teresa, el obispo Desmond Tutu, el líder de Solidaridad Lech Walesa, el doctor Jonas Salk y otros, entre 1983 y 1987.

Gran Fraternidad Blanca. Seres espirituales no físicos que trabajan al servicio de la humanidad en la línea espiritual del Cristo y el Viajero Místico. Pueden ayudar en el despeje y la elevación espiritual.

Guerrero Espiritual. Una persona espiritualmente enfocada que se expresa con honestidad impecable mediante la "espada de la verdad" desde su corazón y vive una vida de salud, riqueza, felicidad, abundancia, prosperidad, tesoros, amor, cuidar, compartir y tocar a los demás. De un seminario de audio John-Roger y libro del mismo nombre.

Hu. "Tono" o sonido, en sánscrito; nombre antiguo del Dios Supremo. Ver también Ejercicios Espirituales y Tono.

Iniciación. En el MSIA, proceso de ser conectado con la Corriente del Sonido de Dios, conocido como Shabd o Shabda. Ver también *Iniciación*, *Tono*, *Shabd* y *Corriente del Sonido*.

Instituto para la Paz Individual y Mundial (IIWP). Organización sin fines de lucro fundada en 1982 para estudiar, identificar y presentar los procesos que conducen a la paz.

Jerarquía Espiritual. Las fuerzas espirituales no físicas que supervisan este planeta y los otros reinos psíquicos y materiales.

Karma. Ley de causa y efecto: "Cosechas lo que siembras". La responsabilidad que tiene toda persona en todo lo que hace. Ley que dirige y, a veces, hasta domina la existencia física de un ser. Ver también *Reencarnación* y *Rueda de los 84*.

Laberintos y Jardines de Conciencia de Paz (PAL&G). El nombre oficial de PRANA desde 2002; sus terrenos cuentan con un laberinto de piedra incrustada y jardines de meditación en terrazas que están abiertas al público. Ver también *PRANA*.

Luz, Magnética. Luz de Dios que opera en los planos psíquico-materiales. No es tan elevada como la Luz del Espíritu Santo y no opera necesariamente para el bien mayor. Ver también *Luz* y *Espíritu Santo*.

Luz. Energía del Espíritu que impregna todos los reinos de existencia. También se refiere a la Luz del Espíritu Santo.

Línea de los Viajeros. Línea de energía espiritual que se extiende desde la Conciencia del Viajero Místico en la cual funcionan los estudiantes del Viajero Místico.

Maestro de los Sueños. Maestro espiritual con quien trabaja el Viajero Místico y que nos ayuda a equilibrar acciones pasadas durante el sueño.

Maestro en Ciencias Espirituales (M.C.E.). Programa de grado del Seminario Teológico y Colegio de Filosofía Paz.

Maestro Interno. Expresión interna del Viajero Místico; existe en la conciencia de toda persona.

Maestros Ascendidos. Seres no físicos de alto desarrollo espiritual que forman parte de la jerarquía espiritual. Pueden trabajar desde cualquier plano por sobre el nivel físico. Ver también *Jerarquía Espiritual*.

Maestros de la Luz. Maestros espirituales no físicos que trabajan en los planos psíquico-materiales para ayudar al progreso espiritual de la gente.

Maestros de Luz. Ver Maestros de Luz.

Mente Universal. Localizada en la parte más alta del reino etérico, en la división entre los reinos negativos y positivos. Extrae su energía del reino mental. Fuente de la mente individual.

Ministerio. El enfoque espiritual cargado en servicio a uno mismo, a otros, a la comunidad y al mundo por un ministro ordenado de MSIA. Ver también *Sacerdocio, Orden de Melquisedec, Ministro* y *Ordenación*.

Ministro. Una persona en MSIA que ha sido ordenada en el sacerdocio de Melquisedec. Ver también *Sacerdocio, Orden de Melquisedec, Ministerio* y *Ordenación*.

Movimiento del Sendero Interno del Alma (MSIA). Organización fundada por John-Roger, cuyo enfoque principal es hacer que la gente tome conciencia de la Trascendencia del Alma.

New Day Herald. Periódico impreso bimestral de MSIA durante muchos años. Ahora disponible solo en línea, excepto en ocasiones especiales.

Nivel 90 por ciento. Esa parte de la existencia de una persona más allá del nivel físico, es decir, la existencia de uno en los reinos astral, causal, mental, etérico y del Alma. Ver también *Nivel de 10 por ciento*.

Nivel del 10 por ciento. El nivel físico de existencia, en contraste con el 90 por ciento de la existencia de una persona que está más allá del ámbito físico. Ver también *Nivel del 90 por ciento*.

Niveles/Reinos Exteriores. Los reinos astral, causal, mental, etérico y del Alma por encima del reino del Alma también existen fuera de la conciencia de una persona, pero de una manera mayor. Ver también *Niveles/Reinos Internos*.

Niveles/Reinos Internos. Reinos astral, causal, mental, etérico y del Alma que existen en la conciencia de una persona. Ver también *Niveles/reinos externos*.

Océano de Amor y Misericordia. Otro término para Espíritu en el nivel del Alma y superior. Ver también *Reino del Alma* y *Espíritu*.

Ojo Espiritual. El área en el centro de la cabeza, detrás del centro de la frente. Se usa para ver hacia adentro. También se llama el Tercer Ojo.

Ordenación. Ceremonia sagrada para ordenar a un nuevo ministro en el Sacerdocio de Melquisedec, con un cargo universal para ministrar a todos, sin importar raza, credo, color, situación, circunstancias o entorno. En el Manual Ministerial del MSIA, John-Roger dice: "Una vez que una persona es [aprobada para ser] un ministro ordenado, hay dos niveles de ordenación que tienen lugar. Uno es el cumplimiento de la ley; la imposición de manos... aquellos que tienen las llaves de la *Orden de Melquisedec* luego comunican a otras personas la línea directa de energía espiritual magnética eléctrica. El otro es el regalo del Espíritu a través de la Orden de Melquisedec, la Bendición Espiritual. Casi todo [ministro] tiene la misma redacción [al comienzo de su] ordenación ministerial. Luego, la Orden de Melquisedec se pone de pie y dice: 'Y el Espíritu trae sus bendiciones'. AL CUMPLIR CON TU

Glosario de términos

MINISTERIO ES ENTONCES QUE EL ESPÍRITU BAJA LA BENDICIÓN SOBRE TI". Ver también *Sacerdocio, Orden de Melquisedec, Ministro* y *Ministerio*.

PAT. Ver *Entrenamientos de Toma de Conciencia de Paz.*

PRANA. Un acrónimo de "Ashram Rosa Púrpura de la Nueva Era", una residencia grupal y sede de MSIA y PTS desde 1974, ubicada en el corazón de Los Ángeles, cerca del centro. La propiedad fue renovada y renombrada Laberintos y Jardines para la toma de Conciencia de Paz en 2002. Ver también **Laberinto** y *Jardines para la toma de Conciencia de Paz.*

Prueba Muscular. Práctica de medicina alternativa, también conocida como kinesiología aplicada, que puede usarse para acceder al inconsciente; da instrucciones para identificar problemas y despejar el karma.

Rancho de Windermere. Los 142 acres de tierra de MSIA en las montañas de Santa Ynez con vista a Santa Bárbara, California, originalmente establecidos por el Instituto para la Paz Individual y Mundial, que fue fundado por John-Roger, D.C.E.

Reencarnación. La encarnación repetida de un Alma en el reino físico para borrar sus deudas, corregir cualquier error y aportar equilibrio y armonía. Ver también *Karma* y *Rueda de los 84.*

Registros akáshicos. Los vastos registros espirituales en los que se almacenan todas las experiencias de cada alma.

Reino Astral. Reino psíquico-material, por encima del reino físico. El reino de la imaginación. Se entrelaza con el reino físico como un rango de vibración. Ver también *Niveles/Reinos internos* y *Reinos psíquicos, materiales.*

Reino Causal. Reino psíquico-material, por encima del reino astral y por debajo del reino mental. Se entrelaza un poco con el reino físico como un rango de vibración. Ver también *Niveles/Reinos internos* y *Reinos psíquicos, materiales.*

Reino del Alma. El reino sobre el reino etérico. El primero de los reinos positivos y el verdadero hogar del Alma. El primer nivel donde el Alma es consciente de su verdadera naturaleza, su ser puro, su unidad con Dios.

Reino Etérico. Reino psíquico-material, por encima del reino mental y por debajo del reino del Alma. Se equipara con el nivel inconsciente o subconsciente. A veces conocido como el reino esotérico. Ver también *Niveles/Reinos internos* y *Reinos psíquico, materiales.*

Reino Físico. La Tierra. El reino psíquico-material en el cual habitan los seres que tienen un cuerpo físico. Ver también *Reinos/Niveles Psíquico, Materiales.*

Reino Mental. Reino psíquico-material, por encima del reino causal y por debajo del reino etérico. Se relaciona con la mente universal. Ver también *Niveles/Reinos internos* y *Reinos psíquico, materiales.*

Reinos Negativos. Ver *Reinos psíquico, materiales.*

Reinos Positivos. El reino del Alma y los 27 niveles por encima del reino del Alma. Ver también *Reinos/Niveles Psíquico, Materiales.*

Reinos Psíquico, Materiales. Los cinco reinos inferiores, negativos, a saber: los reinos físico, astral, causal, mental y etérico. Ver también *Reinos Positivos.*

Rueda de los 84. La reencarnación, el ciclo de volver a encarnar, Ver también *Karma* y *Reencarnación*.

Sacerdocio de Melquisedec/Orden. Autoridad espiritual emanada del Cristo que se originó con el sumo sacerdote bíblico que conoció a Abraham. La línea de energía en la que MSIA ordena a sus ministros. Ver también *Ministro*, *Ministerio* y *Ordenación*.

Sant Mat. (Sánscrito). "Enseñanzas de los Santos o "Sendero de la Verdad", que se distingue por la devoción interior y amorosa del Alma individual al Dios Divino.

SAT. Ver *Seminarios de la Conciencia del Alma en Trascendencia (serie SAT)*.

Satsang. (Sánscrito). Una disertación espiritual o reunión sagrada, como cuando un Maestro se dirige a una congregación para contemplar las enseñanzas del Maestro e involucrarse en la meditación prescrita; asociación del alma de uno con el Shabd o la Corriente del Sonido internamente. Ver también *Seminario*, *Shabd* y *Corriente del Sonido*.

Seminario. Se refiere a un tipo de Satsang (disertación sagrada) en una asamblea de estudiantes, por John-Roger o John Morton; también, una cinta de audio, un CD, una cinta de video, un DVD o la descarga de una charla que cualquiera de ellos haya dado. Ver también *Satsang*.

Seminarios de la Consciencia del Alma en Trascendencia (serie SAT). Cintas de audio, CD o mp3 de seminarios impartidos por John-Roger, solo para estudio individual y privado. Forman parte importante de las enseñanzas del Viajero a nivel físico.

Seminarios Insight. Una serie de seminarios experimentales y transformadores, diseñados por John-Roger y Russell Bishop en 1978, para proporcionar a las personas herramientas prácticas y accesibles para vivir una vida exitosa, basadas en verdades universales de amor, aceptación y responsabilidad personal.

Seminario Teológico y Colegio de Filosofía Paz (PTS). Un Colegio privado, sin denominación, fundado por John-Roger como el brazo educativo de MSIA para presentar sus enseñanzas de espiritualidad práctica que integran los mundos físico y espiritual.

Ser Básico. Yo responsable de las funciones del cuerpo; mantiene los hábitos y los centros psíquicos del cuerpo físico. También se le conoce como el ser inferior. Transmite las plegarias del ser físico al superior. Ver también *Ser Consciente* y *Ser Superior*.

Ser Falso. Puede interpretarse como el ego, la personalidad individualizada que se percibe a sí misma de manera incorrecta como fundamentalmente separada de los demás y de Dios.

Ser Superior. Yo que opera como nuestro guardián espiritual, dirigiendo al ser consciente hacia experiencias que apoyen el progreso espiritual más grande. Conoce el patrón de destino acordado antes de encarnar. Ver también *Ser básico*, *Ser conscient*e y *Consejo Kármico*.

Señores del Karma. Ver *Consejo Kármico*.

Shabd (o Shabda). Nombre sánscrito para la Corriente del Sonido. La Palabra de Dios que se manifiesta como Sonido Espiritual Interior, mientras el Alma se manifiesta en el cuerpo como conciencia. También conocido como Corriente de Vida Audible. Hay cinco formas del Shabd dentro de cada ser humano, cuyo secreto solo puede ser impartido por un Verdadero Maestro. Ver también Corriente del Sonido y Ejercicios Espirituales.

Siembra. Una forma de oración a Dios por algo que uno quiere manifestar en el mundo. Se realiza colocando una "semilla" (donando una cantidad de dinero) para el bien más alto con la fuente de las enseñanzas espirituales de uno.

Simran. Término sánscrito para Ejercicios Espirituales. Ver también *Tono de Iniciació*n, *Shabd,* C*orriente del Sonido* y *Ejercicios Espirituales.*

Tercer Ojo. Ver *Ojo Espiritual.*

Tercer Oído. El oído espiritual invisible por el cual escuchamos internamente y escuchamos la Corriente del Sonido de Dios.

Tisra Til. El área en el centro de la cabeza, detrás de la frente y entre las dos cejas. Allí la energía del Alma tiene su asiento y la energía del Alma se reúne. Debido a que las primeras nueve puertas (ojos, oídos, nariz, boca y dos aberturas inferiores) conducen hacia afuera, esta también se conoce como la Décima Puerta o Puerta, la única que conduce hacia adentro.

Tono. Un sonido espiritual como "Hu", "Ani-Hu" u otra palabra especialmente cargada que se canta internamente (y a veces en voz alta).

Tono de Iniciación. En el MSIA, palabras cargadas con energía espiritual que se le dan a un iniciado durante una iniciación en la Corriente del Sonido. Nombre del Señor del reino en el cual se inicia a la persona. Ver también Iniciación.

Trascendencia del Alma. El proceso de mover la conciencia más allá de los reinos psíquicos, materiales hacia el reino del Alma y más allá.

Tren de Media noche. Ver *Viaje del Alma.*

Twaji. Mirada de gracia del Maestro Espiritual; la mirada de Dios.

Universidad de Santa Mónica (USM). Institución privada sin fines de lucro, que fue pionera en el programa de Maestría en Psicología Espiritual de 1981 a 2016, y continúa ofreciendo cursos educativos centrados en el Alma en todo el mundo. John-Roger fue el fundador y canciller; John Morton es el actual canciller; los doctores Ron y Mary Hulnick son codirectores de USM.

Viaje Astral. Ocurre cuando la conciencia deja el cuerpo físico para viajar en el plano astral.

Viaje del Alma. Viajar en Espíritu a reinos de conciencia que no son el reino físico. A veces conocido como experiencias extracorporales. Esto puede hacerse en los propios reinos internos o en los reinos externos, los reinos espirituales superiores. Ver también *Niveles, Reinos internos* y *Niveles, Reinos externos*.

*La contemplación durante una hora es mejor
que la adoración formal durante sesenta años.*

−Mohammed

Sentarte en compañía de un Santo solo por una hora, es más beneficioso que hacer cien años de meditación solo en tu hogar.

–Maharaj Sawan Singh Ji

Apéndice C

Recursos

Materiales citados de MSIA

Navega y haz tus pedidos en línea en la tienda de MSIA: msia.org/shop

Libros

Viajes Durante los Sueños (Mandeville Press, ref. 931-9S)

Cumpliendo tu Promesa Espiritual (Mandeville Press, ref. 017-7S, set de 3 volúmenes)

Los Mundos Internos de la Meditación (Mandeville Press, ref. 977-7S)

El Camino de un Alma (Bajar gratis en msia.org/tienda/product/el-camino-de-un-alma/)

El Sendero a la Maestría (Mandeville Press, ref. 957-2S)

Protección Psíquica (Mandeville Press, ref. 969-6S)

El Guerrero Espiritual: El Arte de Vivir con Espiritualidad (Mandeville Press, ref. 048-1S)

El Camino de Salida (Mandeville Press, ref. 998-XS)

También disponible en Amazon; buscar autor "John-Roger D.C.E." o usa el link: bit.ly/jrdssbooks

Seminarios de John-Roger

(En inglés)
How to Transform Yourself (ref. 7305)
Inner Voices: Diabolical or Heavenly? (ref. 8208)
Journey to the East: Israel and Egypt (ref. 3924)
Passages to the Realms of Spirit (ref. 7037)
Re-Creation: Conducting Divine Energy (ref. 8071)
What is Left-Sided and Right-Sided Energy? (ref. 8103)
Which Voice Do You Follow? (August '84 SAT, ref. 7082, Solo para suscritos en SAT)
Learning to Bypass the Dream Masters (ref. 7507)

(En español)
Estás escuchando la Corriente del Sonido (ref. 7793)
Luxor Meditación para Paz y Armonía (ref. 7303-CDS)

Videos de un Momento de Paz

What is Twaji?
John-Roger, D.C.E. (MOP, diciembre 1998)
youtube.com/watch?v=wLDSseC0QhE

Windermere Peace Retreat
John-Roger, D.C.E. (sobre el *Tisra Til*)
youtube.com/watch?v=aWolFtiltZg

Guardian Angels and the Sea of Galilee
John-Roger, D.C.E.
youtube.com/watch?v=UZD191KHDI0

De China

Moment of Peace (MOP) in Guilin China
por John-Roger, D.C.E.
youtube.com/watch?v=WLetZWPS_us

MOP in Suzhou, China, 2000 por John-Roger, D.C.E., y John Morton, D.C.E.
youtube.com/watch?v=ru7iLKSsA0s

MOP with the Chinese people por John-Roger, D.C.E.
youtube.com/watch?v=HzrYrZOFYWI

MOP from the Li River China por John-Roger, D.C.E., y John Morton, D.C.E.
youtube.com/watch?v=Vc3AugMKf44

MOP at the Great Wall of China por John-Roger, D.C.E.., y John Morton, D.C.E.
youtube.com/watch?v=qWbYcBSJpZI
youtube.com/watch?v=qWbYcBSJpZI

Videos de un Momento de Paz Adicionales
Scott J-R Productions, Inc., YouTube Channel
youtube.com/channel/UCuunille3Gfg5um70WCoy8A

Videos en español
https://www.msia.org/medios/videos/

Libros y seminarios adicionales en español
https://www.msia.org/tienda/

Entrevistas completas para la película *El Viajero Místico*
www.youtube.com/channel/
UCrVnsIWp6gQebAb7ha56kVA

Tour **virtual de** *El Amor de un Maestro* **2019 a Israel**
https://www.soultranscendence.com/new-products

La pregunta es, ¿podemos escuchar "la suave voz del silencio"... y responder: "Hineini", ¿aquí estoy?

–George Gittleman, Rabino,
Congregación Shomrei Torah

(Extraído de un sermón del 1 de septiembre de 2011)

*Hay sueños que tenemos mientras dormimos,
y hay sueños que tenemos estando despiertos.
Cuando soñamos despiertos, es importante soñar
positivamente. Hace una diferencia según cómo
enfoquemos nuestros sueños. Así que enfócate
positivamente y sueña sobre lo que más quieres.*

–John Morton, D.C.E.

Ítaca

*Cuando emprendas tu viaje a Itaca
pide que el camino sea largo,
lleno de aventuras, lleno de experiencias.
No temas a los lestrigones ni a los cíclopes
ni al colérico Poseidón,
seres tales jamás hallarás en tu camino,
si tu pensar es elevado, si selecta
es la emoción que toca tu espíritu y tu cuerpo.
Ni a los lestrigones ni a los cíclopes
ni al salvaje Poseidón encontrarás,
si no los llevas dentro de tu alma,
si no los yergue tu alma ante ti.*

*Pide que el camino sea largo.
Que muchas sean las mañanas de verano
en que llegues –¡con qué placer y alegría!–
a puertos nunca vistos antes.
Detente en los emporios de Fenicia
y hazte con hermosas mercancías,
nácar y coral, ámbar y ébano
y toda suerte de perfumes sensuales,
cuantos más abundantes perfumes sensuales puedas.
Ve a muchas ciudades egipcias
a aprender, a aprender de sus sabios.*

Ten siempre a Itaca en tu mente.
Llegar allí es tu destino.
Mas no apresures nunca el viaje.
Mejor que dure muchos años
y atracar, viejo ya, en la isla,
enriquecido de cuanto ganaste en el camino
sin aguantar a que Itaca te enriquezca.

Itaca te brindó tan hermoso viaje.
Sin ella no habrías emprendido el camino.
Pero no tiene ya nada que darte.

Aunque la halles pobre, Itaca no te ha engañado.
Así, sabio como te has vuelto, con tanta experiencia,
entenderás ya, qué significan las Itacas.

—C. P. Cavafis

[Nota del autor: Recientemente conocí a un hombre griego en Francia que me habló de este poema durante la cena. Lloré y pensé en esto como una metáfora de Mandeville y el reino del Alma]

J-R y Jsu en la Conferencia
de la Familia Espiritual, 1991

Los sueños de un Maestro

*Buscad primero el Reino de Dios, y todo lo demás,
os será dado por añadidura.*

-Jesús El Cristo

Agradecimientos

ॼ

Me gustaría agradecer a mi familia espiritual global que me apoyó a través de la gira mundial *El Amor de un Maestro* en los últimos tres años; a cada persona que contribuyó de alguna manera a este segundo libro, *Los Sueños de un Maestro*, y a cualquiera que me haya amado y me sostuvo en la Luz mientras todos nos curamos de la pérdida física de nuestro Maestro.

John-Roger es siempre el primero, por razones demasiado numerosas de mencionar, pero lo intentaré. J-R, aprecio mucho que me hayas dejado estar contigo esta vida. Lo volvería a hacer en un santiamén. Donde quiera que vayas, yo iré. Me enseñaste mucho y estoy en deuda contigo. Siempre te pregunté antes de ir a dormir y continuaré preguntando: "¿Quieres hacer EEs, J-R?". J-R: "Claro, tú primero". Jsu: "Llévame contigo". J-R: "Está bien". John-Roger, te pido continuar caminando y trabajando contigo por siempre. Te quiero.

Nicole Campbell, gracias, mi dulce amor, por tu amorosidad y cariño por mí en los momentos realmente difíciles. ¡Eres mi corazón y J-R nos tiene a ambos por siempre!

Elda y Delile Hinkins, les conocí a ambos hace unos años y nos convertimos en familia de inmediato. Gracias por su amor y amabilidad a lo largo de los años y especialmente después de que Roger Hinkins, también conocido como John-Roger, falleció. Estoy por siempre agradecido del ADN de los Hinkins infundido en mi sangre. Les amaré siempre.

John Morton, gracias por ser mi ejemplo de devoción hacia nuestro Viajero John-Roger y por continuar presentándote y defendiendo lo que él defendió. Y por ser mi hermano mayor. Te amo.

Leigh Taylor-Young Morton, gracias por tu forma de cuidar y tus ejemplos de devoción. Sigue sonriendo y brillando.

Nat Sharratt, gracias a mi querido hermano. Te amo.

David Sand, gracias por los muchos viajes junto con J-R. Aprecio todas las excelentes imágenes y gráficas que capturaste para documentar la vida de un Gran Maestro y por tu amistad. Te amo.

Nicia Ferrer, mi madre, que me dio la fuerza de mi corazón. Estoy agradecido de que lograste tu sanación y viniste a la Conferencia. He rezado por ti y por la abuela Rosa Rey, que sean llevadas a casa por J-R, y estoy muy contento de que él te tiene, abuela.

LDM, apoyaste a John-Roger y a su personal durante muchos años, viajes personales, etc. No lo olvidaré. Muchas gracias por los interminables y abundantes días de Navidad contigo y tu familia. Te quiero.

Zoe Golightly Lumiere, gracias por tu infinita dedicación a J-R, tu lealtad y el increíble viaje que tuvimos. Eres un verdadero soldado y guerrero espiritual. La misión era dar a conocer a J-R. Nunca fallaste. Gracias. Te amo.

Keith Malinsky, mi amigo desde 1982. Con amor hiciste un trabajo masivo de transcripción y preservación para NOW Productions. Realmente agradezco tu amistad. Hemos recorrido un largo camino. Te amo, amigo mío.

Agradecimientos

Ron Hulnick, gracias por tu apoyo días después de la muerte de John-Roger. El almuerzo con el escorpión fue un aprendizaje. USM fue un laboratorio que ayudó a fortalecer mis piezas rotas. Te amo.

Mary Hulnick, siempre me encantará como lees los folletos de USM; es un hermoso recordatorio de cómo me encantaba aprender en los días de escuela primaria. USM realmente proviene de las enseñanzas de John-Roger y eligió a dos Maestros para dirigirlo y demostrar su amor al mundo.

Howard Lazar, mi querido amigo. Gracias por abrazarme y alentarme a ser fuerte. Me ayudaste en muchos momentos difíciles. Gracias por interpretar a J-R en la película *El Guía Espiritual*. Te amo.

Heide Banks, gracias por tu amor y apoyo para mí y J-R. Gracias por tu ayuda.

Marilyn e Irwin Carasso, gracias por siempre por su amor y apoyo. Gracias por estar ahí. Les quiero.

Laurie Lerner, aprecio tu apoyo a J-R y al personal y tu continuo apoyo a mí. Te amo por siempre. A R.J. también.

Zane Morton, gracias por dejarme ser tu segundo padre. Te quiero. Gracias por hacerme ministerio, hijo.

Clare Morton, es maravilloso verte crecer en el verdadero ser que eres. Te amo.

Teri Breier, gracias por tu paciencia. Estoy realmente agradecido por la edición e ideas para *Los Sueños de un Maestro*.

Ana Arango, escuché a tu padre y aprendí que eres un ángel único, genial, asombrosa artista y diseñadora tanto para *El Amor de un Maestro* como para *Los Sueños de un Maestro*. Te amaré siempre.

Betsy Alexander, hemos trabajado juntos y realmente aprendí de ti. Gracias por permitirme tomar prestadas partes de tu Glosario de FYSP. Lo aprecio. Gracias por estar con John-Roger hasta el final. Eres una guerrera. Te quiero.

Laren Bright y Penélope Bright, ustedes me apoyaron al principio, fueron mis líderes de seminarios de J-R, en casa en 1986. Ahora están aquí, apoyando mi ministerio. Dios las bendiga y yo las amo.

Nathalie Franks, gracias por tu apoyo y te amo. Eres mi faro de luz cuando Londres me invita para una visita.

Barbara Wieland, eres increíble y tienes muchos recursos. Siempre atesoraré el trabajo que hiciste por mí y por J-R en la película *El Viajero Místico*. ¡Te amo!

Phil Danza, 29 años en la misma casa con J-R. Gracias por apoyarme en Mandeville después del fallecimiento de John-Roger. Te amaré siempre.

Brooke Danza, 29 años viviendo juntos… increíble. Vivir con J-R fue asombroso. Vivir con los Danza fue fácil. Aprecio tus excelentes habilidades de agente de viajes que me han ayudado a lo largo de los años en el trabajo. Te amo.

Prez (Paul, Mark y Vincent), gracias por sostener a MSIA y John-Roger y apoyar mi ministerio. Los amo.

Jason Laskay, te amo siempre. Serviste al jefe durante muchos años, Don Jason. Los perros de J-R te quieren para siempre. Eres un buen hombre; fue estupendo haberte conocido. Que Dios bendiga tu paso a los reinos del Espíritu y más allá…

Jan Shepherd, gracias por estar presente cuando los tiempos eran difíciles. Gracias por servir a J-R y por ser mi madre judía. Te quiero.

Rick Ojeda, gracias por apoyar a J-R y a mí. Grandes momentos y agradezco tu devoción y dedicación al Maestro, te amo, mi hermano y miembro auxiliar del personal.

Erik Raleigh y Mark Harradine, mis hermanos, gracias por apoyarnos a J-R y a mí. Solo un miembro del personal de J-R sabe lo que es eso, y quería decir que los amo, amigos.

Ishwar Puri-ji, estuviste presente y trajiste entendimiento en lo interno. Tú también perdiste a tu maestro físicamente y permitiste

Agradecimientos

que me apoyara en ti para consolarme; muchas gracias por eso. Somos amigos siempre. Te quiero.

Toshi Puri, una vez que te vi, estábamos conectados. Aprecio cómo amabas y apoyabas a Ishwar en esta vida. Que Dios bendiga tu viaje interior a los reinos sobre el Alma. Te quiero.

Akash Maharaj, gracias por inspirarme y encender mi devoción a mi maestro cada vez que juntos hablamos sobre el amor por nuestros maestros. Te amo hermano.

Nicholas Brown, gracias, hermano, por todo lo que has hecho por mí y John-Roger y los viajes que dirigimos juntos. Te amo mucho.

Marc Alhonte, gracias por ayudar, apoyar y crear la libertad que yo necesitaba para mi ministerio. Te amo.

Melba Alhonte, tú has sido la luz para los viajes de J-R a Nueva York.

Gracias por el continuo apoyo para *El Amor de un Maestro* y *Los Sueños de un Maestro*. Te amo. Gracias.

Christine y Jim Lynch, gracias por el continuo amor y apoyo. Te amo.

Katherine y Frank Price, gracias por estar presentes meses después del fallecimiento de J-R. Siempre acogieron a J-R con amor y sentí el compañerismo y el amor de los Price.

Hollie y Robert Holden, gracias por sus cenas y por darme la bienvenida a su cálido hogar con sus maravillosos hijos. Los amo.

Carrie Doubts, mi lectora de proyectos, gracias por tu compromiso y aliento dentro y fuera de USM. Eres Luz. Te amo.

Howard y Jeeni Lawrence, gracias por su amor y apoyo.

Pauli y Peter Sanderson, gracias por su Luz y amor. Los amo.

Nancy O'Leary, gracias por tu impecable edición y corrección de estilo. Gracias a ti Ana y yo mejoramos nuestra gramática e inglés escrito todos los días. ¡Eres genial!

Veronique y Babadandan, gracias por ser mis amigos. Los viajes creativos que hemos realizado a lo largo de los años han sido una gran parte de mi crecimiento espiritual. Los amo, amigos.

Wayne Alexander, gracias por apoyarme.

Jesús García, papá, te amo. Gracias por estar presente.

Terry García, mi madrastra, te amaré a ti y a mis hermanos siempre.

Lana Barreira, me nutriste y me cuidaste. Tu corazón es Brasil.

Paulina Haddad, gracias por tu amistad y todo lo que hiciste por J-R y los niños. Hasta pronto.

Juliana Rose, gracias por dejarme ser yo.

Rinaldo y Maritza Porchile, gracias y los amo, amigos.

Ministros del Reino Unido, gracias por todo su apoyo y amor por John-Roger y nuestros viajes.

Reymi Urrich, gracias por apoyar mis *Satsangs, El Amor de un Maestro* y *Los Sueños de un Maestro*.

Yoci Touche y Mavi Lopez, gracias por su apoyo y amor.

Ozzie, Maravilla y el resto de la familia Delgadillo. Todavía siento la presencia de Ozzie cada vez que visito Sudamérica y veo el increíble trabajo que ayudó a construir. Los amo y agradezco su apoyo a John-Roger y mi ministerio.

Myles y Olga Abrams, gracias a ambos por su amistad. Myles, eres mi héroe; mucho Amor y Luz para el Viaje de tu Alma a casa.

Angel Harper, gracias por tu Luz y Amor. Te amo y aprecio que me hayas cuidado.

Timothea Stewart, te amo y aprecio tu ojo de artista. Mi amor está siempre contigo.

Steve Small, estuviste allí al principio, trabajando con J-R. Te amo y aprecio tus muchos años de apoyo.

Gracias a todos los médicos practicantes que han ayudando a J-R y al personal y que he presenciado durante años. Aprecio todas las enseñanzas que observé. Dios bendiga la Clínica Baraka.

Agradecimientos

Roberta y Bertrand Babinet, gracias por los muchos recuerdos con J-R.

Michael y Alisha Hayes, gracias por su apoyo a J-R y al personal. Los amaré siempre.

Ed Wagner, gracias por tu amor y apoyo a J-R y a muchos en MSIA. Te amo.

David y Serene Denton, recuerdo el amor y el apoyo a J-R y a mí. Gracias y les amo. Dios les bendiga.

Bryan McMullen, gracias por toda tu ayuda y apoyo.

Enfermeras Ángeles de J-R: Rodi, Trish, Joan, Nancy, Christina, Shannon, Annie y Terri.

Lin y Larry Whittaker, gracias a ambos por la obra de arte que ha sido mi inspiración durante muchos años. Mucho Amor y Luz para los dos.

Sally Kirkland, gracias por todos esos eventos de Hollywood a los que nos invitaste a J-R y a mí a lo largo de los años y por darme un papel principal frente a ti. Te amo.

Cate Kirby, gracias. A lo largo de los años le facilitaste a J-R y al personal viajar hacia el sur. Gracias por la dedicación y amor al libro *El Amor de un Maestro*.

Rosemarie Jeangros, gracias por apoyar a Cate; necesitábamos tus ojos y luz en TLOAM. Te amo.

Adi de Lima Ribeiro, muchas gracias por apoyar *El Amor de un Maestro* y *Los Sueños de un Maestro*; mucho amor para ti.

Nir Livni, mi hermano israelí de otra madre; en 2005 te conocí durante la película *El Guerrero Espiritual*. Reconozco y aprecio tu amor por J-R en el trabajo que haces para MSIA y NOW Productions. Te amo.

Sat Hari, gracias por tu luz y apoyo a J-R y al personal. Te amo.

Claudia Flores, Guerrera Pura, nos has apoyado a J-R y a mí a lo largo de los años. Te agradezco y envío bendiciones a ti y a tu familia. Te amo.

Marjorie Eaton, gracias por tu continuo amor y apoyo a mi trabajo. Dios te bendiga. Te amo.

Alberto Arango Hurtado e Ilse Arango, mi vida cambió cuando pasé un verano con ustedes dos. Les agradezco mucho sean los anfitriones de mi ministerio. Gracias y los amaré siempre.

Juliana y Diego Forero, mis amigos, gracias por su cuidado y cariño. Los amo.

Nora Valenzuela, gracias por tu amor, apoyo y luz. Te amo.

Juan Cruz, te amo, eres mi hermano de otra madre.

Graciela Bordes, gracias por amar y apoyar a J-R en la película *El Viajero Místico* durante nuestro último viaje a Sudamérica. Te amo.

Susanlinn Gibson, gracias por tu amor y apoyo a J-R y a mí.

Amy Huang, eres la Luz de Beijing, China. Gracias por ser mi amiga y por traducir *El Amor de un Maestro*. Significa mucho para mí el compartir las historias de John-Roger. Espero poder compartir *Los Sueños de un Maestro* y más de J-R contigo en China FTHGOAC.

David y Kathryn Allen, gracias por vuestro amor y apoyo. Disfruto reunirme con ustedes todos los años. Los amo.

Martha Soto, gracias por tu apoyo en compartir a J-R a través de *El Amor de un Maestro*. Te amo.

Marco Mejía, mi hermano, ¡muchas gracias! Eres mi héroe. Te amo.

Jorge García, gracias por apoyarme. Te amo.

Mavi Sroor. Te amo y gracias por los momentos divertidos en 1988 con Yoci en Egipto.

Mónica Mestre, que Dios te bendiga y gracias por apoyarme a mí y a J-R. Te amo.

Gaby Grigorescu, gracias por abrir Venezuela a las películas de *El Guerrero Espiritual* y *El Viajero Místico* y al evento del libro *El Amor de un Maestro*. Te amo.

Agradecimientos

Kaiser Petzoldt, hermano, gracias por ser mi amigo y mi familia. Te amo.

Romina González y Gazu Mendoza, gracias por el apoyo y el amor. Les amo.

Wayne y Julia Pepper, gracias por su apoyo y amor a mi ministerio.

Andra Carasso, has estado presente sosteniéndome y apoyándome en con todo lo que eres. Te amo.

MJ, gracias. Realmente aprecio tu apoyo a J-R y al personal. Te amo.

Hristina Kirimidchieva y Georgi Markov, gracias por su devoción a J-R, a John y a MSIA. Estoy agradecido por todas las veces que nos acogieron y sus invitaciones a lugares exóticos, dándonos la libertad de ser nosotros mismos.

Ministros e iniciados del MSIA, los amo, los bendigo y les pido a los Viajeros, a Jesucristo, a John-Roger y a John Morton que caminen a su lado y los amen a través de todo. Estoy aquí para servir y continuar el trabajo. Amor a todos y cada uno de ustedes.

*En aquel día no me preguntarán nada.
De cierto, de cierto les digo que todo cuanto
pidan al Padre en mi nombre, él se lo dará.*

–Juan 16:23 (Reina Valera Actualizada 2015)

Acerca del Autor

El reverendo Jesús García, D.C.E. trabajó y aprendió durante 26 años de su maestro espiritual y Viajero Místico, John-Roger, D.C.E. (conocido como "J-R"), fundador de la Iglesia del Movimiento del Sendero Interno del Alma (MSIA) con sede en Los Ángeles. García fue iniciado en la Corriente del Sonido de Dios por John-Roger y ordenado ministro en la Orden del Sacerdocio de Melquisedec por John Morton, quien actualmente tiene las llaves de la Conciencia del Viajero Místico.

El primer libro de García, *El Amor de un Maestro,* que detallaba sus casi tres décadas como asistente personal, conductor y guardaespaldas de J-R, se posicionó como el número uno: el Libro Más Vendido en Amazon, en la categoría de Misticismo de la Nueva Era en septiembre de 2017. En su segundo libro, *Los Sueños de un Maestro,* publicado en 2019, García nos lleva en su viaje de despertar después del fallecimiento de su bienamado Viajero y amigo J-R, compartiendo sus experiencias y las de otros iniciados de una conexión interna aún más pura con el Espíritu y el Viajero, que nunca antes se realizó en el nivel físico.

En colaboración creativa, John-Roger, y García como respetado veterano del cine de Hollywood, coprodujeron tres largometrajes: *El Guerrero Espiritual, The Wayshower* y *El Viajero Místico,* y cuatro cortometrajes como "Scott J-R Productions". Desde la transición de John-Roger en 2014, García ha continuado su ministerio de compartir las enseñanzas espirituales de J-R a través de proyecciones de películas, talleres de Espiritualidad Práctica y asesoramiento espiritual para estudiantes e iniciados del Viajero en todo el mundo.

Antes, como actor reconocido, García apareció en pantalla en películas tan populares como *A Nightmare on Elm Street, Along Came Polly, We Were Soldiers, Spiritual Warriors, Colateral Damage* y *Atlas Shrugged.* Actualmente reside en Santa Mónica, California.

www.ingramcontent.com/pod-product-compliance
Lightning Source LLC
Chambersburg PA
CBHW031133160426
43193CB00008B/123